基金资助：浙江农林大学科研发展基金人才启动项目（编号：2021FR029）

传承与革新
房屋租赁合同的现代发展

Inheritance and Innovation
The Modern Development of
House Leasing Contracts

童　航　著

ZHEJIANG UNIVERSITY PRESS
浙江大学出版社
·杭州·

图书在版编目（CIP）数据

传承与革新: 房屋租赁合同的现代发展 / 童航著
. -- 杭州: 浙江大学出版社，2023.8
　　ISBN 978-7-308-23995-0

　　Ⅰ.①传… Ⅱ.①童… Ⅲ.①租房—合同—研究
Ⅳ.①D912.181.04

中国国家版本馆CIP数据核字(2023)第120176号

传承与革新：房屋租赁合同的现代发展
Inheritance and Innovation: The Modern Development of House Leasing Contracts

童　航　著

责任编辑　赵　静
责任校对　胡　畔
责任印制　范洪法
封面设计　林智广告
出版发行　浙江大学出版社
　　　　　（杭州市天目山路148号　　邮政编码　310007）
　　　　　（网址：http://www.zjupress.com）
排　　版　杭州林智广告有限公司
印　　刷　浙江新华数码印务有限公司
开　　本　710mm×1000mm　1/16
印　　张　18
字　　数　290千
版 印 次　2023年8月第1版　2023年8月第1次印刷
书　　号　ISBN 978-7-308-23995-0
定　　价　88.00元

目　录

导　论 / 1

第一章　**罗马法中房屋租赁合同的产生** / 15
　　第一节　罗马法中租赁合同的基本问题 / 18
　　第二节　古罗马社会发展与房屋租赁市场的形成 / 38
　　第三节　罗马法中房屋租赁合同的起源、地位与功能 / 52
　　第四节　本章小结 / 59

第二章　**罗马法房屋租赁合同规则的形成与法学家贡献** / 63
　　第一节　房屋租赁合同规则的形成过程 / 65
　　第二节　房屋租赁合同规则的内容 / 75
　　第三节　古罗马对房屋租赁市场的治理 / 100
　　第四节　本章小结 / 110

第三章　**罗马法房屋租赁合同的继受与发展** / 115
　　第一节　中世纪房屋租赁合同规则的罗马法痕迹 / 118
　　第二节　近现代法国法中的房屋租赁合同 / 134
　　第三节　近现代德国法中的房屋租赁合同 / 144
　　第四节　近现代日本法中的房屋租赁合同 / 158
　　第五节　本章小结 / 171

第四章　房屋租赁合同本质解读：权力财产理论的应用 / 173

　　第一节　权力财产的一般理论 / 175

　　第二节　权力财产理论在房屋租赁合同中的运用 / 184

　　第三节　波兰限制租金立法与欧洲人权法院判决 / 195

　　第四节　本章小结 / 201

第五章　中国法中的房屋租赁合同规则的演变与重构 / 205

　　第一节　中国汉代与古罗马时期的房屋租赁合同之对比 / 207

　　第二节　中国房屋租赁合同规则的形成与确立 / 214

　　第三节　房屋租赁合同的立法体例和内容构成 / 236

　　第四节　本章小结 / 247

结　论 / 249

原始文献列表 / 253

参考文献 / 259

后　记 / 281

导　论

一、问题、材料与研究意义

（一）选题理由

首先，国内对罗马法上的房屋租赁合同相关研究的阙如是本书选题的重要理由之一。房屋租赁合同在古罗马城市化运动中占据着重要地位，对古罗马人的日常生活产生过重要影响。因此，它在罗马法乃至契约法发展史的研究中都具有重要的地位。但是，目前国内对这一领域的研究基本上处于教科书式的介绍层面，缺乏深入、体系性的研究。

其次，国外学者对罗马法房屋租赁合同研究的两种趋势也是本书选题的重要原因。第一种趋势是运用原始文献分析法，在罗马法租赁合同中探讨房屋租赁合同的体系地位和规则内容。这以罗贝托·费奥里（Roberto Fiori）的专著《"Locatio conductio"的定义》为代表，作者在该专著中集中讨论了罗马法中租赁合同的体系定位与规则内容。[①] 基于罗马法中的房屋租赁合同属于租赁合同之一种，租赁合同的规则内容对房屋租赁领域的适用性需要结合相关原始文献进行分析。第二种趋势是运用经济学理论研究房屋租赁合同中的出租人和承租人，从静态的规则层面扩展到动态的主体互动层面。这以布鲁斯·弗里尔（Bruce W. Frier）的专著《罗马帝国时期的房东与房客》为代表。[②] 本书试图结合这两种趋势，重现罗马法中的房屋租赁合同规则和历史图景。

最后，研究罗马法房屋租赁合同，进而考察房屋租赁合同的制度变迁史

---

① FIORI R. La definizione della "locatio conductio"：Giurisprudenza romana e tradizione romanistica[M]. Napoli：Jovene，1999.

② FRIER B W. Landlords and Tenants in Imperial Rome [M]. Princetvn：Princeton University Press，1980.

是可行且必要的。说其可行，是因为在文献的收集和阅读过程中，笔者发现罗马法之前的古埃及法 ①、古巴比伦法 ② 和古希腊法 ③ 中就已经存在房屋租赁活动和立法，古巴比伦的房屋租赁的契约文书尤为丰富，涉及租金的数额和支付方式、承租人的责任、出租人违约的后果、租赁物受到损害后的赔偿责任规则。通过对比罗马法之前的房屋租赁活动与立法，笔者发现了不同古代文明之间的互动性，而这些规范最终也传入罗马人的社会之中。但罗马法之前的租赁合同是非常朴素和原始的，且不成体系，缺乏概念、规则的抽象性，而这些都是在罗马法时代完成的。此外，通说认为现代民法中的房屋租赁合同规则继受自罗马法。这说明了罗马法中的房屋租赁合同制度具有承前启后的重要地位，是具有可行性的历史因素。说其必要，是因为房屋租赁合同作为租赁合同的一种类型，目前学界对其研究的重点主要集中在规则设计、域外借鉴和司法适用三个方面，而对其制度变迁、本质属性、理念更新等问题的研究相对不足。对房屋租赁合同进行历史性和本质性研究，应将视域扩展到租赁合同的范畴。而现代租赁合同起源于罗马法时期，为此，对房屋租赁合同历史和本质的研究，应追溯到罗马法时期。房屋租赁制度作为一项体现富人财富保值增值的愿望和穷人居住的基本需求之间紧张关系的重要制度，是如何诞生的？为什么罗马法时代能够实现房屋租赁规则的创新以及立法体例的初步体系化？罗马法学家对此做出了什么样的贡献？罗马法时代的房屋租赁活动又是一个什么样的场景？后世的立法和学说又是如何对罗马法时代

---

① 王亮. 新王国时期古代埃及法律文献整理研究 [D]. 长春：东北师范大学，2014；夏新华. 古埃及法研究新探 [J]. 法学家，2004（3）：74-80；KITCHEN K A. Ramesside Inscriptions：Translated & Annotated Notes Translations（Vol. V）[M]. Oxford：Blackwell Publishers，2008.

② 朱承思，董为奋.《乌尔纳姆法典》和乌尔第三王朝早期社会 [J]. 历史研究，1984（5）：179-192；魏琼. 民法的诞生——《乌尔纳姆法典》的民事规范解读 [J]. 法学论坛，2006（5）：139-144；ROTH M T. Law Collections from Mesopotamia and Asia Minor [M]. Georgia：Scholars Press Atlanta，1995：15-21；爱德华兹. 汉谟拉比法典 [M]. 沈大钰，译；曾尔恕，勘校. 北京：中国政法大学出版社，2004；由嵘，张雅利，等. 外国法制史参考资料汇编 [Z]. 北京：北京大学出版社，2004：24；魏琼. 民法的起源——对古代西亚地区民事规范的解读 [D]. 上海：华东政法学院，2006. SIGRIST M. Old Babylonian Account Texts in the Horn Archaeology Museum（Vol.V.）[M]. Berrien Springs：Andrews University Press，2003；李海峰. 古巴比伦时期房屋租赁活动初探 [J]. 东北师大学报（哲学社会科学版），2010（2）：57-63；李海峰. 古巴比伦时期土地租金问题研究 [J]. 东北师大学报（哲学社会科学版），2005（6）：21-26.

③ 威格摩尔. 世界法系概览（上）[M]. 何勤华，等译. 上海：上海人民出版社，2004：276-280；胡骏. 古希腊民商事立法研究——以雅典城邦为中心的考察 [M]. 上海：上海人出版社，2012.

的房屋租赁合同规则进行重新整合和解读的？其必要性应更多地着眼于现实因素。

（二）史料来源

罗马法中的房屋租赁合同及相关研究不仅涉及法律文本，还涉及社会、经济、政治等方面的内容。在本书写作过程中，笔者广泛收集了房屋租赁相关的资料，将这些资料分为法律文本书献、碑铭和纸草文献以及文学著作、史学著作等。

第一，法律文本书献包括《十二表法》（*Lex XII Tabularum*）、优士丁尼《法典》（*Codex*）、优士丁尼的《学说汇纂》（*Digesta*）、优士丁尼的《法学阶梯》（*Institutiones*）和《新律》（*Novellae Constitutiones*）盖尤斯的《法学阶梯》（*Gai Instituliones*）等。

第二，古罗马的碑铭文献相当丰富，内容涉及政治、经济、文化、法律和社会生活的各个方面，包括君主敕令，中央政府和行省的法规，行政官员、元老院和各种机构的文书，公私纪念性碑文等。[①] 例如，戴克里先的物价告示就被很多东方行省以碑铭的形式保存下来。1847年，在柏林出版的首部《拉丁铭文集》（*Corpus Inscriptinum Latinarum*）对于古罗马史的研究具有划时代的意义。铭文文献在罗马法研究中具有非常重要的价值，是还原和重现当时社会场景的重要的文献之一。[②]

纸草文献也是原始文献的一种，纸草（papyrus）主要是指人造书写材料，大多数纸草文献来自古埃及，包括古埃及时期的文献以及纳入古罗马统治后的文献。[③] 这些文献的内容不仅有私人信件，也有关于当地治安、诉讼情况、税收情况、土地耕种情况等内容的记录。纸草的非官方性特点与碑铭文献的官方性正好形成呼应，有利于全面了解某一时期的社会现实。纸草学是古代研究中技术性和实证性非常强的学科之一。本书主要是从租赁活动和租赁合

---

① 冯定雄. 拉丁铭文与罗马史研究 [J]. 求索，2007（5）：224-227.

② KEPPIE L.Understanding Roman Inscriptions[M]. Baltimore: Johns Hopkins University Press，1991.

③ 关于纸草学方面的知识，可以参见巴格诺尔. 阅读纸草，书写历史 [M]. 宋立宏，郑阳，译. 上海：上海三联书店，2007.

同的角度对相关纸草文献进行解读，而不涉及这些纸草文献的出土、社会背景等方面的内容。

第三，古罗马的房屋租赁合同及相关研究不仅仅涉及法律文本，还包括房屋租赁的市场情况、房屋的内部构造等。而这些内容往往不在法律文本上，而在文学家、史学家所记载的书中。因此，在研究过程中，笔者也将对这些材料进行阅读与参考。就古罗马的史学作品来说，有普鲁塔克的《希腊罗马名人传》、恺撒的《高卢战记》和《内战记》、李维的《罗马史》、塔西佗的《编年史》（18卷本）、阿庇安的《罗马史》（24卷本）、苏维托尼乌斯的《罗马十二帝王传》等。

古罗马的文学作品也是研究古罗马房屋租赁的重要参考文献。古罗马的文学，"整个发展过程基本上是与古代罗马社会历史的发展过程相重合的……古罗马社会历史发展过程既明显地影响了文学的发展，同时文学作品作为一面镜子，也在自身的发展中清楚地反映了社会历史的变革面貌"①。古罗马的文学作品包括小说、诗歌、戏剧、散文、演说辞、书信等。诗歌有维吉尔的《埃涅阿斯纪》、贺拉斯的《讽刺诗集》、奥维德的《变形记》等；书信以小普林尼的《书信集》和西塞罗的书信为代表；戏剧方面的代表人物有普劳图斯（Titus Maccius Plautus，约公元前254年—前184年）和泰伦提乌斯等，普劳图斯的作品有《一坛金子》《俘虏》《波斯人》等②，泰伦提乌斯的作品有《安德烈斯女子》《自责者》《两兄弟》等③；演说辞的代表人物是马尔库斯·图留斯·西塞罗（Marcus Tullius Cicero，公元前106年—前43年），他著有《论演说家》《论共和国》《论法律》等；此外，奥卢斯·革利乌斯（Aulus Gellius，约125年—180年）的《阿提卡之夜》也是重要的文学作品④，该书被称为古希腊罗马社会的百科全书。值得注意的是，该书中有大量的涉及古希腊、古罗

---

① 王焕生.古罗马文学史[M].北京：中央编译出版社，2008.
② 普劳图斯的作品中文版参见普劳图斯.古罗马戏剧全集：普劳图斯（上、中、下）[M].王焕生，译.长春：吉林出版集团有限公司，2015.
③ 泰伦提乌斯的作品中文版参见泰伦提乌斯.古罗马戏剧全集：泰伦提乌斯[M].王焕生，译.长春：吉林出版集团有限公司，2015.
④ 《阿提卡之夜》的内容包括哲学、历史、文学、美学、法学、天文地理、三教九流、风土人情、文化娱乐、吃穿住行、散文杂记、传说典故、诗词歌赋等。

马法律的篇章，是非常重要的罗马法参考资料。①

（三）研究意义

任何学术研究都应服务于特定的需要，或者是知识性溯源，或者是理论建构，或者是指导实践。研究意义的明确有助于研究的深化。研究罗马法中的房屋租赁合同及其现代发展，其意义包括以下两个方面。

第一，理论意义。租赁合同作为一种重要的合意契约，在契约制度的发展过程中占据着重要地位。而罗马法中的租赁合同又具有特殊性，是现代租赁合同、雇佣合同和承揽合同等的源头。为什么罗马法学家将这三种合同统一在租赁合同中？这是一个千年谜题，如同租赁合同的起源一样神秘。故而，通过研究罗马法中租赁合同的起源、本质和结构变迁，能从理论上深化我们对租赁合同的认识。罗马法中的租赁合同是房屋租赁合同研究的论域，将房屋租赁合同纳入租赁合同之中进行研究是对历史的尊重。而通过研究罗马法中房屋租赁合同的具体内容和实践运行，并分析这些规则的现代法继受和发展，一方面深化了房屋租赁合同的理论深度和历史广度，另一方面有助于房屋租赁合同中具体规则的理论重构。

第二，实践意义。本研究更多的是在理论层面寻求共识，但任何法学理论研究只有作用于法学实践，才能更大程度地凸显理论研究的价值。故而，通过本课题的研究，还可以为《中华人民共和国民法典》（简称《民法典》）中合同编的司法解释、物权编的司法解释以及相应的部门规章制度的制定和修正提供有价值的参考意见。对于司法实践而言，租赁本质理论的提出，有助于司法实务人员面对租赁、雇佣和承揽合同中的疑难纠纷时，仔细辨别"租赁合同规则的共同性和特殊性"，寻求最佳的解决方案。具体到房屋租赁合同规则层面，租金管制、押金规制、合同解除权限制等规则的历史溯源和比较法研究，一方面，有助于我们重新认识这些规则的产生背景和制度宗旨；另一方面，能为我国的房屋租赁合同立法提供规则借鉴，也有助于房

---

① 英文版参见 GELLIUS A. Noctes Atticae[M]. Trans.by J. C. Rolfe，Cambridge: Harvard University Press，1927；中文版参见革利乌斯. 阿提卡之夜（1-5 卷）[M]. 周维明，等译. 北京: 中国法制出版社，2014.

屋租赁合同纠纷的现实解决。

二、相关文献综述

任何学术成果都很难凭空产生，一般都是在前人研究的基础上进行资料、观点或视角的突破。因此，文献综述的广度和深度对于一项课题的创新性研究就显得尤为重要。需要注意的是，囿于本书研究主题之限制及近现代研究房屋租赁合同的相关论著之丰富，本部分文献综述主要集中于罗马法房屋租赁合同领域及中世纪房屋租赁合同的罗马法痕迹两个方面。

（一）国内文献综述

截至 2022 年 4 月 2 日，在中国知网上以"房屋租赁"为关键词进行检索，得到 1437 篇文献；接着以"罗马法"为关键词进行进一步检索，得到的文献为 1 篇（为笔者的博士论文）；又以"罗马法"这一术语在 1437 篇文献中进行全文检索，得到的结果是 76 篇，其中硕士论文 38 篇，博士论文 2 篇（为武汉大学谢靖华博士的《房屋租赁权研究》以及笔者的博士论文）。通过阅读这些文献，笔者发现这些文献或者提到罗马法中有房屋租赁，或者是在分析租赁权的性质时涉及罗马法上的认识等；然而，并没有一篇文献专门论述罗马法中的房屋租赁问题。

接着本书将视线扩大到罗马法教材以及罗马法论文，发现：（1）在罗马法教材中有关房屋租赁合同的论述并不多。黄右昌先生在《罗马法与现代》一书中介绍了租赁合同的三种类型，但没有涉及房屋租赁合同问题。① 陈朝壁先生在《罗马法原理》一书中介绍了罗马法中的房屋租赁合同属于物的租赁的一种类型，并论述了罗马法中租赁合同的效果，即出租人的义务和承租人的义务，这些内容适用于房屋租赁合同。② 曲可申在《罗马法原理》一书中认为，罗马法中的房屋租赁合同是随着罗马社会贫富两极分化的加剧而出现

---

① 黄右昌 . 罗马法与现代 [M]. 北京：中国方正出版社，2006：275−277.
② 陈朝壁 . 罗马法原理 [M]. 北京：法律出版社，2006：210−213.

并发展的，属于物的租赁；并论述了物的租赁的特征、出租人和承租人的义务以及终止规则，这些内容适用于房屋租赁合同。① 而周枏先生在《罗马法原论》一书中却认为，罗马法中的房屋租赁合同产生于公元前 146 年左右；并论述了物的租赁（房屋租赁属于物的租赁之一种）之构成要件、出租人和承租人的义务等内容。② 江平和米健合著的《罗马法基础》一书中并没有关于罗马法中房屋租赁的特别介绍，仅介绍了罗马法租赁合同的三种类型及其内容。③ 除了罗马法教材，其他有关罗马社会的专著也或多或少涉及罗马法中的房屋问题。例如，冯定雄在《罗马道路与罗马社会》一书中研究了古罗马房屋的起源、种类、结构和内部陈设，以及罗马房屋与罗马社会文化之间的关系等问题。④ 徐国栋教授的《〈十二表法〉研究》一书研究了《十二表法》第 4 表第 2b 条与雇佣租赁之间的关系，以及第 12 表第 1 条与租赁合同起源的关系。⑤（2）论文方面，徐国栋教授的《罗马公共卫生法初探》一文探讨了共和末期和帝政初期罗马城的人口规模以及居住结构，得出 120 万居民中有 115 万租房居住的观点；⑥ 另一篇《罗马共和混合宪法诸元论》，揭示了保民官限制租金的立法及其阶级背景。⑦ 鲍红信的《论共和至帝国早期罗马城的住房问题及其影响因素》一文则论述了罗马共和晚期至帝国早期罗马城的居住环境、居住人口以及影响房屋租赁市场的因素。⑧ 汪洋的《从用益权到居住权：罗马法人役权的流变史》一文论述了罗马法用益权、使用权和居住权三者之间的关系，以及优士丁尼颁布居住权谕令后赋予了居住权人出租房屋的权利。⑨

就罗马法房屋租赁合同在中世纪的发展而言，中国国内并没有这一方面

① 曲可申. 罗马法原理 [M]. 天津：南开大学出版社，1988：332-336.
② 周枏. 罗马法原论（下册）[M]. 北京：商务印书馆，2009：773.
③ 江平，米健. 罗马法基础 [M]. 北京：中国政法大学出版社，2004：351-354.
④ 冯定雄. 罗马道路与罗马社会 [M]. 北京：中国社会科学出版社，2012：147-168.
⑤ 徐国栋.《十二表法》研究 [M]. 北京：商务印书馆，2019.
⑥ 徐国栋. 罗马公共卫生法初探 [J]. 清华法学，2014（1）：157-175.
⑦ 徐国栋. 罗马共和混合宪法诸元论 [J]. 北大法律评论，2013（2）：287-307.
⑧ 鲍红信. 论共和至帝国早期罗马城的住房问题及其影响因素 [C]// 孙逊，杨剑龙. 都市文化研究（第 7 辑）——城市科学与城市学. 上海：上海三联书店，2012：169-182.
⑨ 汪洋. 从用益权到居住权：罗马法人役权的流变史 [J]. 学术月刊，2019（7）：101-112.

的专著或论文，相关素材散见于其他专著或论文之中。例如，陈灵海、柴松霞等共同撰写的《中世纪欧洲世俗法》一书介绍了中世纪日耳曼法、城市法和教会法中的相关立法文本及背景，这些文本中关于房屋租赁的立法内容为我们分析罗马法房屋租赁合同与中世纪房屋租赁立法的关系提供了素材。[①]

（二）国外文献综述

本研究涉及的文献主要集中在意大利、法国、德国、日本和英美法系国家。[②] 在意大利埃米利奥·科斯塔（Emilio Costa）在 1915 年出版的专著《罗马法中物的租赁》中系统研究了罗马法租赁合同中物的租赁，并提出租赁合同起源的"合同形式说"，但对于罗马法中的房屋租赁合同仅进行了简单的介绍。[③] 罗马法租赁合同研究的集大成者是罗贝托·费奥里（Roberto Fiori），他在其专著《"Locatio conductio"的定义》中通过对大量原始文献的解读，就罗马法租赁合同的结构和本质作出了突破性的研究，重申了罗马法租赁合同的"统一论"；但该书对于罗马法中房屋租赁合同的研究仅仅在某些法言的解读中有所涉及，并未深入研究。[④] 此外，隆戈（Longo）在《罗马租赁合同中"merces"的性质》一文中专门就"租金"问题进行了详细研究。[⑤] 在法国，多马和波蒂埃的学说直接影响了《法国民法典》的制定，但两人并未对罗马法房屋租赁合同进行深入的专题性研究。此后，法国学者莫尔纳（Molnár）就《"Locatio conductio"的客体》进行了专门研究，提出罗马法租赁合同客体具有多重性的观点。在德国，1956 年，梅耶－马利（Mayer–Maly）在其专著《古典罗马法中的租赁合同研究》中跟随科斯塔（Costa）的步伐，运用古典学方法分析了罗马法租赁合同的结构；但在起源问题上只批评了之前学说的

① 陈灵海，柴松霞，等 . 中世纪欧洲世俗法 [M]. 北京：商务印书馆，2014. 其他类似文献还有：梅兰特，等 . 欧陆法律史概览：事件、渊源、人物及运动 [M]. 屈文生，等译 . 上海：上海人民出版社，2015. 由嵘，张雅利，等 . 外国法制史参考资料汇编 [Z]. 北京：北京大学出版社，2004：163–170.

② 关于外文文献，受制于笔者的意大利语能力以及外文文献收集条件，意大利语文献的收集和利用不够充分。本书根据现有文献撰写而成，文责自负，特此说明。

③ COSTA E. La locazione di cose nel diritto romano[M]. Roma：Fratelli Bocca，1915.

④ FIORI R. La definizione della "locatio conductio"：Giurisprudenza romana e tradizione romanistica[M]. Napoli：Jovene，1999.

⑤ LONGO C.Sulla natura della merces nella locatio–conductio[M]. Paris：Librairie Arthur Rousseau，1912.

不足，并未提出新的学说；对于罗马法中的房屋租赁合同规则也仅是零星的文本分析。① 三年后，阿米兰特（Amirante）在其论文《租赁合同的标的研究》中就马利的罗马法租赁合同的结构学说进行了长达 110 页的批判。遗憾的是，只有批判，没有建构。②1964 年，德国法学家考夫曼在《早期罗马法中的租赁合同》一文中深入分析了租赁合同的历史，提出了罗马法租赁合同起源的"多重起源说"。③1996 年，德国著名法学家齐默尔曼在专著《债法：民法传统的罗马法基础》中设有专章，从租赁合同的历史、结构和社会需求方面论述了罗马法上的租赁合同，并对房屋租赁合同中的租金控制问题进行了一定的研究。④ 日本出台了专门的《房屋租赁法》，学界围绕"居住权的保障和财产权的限制"两个方面进行了大量的专题研究。1981 年铃木禄弥出版了《居住权论》，就房屋租赁合同中的居住权进行了深入研究。⑤2017 年，意大利学者奥利维耶罗·迪利贝尔托在《罗马法中租赁与买卖的异同》一文中详细论证了罗马法中租赁与买卖的共同之处和差异之处。⑥2019 年，西班牙布尔戈斯大学的玛丽亚·奥尔加·吉尔·加西亚（María Olga Gil García）在《居住权中的"Locatio-conductio"》一文中对罗马法中有关居住权原始文献进行解读，认为相比于居住权的起源价值，更应关注其在实现过程中的限制性因素。⑦

在英美法系国家，1980 年，美国密执安大学古典学和罗马法教授弗里尔（Frier）在其专著《罗马帝国时期的房东与房客》中，证明了在古罗马社会，城市房屋租赁的法律规则是为"中产阶级"的房东服务的。⑧1989 年，弗里尔

---

① MAYER-MALY T. Locatio conductio : Eine Untersuchung zum klassischen römischen Recht Herold [M]. Wien-München: Herold, 1956.

② AMIRANTE L. Ricerche in tema di locazione[J]. Bullettino dell'Istituto di Diritto Romano" Vittorio Scialoja", 1959 (1): 9-119.

③ KAUFMANN H. Die altrömische Miete: Ihre Zusammenhänge mit Gesellschaft, Wirtschaft und staatlicher Vermögensverwaltung[M]. Graz: Bohlau, 1964.

④ ZIMMERMANN R.The Law of Obligations : Roman Foundations of the Civilian Tradition [M].Kenwyn: Juta & Co, Ltd, 1990.

⑤ 铃木禄弥 . 居住权论：借家法序说 [M]. 东京：有斐阁，1981.

⑥ 迪利贝尔托 . 罗马法中租赁与买卖的异同 [J]. 黄美玲，译 . 环球法律评论，2017（3）：5-15.

⑦ GARCIA M O G. The Locatio-conductio of the right of habitat[J] .Fundamentos romanísticos del derecho contemporaneo. Asociación Iberoamericana de Derecho Romano, 2021: 1989-2006.

⑧ FRIER B.W. Landlords and Tenants in Imperial Rome [M]. New Jersey : Princeton University Press，1980.

的学生马丁（Martin）在《在罗马共和晚期和帝国早期的罗马法学家和私人建筑合同》一文中再次证明了"罗马法学家所创设的房屋租赁合同规则是为了满足特定需要的"。[①]2012 年，英国爱丁堡大学法学院的普莱西斯博士在其专著《罗马法律思想中的租赁合同：公元前 27 年至 284 年》中，对罗马法租赁合同的起源、结构和发展做出了最新的梳理，并对转租、责任承担与风险转移等问题进行了专题研究。[②] 遗憾的是，普莱西斯博士对罗马法中的房屋租赁合同也只有简单的介绍。

综上可知，目前世界范围内对罗马法房屋租赁合同的研究主要集中在房屋租赁合同的起源、结构及其具体的制度方面，在研究方法的运用上除了原始文献分析法外，还运用了经济学理论和比较方法。但这些研究内容相对来说，并未深入制度的时代图景和规则的历史变迁。为此，本书认为，对房屋租赁合同进行追根溯源性研究，是夯实中国民法基础理论的要求，也有助于澄清对房屋租赁合同制度的某些认识和理论误区。

三、研究方法与论证思路

（一）研究方法

为了更好地完成本课题研究，本书将运用以下研究方法。

第一，词源学分析法（Etymological Analysis）。语言的形成往往带有历史的痕迹，对词汇构成的分析能在某种程度上还原当时的社会生活，对法律概念词汇的分析也是如此。拉丁语词"locatio conductio"中的 locatio 来自 locare，意思是"放置"某物，转换成法律概念，是指出租人对承租人实施的交付标的物的动作；conductio 是"引导"的意思，这一词汇反映在法律含义上是指雇佣某人或者接受来自出租人的某物。[③] 但是这一拉丁语词在早期并不

---

① DE NEEVE P W. Colonus : Private Farm-Tenancy in Roman Italy during the Republic and Early Principate [M].Amsterdam: J. C. Gieben，1984.

② DU PLESSIS P J. Letting and Hiring in Roman Legal Thought : 27BCE-284CE [M]. Leiden Boston : Brill Academic Pub，2012.

③ 徐国栋. 优士丁尼《法学阶梯》评注 [M]. 北京：北京大学出版社，2011：436.

是作为租赁合同的合成词，而是指代出租和接受租赁物或服务的行为。通过分析与租赁合同相关的词汇，能更好地揭示租赁合同的起源和结构变迁。

第二，原始文献分析法。这是本书拟采用的最主要的研究方法。通过对现存罗马法原始文献的分析，我们能够透过租赁现象的本质而深入租赁制度的内核。这一方法要求我们分析优士丁尼的《市民法大全》、盖尤斯的《法学阶梯》、革利马斯的《阿提卡之夜》、西塞罗的《论法律》和《地方论》等文本中的法言，这些法言往往是罗马法学家对租赁现象的解读，通过分析它们，我们能更好地还原古罗马房屋租赁合同规则的原始面貌，以及法学家的处理方式。

第三，比较考察方法。"外国立法例、判例及学说，有助于提供解决特定问题之各种可能类型，故各国修订和解释适用法律之间，常互为参考。比较考察方法应以功能性原则为出发点，探求法律制度的理念、价值和技术的共同性。"[①] 鉴于此，本书第三章着重对近现代的法国、德国和日本等国家的房屋租赁合同制度进行对比性分析，在第五章则对中国的房屋租赁合同进行历史和现实的梳理，目光往返于中国和外国的立法例、判例和学说之中，不断深化房屋租赁合同的理论根基，并重构中国法中的房屋租赁合同规则。

第四，历史考察方法。本书将具体地深入罗马不同时期的学派争论、学术争鸣中，考察罗马法学家在面对具体的房屋租赁合同纠纷时是如何处理的，其判断的基础或法源是什么，运用哪些方法来为当事人提供一个合理的解决方案，以及不同法学家面对同一问题时产生分歧的原因和依据等。同时，本书遵循"从罗马法、近代法到现代法，最后回归中国法"的研究脉络，对房屋租赁合同进行"微观私法史"的梳理。

（二）论证思路

本书以罗马法中的房屋租赁合同作为研究对象，这是由其在整个租赁合同发展史上的地位所决定的。但是，当前国内学界对这一问题采取的态度是

---

① 王泽鉴.民法学说与判例研究（重排合订本）[M].北京：北京大学出版社，2015：24.

"忽视之"，将焦点集中在中国实务中的问题，或者德、法、英、美诸国的问题。对于历史问题的忽视，是中国民法研究的一大缺憾。萨维尼曾经说过："在整个历史中，细节上准确而精细的知识是不可缺少的，它是唯一能赋予其价值的事物。一个并非建立在对细节进行彻底研究的基础上而仅以大的、有影响力的原则为标准的法律史，与根据半真半假的事实所作的一般性的表面推理相比，它并不能提供更多的东西。"[①] 鉴于这一认识，本书的论证思路就是在历史中寻求理论发展和制度演进的脉络和生命；在体系重构中深入概念和规则的深处，以还原理论和制度的原貌。具体到房屋租赁合同上，就是要研究房屋租赁合同的罗马法起源、规则的形成过程、体系重构后的面貌以及罗马法规则的当代继受与发展；最后回归中国法，提炼出房屋租赁合同制度运行中的中国问题，运用概念思维和比较法来反思中国目前的房屋租赁合同制度。

对于罗马法房屋租赁合同规则的形成的研究主要立足于对原始文献的分析和解读。一方面，研究罗马法租赁合同的起源和本质问题是研究罗马法房屋租赁合同问题的前置性条件。另一方面，罗马法租赁合同结构的统一性并不影响内在的差异性。罗马法学家对房屋租赁合同规则的形成做出了重要贡献。他们的立场是什么？他们是如何处理的？在房屋租赁合同中，出租人和承租人基于各自的立场所呈现的权利义务规则，既有地位的差异性，又不失主体相对平等的合意性。而"租金"问题又是联结两类主体的纽带，不仅关系到出租人和承租人的利益，还牵动着阶级问题。为此，应对租金进行社会控制。

对于房屋租赁合同的现代发展，本书选取法国、德国和日本作为分析样本，通过对这些样本的分析，探求背后的理论基础和社会背景，揭示出罗马法房屋租赁合同的现代价值；寻求理念、价值和规则的共通性，探究类似规则的差异性。同时，这对我国房屋租赁合同规则的完善也有重要的借鉴意义。特别是在租金的控制方面，从罗马法到德国法，再到中国法，都具有共

---

① 格恩里．弗里德里希·卡尔·冯·萨维尼传略 [C]. 程卫东，张茂，译 // 许章润主编．萨维尼与历史学派．桂林：广西师范大学出版社，2004：313.

同性。

最后回归中国法。首先，就中国房屋租赁市场的变迁进行历史梳理，并对比传统文化中的"租赁"与法律移植层面上租赁合同的异同点，这是为了寻求制度的契合度。接着，对比分析规范和现实中的房屋租赁合同问题，特别是面对房屋租赁中"租金"问题所引发的纠纷，我们有必要重新审视租赁合同的本质，以契合社会的需要与民法体系化的要求。最后，就中国住房租赁法立法模式的选择进行重新思考，并对房屋租赁合同规则的内容安排进行反思性重构。

需要特别交代的是，本书在具体论述中，将着重贯穿明暗两条线索，这两条线索的交织在第四章得到了集中体现。明线是房屋租赁合同中出租人利益和承租人利益的平衡问题，是承租人优位主义还是出租人优位主义，这不仅是一个技术问题，更是一个关系到具体规则设计的立场问题；暗线是以"权力财产（房屋）的控制"为核心，将房屋租赁合同的研究推向历史深处，探究具体规则背后的法理和本质，这也是本书的贡献之一。

第一章

罗马法中房屋租赁合同的产生

房屋租赁合同在罗马法中是怎么产生的？这一问题未有学者进行深入研究，主要原因有二：第一，房屋租赁合同在罗马法中处于物的租赁之下，在罗马法契约法体系中地位并不突出；第二，学界认为租赁合同的起源问题更为神秘、更为重要。罗马法将现代法中物的租赁、雇佣合同和承揽合同等都纳入租赁合同之中，这一特殊的结构促使后世学者从罗马法中租赁合同的起源角度来探讨罗马法中租赁合同的一体化结构。迄今为止，不同学者对这一问题的研究所提出的假说可归纳为以下五种学说：特奥多尔·蒙森（Theodor Mommsen）的"公法起源说"、科斯塔的"不动产租赁说"、贝克的"工作（雇佣）租赁说"、阿图尔·考夫曼（Arthur Kaufmann）的"多重起源说"和德·里赫特（De Ligt）博士的"暂时买卖说"。以上理由从侧面揭示出罗马法租赁合同是研究罗马法房屋租赁合同的论域，为此，本章第一节首先对罗马法中租赁合同的起源、结构和本质问题进行研究。

要研究罗马法中房屋租赁合同的产生，需要从三个方面入手，即历史层面的习惯规范传承性、社会经济层面的古罗马城市化运动以及理论层面的房屋租赁合同在罗马法中租赁合同中的地位与功能。为什么要研究习惯规范的传承性？这是因为任何习惯、规则或规范都不可能凭空产生，罗马法中的房屋租赁合同规则根植于罗马法中的租赁合同规则，这说明深入罗马法中的租赁合同内部，才能更好地研究罗马法中的房屋租赁合同问题。而古罗马的城市化运动是房屋租赁市场形成的重要前提和基础，对于房屋租赁合同规则的形成和发展具有重要的推动作用。在罗马法中的租赁合同结构中，房屋租赁合同属于租赁合同之下的物的租赁之一种，但由于房屋租赁合同规则能够促进古罗马社会财富的流动与资本的增值，以及实现城市治理的稳定性，所以罗马法学家对房屋租赁问题给予了大量关注，《学说汇纂》中有相当多的法言是围绕房屋租赁问题展开的。

第一节　罗马法中租赁合同的基本问题

在罗马法发展过程中，"契约是个逐渐出现的概念"[①]，即在早期的罗马法中可能只有一种不加区分的债的概念，其后伴随着社会经济的发展及裁判官、法学家等的努力，契约的形式和内容不断丰富，最终在盖尤斯的《法学阶梯》和优士丁尼的《法学阶梯》中形成较为严密的契约体系，对现代合同法产生了重要的影响。

作为合意契约之一的租赁合同是如何产生的？这个问题的答案之所以重要，是因为租赁合同的起源决定了租赁合同的地位与内容。罗马法中的租赁合同之所以让人着迷，是因为其内在结构的特殊性，很多学者认为罗马法中的租赁合同包含现代法中的租赁合同、承揽合同、雇佣合同和运送合同等。对该特殊性的分析前提是要知道它是怎么产生的，这是一个很有意思的问题。遗憾的是，中国学界忽略了对这一问题的研究。

一、罗马法中租赁合同的起源

（一）关于租赁合同起源的五种学说

由于罗马法中租赁合同的起源问题具有重要性，蒙森、考夫曼、费奥里等罗马法学家运用词源分析、历史分析等研究方法，试图寻找解读租赁合同起源的密码，由此产生了关于租赁合同起源的诸多学说。

1885 年，伟大的罗马法学者蒙森在其《买卖和租赁的罗马法起源》一文中提出了罗马法租赁合同的"公法起源说"。具体而言，物的租赁起源于裁判官出租国有土地的实践，承揽租赁可在公共工程的出让实践中找到痕迹，而

[①]　尼古拉斯 . 罗马法概论（第二版）[M]. 黄风，译 . 北京：法律出版社，2004：174.

雇佣租赁则起源于地方官或市政官雇用侍从官（lictores）和其他自由的服务人员。[①] 蒙森"公法起源说"的提出与他对罗马公法的研究密不可分，该学说最重要的贡献是打通了罗马公法和私法之间的壁垒，重构了罗马共和早期的债法结构：一方面是私法层面的要式口约，另一方面是公法上的出让和租赁。但是，蒙森的论证并不充分、完美，受到了后来学者的批判。最先对蒙森的学说展开批判的是意大利学者科斯塔。1915 年，科斯塔在他的著作《罗马法中物的租赁》中提出了另一种学说，即"不动产租赁说"。他认为，当法律承认前任主人将他对财产的占有给予容假占有（precarium）人，即被他解放的奴隶时，主人与奴隶的关系发生变化，这便是租赁合同的最早形式。[②] 这一不动产占有转让行为受容假占有令状（interdictum de precario）的保护，且该令状没有时间限制[③]，不仅所有人的继承人可以对容假占有人提起，而且所有人对容假占有人的继承人也可以提起。[④]1953 年，贝克在科斯塔的基础上，提出"工作（雇佣）租赁说"。他也认为庇护关系的变化与租赁合同的诞生之间存在着联系，但这种联系不是财产方面的，而是工作方面的。[⑤]1956 年，马利在对租赁合同起源的分析中提到了科斯塔和贝克的学说，但他认为以上两种学说依然不够充分。[⑥] 梅耶-马利仅仅分析了以上两种学说的不足，却没有进行更深层次的研究，是为遗憾。

　　1964 年，德国法学家考夫曼深入分析了罗马法中租赁合同的历史，提出"多重起源说"。在这项研究中，考夫曼立足于《十二表法》时期到公元前 2 世纪中叶的罗马社会环境的变化，对租赁合同的可能法律渊源进行了全面细致的分析。在此基础上，他得出鉴于罗马法中租赁合同的三分结构，其起

①　MOMMSEN T. Die römischen Anfänge von Kauf und Miethe[J]. Zeitschrift der Savigny-Stiftung für Rechtsgeschichte, Romanistische Abteilung, 1885, 6（1）: 260-274. TORRENT A. La polémica sobre la tricotomía "res", "operae", "opus" y los origenes de la "locatio-conductio" [J]. Teoría E Storia Del Diritto Privato, 4（1）: 1-51.

②　COSTA E. La locazione di cose nel diritto romano[M]. Roma: Fratelli Bocca, 1915 : 6.

③　D.43,26,8,7.（原始文献列表见正文后附表）

④　杨佳红. 罗马法上占有保护的理论重构 [J]. 内蒙古社会科学（汉文版），2006（4）: 13-20.

⑤　BECK A. Zur Entstehung des römischen Mietvertrages[M]. Switzerland: Helbing & Lichtenhahn, 1953 : 3-13.

⑥　MAYER-MALY T. Locatio conductio : Eine Untersuchung zum klassischen römischen Recht Herold [M]. Wien-München: Herold, 1956 : 15-16.

源并不是唯一的，而是存在不同的历史渊源的结论。有些法律渊源是非正式的。物的租赁起源于公地的出租，受公法调整；房屋租赁较晚才出现，是伴随着第三次布匿战争后大量人口涌入罗马城才出现的；而劳务出租则可能由奴隶的租赁发展而来。[①] 这有助于我们深入理解优士丁尼的《法学阶梯》关于租赁合同来源于万民法的规定[②]。考夫曼提出的学说论证严密，得到了学术界的普遍认可。

其后，很少有学者继续研究这一历史性难题，甚至在研究罗马法租赁合同的大家费奥里的代表作《"locatio conductio"的定义：罗马学说和罗马法传统》一书中，也仅仅是简要地提及这一合同的历史，并认为由于史前资料的缺乏，考夫曼的学说仍然只是假说，真实的情况仍旧处于迷雾之中。[③] 我国著名的罗马法学者周枏先生在其《罗马法原论》中也采纳了考夫曼的学说。[④] 但依旧有学者在努力。例如，1977年，学者勒根（Leuregans）重申了蒙森的"公法起源说"[⑤]，却没有提出新的论据。1993年，德里赫特博士在其《罗马帝国时期的牲畜市场与需求》一书中认为，租赁合同的起源应在买卖与租赁的关联性方面寻找，在此基础上，他提出租赁合同起源的"暂时买卖说"。[⑥] 这一有意思的假说值得进一步研究。

（二）评述

19世纪以来，国外众多学者面对罗马法租赁合同起源问题提出了五种学说，足以说明这一问题的重要性。本书认为，以上五种学说都有一定程度的合理性，但并不是目前最完美的学说。

---

① AMIRANTE L. Locare Habitationem[J]. Studi in onore di Biondo Biondi, Milan: Giuffrè, 1965（1）: 457-465.
② I.1,2,2 ; D.1,1,5.
③ FIORI R. La definizione della "locatio conductio": Giurisprudenza romana e tradizione romanistica [M]. Napoli: Jovene, 1999: 13-14.
④ 周枏. 罗马法原论（下册）[M]. 北京: 商务印书馆, 2009: 772-773.
⑤ LEUREGANS P. L'origine administrative du terme locatio dans la locatio-conductio romaine[J]. Eos, 1977（65）: 302-322.
⑥ DE LIGT L. Fairs and Markets in the Roman Empire: Economic and Social Aspects of Periodic Trade in Pre-industrial Society[M]. Amsterdam: Gieben, 2008: 377-391.

第一，关于蒙森的"公法起源说"。首先，它混淆了租赁活动和租赁合同的差异性。"裁判官出租土地的实践"属于租赁活动，从租赁活动上升到租赁合同是需要一个过程的。换言之，有租赁活动不一定会有租赁合同。其次，即使在租赁活动中存在公权力的介入，也不能证明这一合同就具有公法性，因为承租人承揽国家的公共工程，出租人和承租人的地位在民事上应是平等的，否则，罗马法学家就不会将其作为合意契约的一种类型。但值得我们注意的是，蒙森的学说对于我们理解"买卖不破租赁""租赁合同的物权化"等问题具有重要的启示作用。

第二，就科斯塔的"不动产租赁说"和贝克的"工作（雇佣）租赁说"而言，由于这两种学说具有共通性，故对此进行共同评述。首先假设这两种学说成立，那么如何解释罗马法学家对雇佣或承揽问题的处理，两位学者并没有给出答案。这就意味着这一学说对于罗马法租赁合同的结构分析是缺乏说服力的。但值得肯定的是，这两种学说的前提是立足于罗马法租赁合同的统一性，并没有将现代法中的"三元论"思维带入罗马法租赁合同之中。

第三，就考夫曼的"多重起源说"而言，其明显受到潘德克吞（Pandekten来源于拉丁文的Pandecta）法律思想的影响。看似有道理，却犯了两个关键性错误。一是将潘德克吞法律思维带入对罗马法租赁合同的分析中，按照德国法中的租赁、承揽和雇佣的区分投射到罗马社会进行三条线的分析，违反了学术研究的客观性原则。在学术研究中，我们不反对运用多种工具进行研究，但对于"溯源性"问题的认识，一定要尽量客观地还原、再现当时的情形。二是同样未意识到租赁活动和租赁合同区分问题的重要性，未对法学家的作用进行分析。

第四，就德里赫特博士的"暂时买卖说"而言，由于该作者并没有对此进行展开分析，笔者猜测这一学说是基于以下两点理由：一是租赁活动和买卖活动的关联性，买卖和租赁都涉及"物"的使用，买卖实现了所有权的转移，租赁则是使用权的转移（或者劳务活动、特定工作任务的转移）；两者也都会涉及价款问题，租赁活动中关于"租金"或"报酬"的约定与支付，与买卖活动中关于标的物价款的约定类似。二是受保罗和盖尤斯言论的影响。根据 D.19,2,1 可知，保罗认为租赁与买卖一样，都是基于合意产生的；根据 D.19,2,2pr 可知，盖尤斯也认为，租赁与买卖十分相似，是用同一法则调整的。由于买卖活动早于租赁活动，作者根据两者的关联性提出"暂时买卖说"是具有一定的说服力的。但如果能进一步论证承揽活动和雇佣活动是如何纳入统一租赁中的，也许会成为目前最有说服力的学说。

（三）新的假说："暂时买卖说"之扩展

通过梳理以上的学说可知，受制于原始文献的缺乏，当前学界对于租赁合同起源这一问题的研究处于瓶颈期。著名的比较法学家齐默尔曼也认为，"租赁合同的早期历史由于资料的缺乏而被掩盖着"①。这就要求我们获取新的原始文献或者对现有文献进行新的解读，否则很难突破。本书将在"暂时买卖说"的基础上，结合其他学说和文献对罗马法中租赁合同的起源问题进行新的解读。

1.《十二表法》时期存在租赁合同吗？

"法律应当根据其历史背景进行解读"②，租赁（locatio conductio）在罗马法上作为合意契约的一种类型，是如何产生的？由于《十二表法》之前的原始文献相当贫乏，所以在进行法律概念或制度的本源性追问时，一般都会从《十二表法》中去寻找。本书也将遵循这一研究思路。

《十二表法》第 4 表第 2b 条规定："父亲如果 3 次出卖他的儿子，该子不再处在其父亲的权力下。"③ 有学者认为这是关于雇佣租赁起源的法律渊源，并解释说：父亲出卖家子，实际上是把自己富余的劳动力租给劳动力短缺的买受人，买受人获得对所卖家子的要式物所有权。④《十二表法》第 12 表第 1

---

① ZIMMERMANN R.The Law of Obligations: Roman Foundations of the Civilian Tradition [M].Kenwyn: Juta & Co, Ltd., 1990: 340.

② 埃利希. 法社会学原理 [M]. 舒国滢，译. 北京：中国大百科全书出版社，2009：3.

③ 拉丁文原文：Si pater filium ter venum du [it], filius a patre liber esto. 译文参见徐国栋，等译《十二表法》新译本 [J]. 河北法学，2005（11）：2-5.

④ 曹飞，张熙凤. 劳动契约的历史追溯与概念界定 [J]. 西安电子科技大学学报（社会科学版），2011（4）：90-96. 徐国栋教授认为该条是家父基于经济利益的考虑或其他考虑把自己的儿子永久地卖给他人为奴，这是市民法上的奴隶制问题，并不是雇佣合同问题（参见徐国栋.《十二表法》研究 [M]. 北京：商务印书馆，2019：152.）。本书赞同之。

条规定："对购买供祭神之用的动物不付价金的人，在出租牲畜以租金购买祭神用的动物的情况下不付租金的承租人，设立扣押之诉对抗之。"① 在该表中出现了"locasset"（出租）、"mercedem"（租金）、"pecuniam"（价金）等词，但这是否意味着这一时期租赁合同已经存在？

对此，从租赁合同的概念构造入手是比较可行的路径选择。这是因为"概念分析通常反映经验观察或者被经验观察所限制，并且经验观察通常直接或间接地支持某些概念论点"②。租赁合同的拉丁文是由 locatio et conductio 构成的，locatio 来自 locare，意思是"放置"某物，转换成法律概念，是指出租人对承租人实施的交付标的物的动作③；conductio 是"引导"的意思，这一词语反映在法律概念上是指雇佣某人或者接受来自出租人的某物④。那么这些词语在《十二表法》时期产生是否说明了在《十二表法》中已经存在租赁合同？

答案并非如此。《十二表法》中诸如"locasset"（出租）等词语的诞生并不代表作为合意契约之重要类型的租赁合同的产生。具体理由如下：第一，《十二表法》时期主要以要式口约（stipulatio）和拟诉弃权（in iure cessio）来实现物的所有权转移。要式口约来源于《十二表法》之前的神前誓约，发展成为以严格的问答形式来实现所有权的转移。这种严格的仪式性是与当时的社会背景相适应的，此时仪式本身就是合同效力的来源。⑤ 而拟诉弃权是一种以虚假诉讼的方式来完成所有权的转移，即受让人和出让人分别以原告和

① 拉丁文原文：Lege autem introducta est pignoris capio，veluti lege XII tabularum adversus eum，qui hostiam emisset nec pretium redderet；item adversus eum，qui mercedem non redderet pro eo iumento，quod quis ideo locasset，ut inde pecuniam acceptam in dapem，id est in sacrificium，impenderet.（译文参见徐国栋，等译《十二表法》新译本 [J]. 河北法学，2005（11）：2-5.）本条被不少现代学者视为租赁合同的起源（FIORI，R. La definizione della "locatio conductio"：Giurisprudenza romana e tradizione romanistica[M]. Napoli：Jovene，1999；徐国栋.《十二表法》研究 [M]. 北京：商务印书馆，2019.152.）。本书不赞同这一观点，后文将从《十二表法》时期诉讼的特点及合意契约与万民法的关系等方面进行重点阐述。
② 比克斯. 法律、语言与法律的确定性 [M]. 邱昭继，译. 北京：法律出版社，2007：4.
③ 徐国栋. 优士丁尼《法学阶梯》评注 [M]. 北京：北京大学出版社，2011：436.
④ BERGER A. Encyclopedic Dictionary of Roman Law[Z]. Philadelphia：American Philosophical Society，1953：567.
⑤ 马丁. 合同形式问题之历史流变及其法律史观意义 [C]// 梁慧星. 民商法论丛（第52卷）. 北京：法律出版社，2013：267-270.

被告的身份出庭，受让人宣布被转让物是他的，出让人（即物的原所有人）则直接承认受让人的主张或者对受让人的诉讼主张表示沉默，最终通过法官确认受让人的权利主张。《十二表法》第 6 表第 6b 条也规定："拟诉弃权与要式买卖，各自具有法律效力。"可知，这一时期实现财产所有权或使用权的转移具有严格的仪式性。从某种程度上来说，甚至仪式比允诺更为重要。①即使存在"locasset"（出租）行为，也必须依赖要式口约或者拟诉弃权来进行。②换言之，这一时期存在租赁活动（行为），但不存在独立的租赁合同，而是将租赁活动纳入要式买卖中进行调整。③第二，这一时期属于法律诉讼时期，诉讼须严格按照法律规定的特定形式进行。法律规定了五种用以确定和实现权利的特别诉讼形式。④《十二表法》第 12 表第 1 条对于承租人不付租金的行为，是以扣押之诉进行对抗的，而不是诚信诉讼。第三，后来的《学说汇纂》和优士丁尼在《法学阶梯》中都指出作为合意契约的租赁合同起源于万民法。D.19,2,1 规定："租赁产生于所有民族都共同遵循的自然法则。正如买卖意义，租赁不是以口头方式订立的，而是基于合意订立的。"I.1,2,2 规定："……从这一万民法也采用了几乎所有的契约，如买卖、租赁、合伙、寄托、消费借贷以及其他不可胜数的契约。"第四，这一时期的社会经济状况决定了对租赁的需要很少。因为，一方面，罗马正处于自耕农所组成的共同体中，每一个氏族自耕其田，然后将收成在氏族中进行分配，此时的财富不外乎牲畜和土地使用权，后来才将土地分给公民。⑤这一特点决定了土地和房屋的租用必然很少，对租赁动产的需求也不多，更不要说采取"承揽"这一交易形式了。⑥另一方面，《十二表法》中已经暗含着租赁合同的因子，因为

---

① 梅因. 古代法 [M]. 沈景一，译. 北京：商务印书馆，1996：177.

② JOHNSTON D. Roman Law in Context[M]. Cameridge：Cameridge University Press，1999：98.

③ WATSON A. The Evolution of Western Private Law[M]. Baltimore：Johns Hopkins University Press，2000：16.

④ 五种特别诉讼形式分别是：誓金之诉（legis actio sacramento）、请求给付之诉（legis actio per condictionem）、请求指定仲裁性承审员之诉（legis actio per iudicis arbitrive postulationem）、拘禁之诉（legis actio per ma nus iniectionem）和扣押之诉（legis actio per pignoris capionem）。参见马丁. 罗马法上的"诉"：构造、意义与演变 [J]. 中外法学，2013（3）：556-570.

⑤ 蒙森. 罗马史（第一卷）[M]. 李稼年，译. 北京：商务印书馆，1994：168.

⑥ 乔洛维茨，尼古拉斯. 罗马法研究历史导论 [M]. 薛军，译. 北京：商务印书馆，2013：212.

上述对租赁行为的法律规制，尽管不是以诚信诉讼来保护，但也说明了对于租赁活动中"租金"问题、违约问题已经有了一定的认识。只是由于这一时期租赁活动很少，所以未实现独立。

通过以上论证可知，这一时期不存在作为合意契约的租赁合同，但存在零星的租赁行为；同时，我们不能否认这一时期的立法，特别是《十二表法》中的规定对后世租赁合同的形式所产生的影响力。这一时期的"租赁"依附于要式买卖和拟诉弃权，并以扣押之诉等法律诉讼形式进行救济。

2. "暂时买卖说"之扩展

《十二表法》时期不存在作为合意契约的租赁合同，那么罗马法中的租赁合同到底是怎么产生的？本书认为"暂时买卖说"是目前打开罗马法租赁合同"起源之锁"的关键钥匙。当然，此处的"暂时买卖说"不同于德里赫特博士的"暂时买卖说"。德里赫特博士的学说注意到了买卖与租赁之间的关联性，但并没有进行详细论证。本书所提出的"暂时买卖说"除了关注租赁与买卖之间的关联性外，还关注罗马法学家思考方式的变迁以及租赁活动与租赁合同的区别。

就租赁活动和租赁合同的区别来说，租赁活动是自发性的个体性行为，租赁合同是法学家运用法律思维进行处理的结果。从租赁活动上升到租赁合同有一个过程。在这个过程中，租赁活动的频率和其对社会、政治与个体的影响程度，决定着国家的关注度。法学家对社会问题的思考，也必将受制于特定的社会经济环境。《十二表法》时期只存在零星的租赁活动，而租赁作为合意契约的一种类型，则产生在公元前 2 世纪中叶。[①] 因为这一时期，特别是从公元前 264 年到公元前 146 年的三次布匿战争，给古罗马带来了巨额的财富、大量的土地和人口，造成了大土地占有制的增长和小土地所有制的衰落。大土地占有制需要大量的人口进行耕种，当奴隶无法满足其需求时，古罗马市民（主要是贵族）必须通过土地租赁的方式来实现财富的最大化。此外，金融资本和商业资本得到了巨大发展，大量人口涌入罗马城，促进了房

---

① WATSON A. Contract of Mandate in Roman Law[M]. Oxford: Clarendon Press, 1961: 9-10.

屋租赁和承揽租赁的发展。① 当大量租赁活动活跃在市场中时，所影响的群体也是巨大的。这个时候就会促使法学家对这些租赁活动进行思考。这便是"租赁活动—租赁合同"的变迁过程。那么，法学家是如何处理的？

　　罗马法学家对租赁行为的处理除了受到特定社会经济环境制约外，还受到思维方式的影响。社会经济环境的影响是客观的，而思维方式的变化则是主观的。《十二表法》时期法学家的思维方式是高度决疑术式的、个案取向式的。《十二表法》所反映的原始社会生活和法律活动，文本层面有些相当具体详细，但并未抽象化和体系化。相反，它在文本表述上不断重复、反复地说明一些重要的或争议性的问题，在语法上就会显得模糊不清、晦涩难解。② 鉴于此，法学家们在面对具体问题时，通常很难将《十二表法》中的规范直接适用于具体案件，而是根据具体问题所提供的各种线索去寻找契合该问题的成文规范。在这一过程中，他们经常会以辩论的方式去探究和寻找适宜的规范。③ 到了罗马共和晚期，这一时期的罗马法学家受到古希腊辩证法的影响，他们开始从社会生活和个案裁判中剥离或抽象出一般性的规则。例如，公元前 2 世纪的法学家昆图斯·穆丘斯·谢沃拉（Quintus Mucius Sceavola，约公元前 140 年—前 82 年）是第一个运用辩证法对市民法进行体系化论述的人。④ 他运用体系化方法将租赁合同纳入债法，并区分了买卖合同和租赁合同。⑤

　　还有一个很有意思的问题，承揽行为和雇佣行为是如何进入罗马法租赁

① 科瓦略夫 . 古代罗马史 [M]. 王以铸，译 . 上海：上海书店出版社，2011：361-365.
② STEIN P. Regulate Iuris：from Juristic Rules to Legal Maxims[M]. Edinburgh：Edinburgh University Press，1966. 7. 转引自舒国滢 . 罗马法学成长中的方法论因素 [J]. 比较法研究，2013（1）：1-42.
③ 同上。
④ "他从（辩证）逻辑学的分类方法中获得了启示，根据法在表现形式上应有的连贯性，赋予这种新形式的法学著作以一种更为严格的、从分析研究入手的著述方法。也就是说，通过对个性的研究找出该类事物多数个体所具有的共性，进而概括出一般概念。至于从属中区分出不同的种，则从个性中找出不同于属的特殊差别入手。这一方法被用于创立市民法。按照论述的先后顺序建立起它的外部结构，使人们可以看清按照自己体系建立起来的法之间的基本关系。"参见李飞 . 古希腊—罗马的辩证法对罗马法的体系化生成的影响 [C]// 陈金钊，谢晖 . 法律方法（第 15 卷）. 济南：山东人民出版社，2014：119；斯奇巴尼 . 法学研究方法以及对古罗马法学著作和近现代法典结构体系中若干问题的思考 [J]. 丁玫，译 . 比较法研究，1994（2）：205-216.
⑤ SCHULZ F. Storia della Giurisprudenza Romana[M]. TraD.di Guglielmo Nocera，Firenze：Sansoni Editore，1968：172-173.

合同的？这是罗马法学家运用辩证法思维进行对比处理的结果。一方面，承揽活动和雇佣活动产生时间晚于物的租赁活动，而在公元前2世纪左右，活跃在罗马社会的法学家已经开始对个案裁判进行体系化思考。在这一活动中，必然会面临新兴事物的冲击。面对承揽和雇佣行为，必然会运用之前的理论进行处理。另一方面，承揽行为、雇佣行为纳入物的租赁具有可行性，因为三者都需要支付租金或者报酬，都实现了物的增值或流转，都是所有权和使用权区分的结果。法学家面对这些类似情形时，将其纳入物的租赁，并进行拓展，发展出可以容纳三者的"locatio conductio"，是完全可能的。

综上可知，可以将"暂时买卖说"概括为：租赁合同起源于租赁活动的普遍化，由法学家运用辩证法思想，在区分买卖和租赁的基础上实现了物的租赁的独立化，并将承揽和雇佣纳入其中，从而最终形成罗马法上的租赁合同，即 locatio conductio。如此，实现了"暂时买卖说"的扩展。这一学说能够解释罗马法租赁合同的起源问题，也能够解释罗马法租赁合同结构的内在统一性。

二、罗马法中租赁合同的结构

（一）既有学说

学界关于罗马法中租赁合同的结构问题是有争议的。目前的学说主要有以下三种。

1. 三元论

这一学说认为，罗马法时代的法学家将租赁合同区分为物的租赁、雇佣租赁和承揽租赁。当前，国内外几乎所有的罗马法教科书都将罗马法中的租赁合同分为物的租赁（locatio conductio rerum）、雇佣租赁（locatio conductio operarum）和承揽租赁（locatio conductio operis）。① 以上对租赁合同所作的划分可以称为"三元论"，这其实是当代学者根据罗马法文献所进行的分类，但这是否意味着罗马法学家在当时已经有意识地对租赁合同进行概念上的区分，这些教科书并没有做出解释说明。

2. 二元论

这一学说认为，罗马法租赁合同的结构应是由雇佣租赁（承揽租赁属于雇佣租赁之一种）和物的租赁组成。在保罗·J. 杜·普莱西斯（Paul J. du Plessis）的著作中贯彻了这一学说。② 这一学说是基于 operarum 和 operis 的原型都为 opera。operarum 为 opera 的第一变格阴性名词，意为"work, labour, service, care"③ 或者"trouble, pains, exertion"，opera 的属格复数即是 operarum。而 operis 则是 opera 与格或离格（夺格）的复数形式。

3. 一元论

这一学说认为，罗马法租赁合同应是一个整体，在结构上并未进行区分。这是对罗马法租赁合同进行文本还原解读的结果。本书赞同这一观点，将在下文进行论证。齐默尔曼持这一观点，并提醒罗马法研究者注意，一元论并不意味着所有租赁合同都适用同样的规则，而是根据不同类型进行个案分析式的区分。④

（二）本书观点

三元论的观点是受到潘德克吞学派的影响，将现代民法中的契约体系理

---

① 周枏. 罗马法原论（下册）[M]. 北京：商务印书馆，2009：772；黄风. 罗马法 [M]. 北京：中国政法大学出版社，2009：207；彭梵得. 罗马法教科书（2005 年修订版）[M]. 黄风，译. 北京：中国政法大学出版社，2005：288-289；江平，米健. 罗马法基础 [M]. 北京：中国政法大学出版社，2004：351-352；尼古拉斯. 罗马法概论 [M]. 黄风，译. 北京：法律出版社，2010：171；ZIMMERMANN R.The Law of Obligations：Roman Foundations of the Civilian Tradition [M].Kenwyn：Juta & Co，Ltd，1990：338；FIORI R. La definizione della "locatio conductio"：Giurisprudenza romana e tradizione romanistica[M]. Napoli：Jovene，1999：1-10；等等。
② DU PLESSIS P J. Letting and Hiring in Roman Legal Thought：27BCE-284CE [M]. Leiden·Boston：Brill Academic Pub，2012.
③ 哈珀·柯林斯出版集团. 柯林斯拉丁语—英语双向词典 [M]. 北京：世界图书出版公司北京公司，2013：147.
④ ZIMMERMANN R.The Law of Obligations：Roman Foundations of the Civilian Tradition [M].Kenwyn：Juta & Co，Ltd，1990：339-340.

念代入罗马法时代，违反了学术研究的客观性原则；同时该观点也忽视了词源学分析上的内在悖论，同一词源在结构上被人为割裂。二元论的观点看似解决了词源学分析上的矛盾之处，但存在的问题依旧是现代性的，而非历史性的。

罗马法中租赁合同的起源问题是探究该合同内在结构的钥匙。本节第一部分对所提出的"暂时买卖说"的解释与说明某种程度上已经深入罗马法中租赁合同的内在结构。

罗马法学家对租赁合同结构的处理可分为两个层面。第一个层面，外在体系的"合意性"，这是租赁合同归属于合意契约的本质特征。这种合意性体现为租赁合同的双务性（synallagma），而这种双务性也贯穿在租赁合同的内部体系之中。这种合意性体现在 D.19,2,1 和 I.1,2,2 中。正如 D.19,2,1 所言："租赁（locatio et conductio）产生于所有民族都共同遵循的自然法则。正如买卖一样，租赁不是以口头方式订立的，而是基于合意订立的。"① 第二个层面，内在体系的统一性，即以"租金"（merces）取代客体来处理三种不同的租赁合同，并以地方论思想② 来处理内部的差异性。关于租金在租赁合同中的地位，盖尤斯在《日常事务法律实践》中这样描述："租赁与买卖十分相似，是用同一法则调整。因为，正如就价格达成协议则买卖成立一样，如果就'租金'（merces）取得一致，则租赁合同成立。"③ 在盖尤斯的《法学阶梯》中也有类似的表述："租赁，按照类似的规则进行；实际上，如果未规定确定的租金（merces），租赁就不视为成立。"④ 并最终体现在优士丁尼的《法学阶梯》之中。⑤ 意大利的彭梵得教授也认为，租赁的标的之一是恒定的，即应支

---

① 译文参见斯奇巴尼. 债、契约之债 [Z]. 丁玫，译. 北京：中国政法大学出版社，1992：61-62.

② 关于地方论思想可参见西塞罗. 地方论 [C]. 徐国栋，等译 // 张仁善. 南京大学法律评论（2008 年春秋号合卷）北京：法律出版社，2009：1-25.

③ D.19,2,2pr. 译文参见斯奇巴尼. 契约之债与准契约之债 [Z]. 丁玫，译. 北京：中国政法大学出版社，1998：189.

④ Gai.3,142. 译文参见盖尤斯. 盖尤斯法学阶梯 [M]. 黄风，译. 北京：中国政法大学出版社，2008：179.

⑤ I.3,24pr：租赁近于买卖，两者受制于同样的法律规则。事实上，如同一旦就价金达成协议即缔结了买卖，如果就租金作了商定，也认为缔结了租赁。出租人享有出租诉权；承租人享有承租诉权。译文参见徐国栋. 优士丁尼《法学阶梯》评注 [M]. 北京：北京大学出版社，2011：436.

付的报酬，它叫作"租金"（merces，pensio 或 canon）。[1] 事实上，《学说汇纂》中关于租赁合同的所有法言，几乎都是围绕租金（merces）展开的。[2] 德国法学家考夫曼还专门分析了罗马法中租金的性质、地位和功能。[3] 关于地方论思想在租赁合同中的体现，费奥里教授在其著作中认为，罗马法学家运用二分法和类推思维来处理租赁合同。二分法思维的例子如，在涉及动产或不动产的租赁时，罗马法学家分别以物的使用和不动产的租赁期间来计算租金的多少。[4] 而类推思维方式体现为处理雇佣租赁和承揽租赁纠纷时往往基于"相似性"的判断类推适用租赁诉权。

我们再以谢沃拉的著作为例进行"时空性"印证。谢沃拉是一位受古希腊哲学影响、有体系化偏好的法学家。在其 18 卷本的《论市民法》中将市民法划分为继承法、人法、物法和债法。在债法部分，以"合同"概念为核心进行了建立一般合同法理论的尝试[5]，并认为"……如果有买卖或租赁，因为它们可以通过单纯的协议订立，它们也可通过具有相反效果的单纯的协议撤销"（D.46,3,80）。在该法言中，谢沃拉强调了租赁合同的单纯协议性，即只需要出租人和承租人的合意即可成立合同。此后，著名法学家马尔库斯·拉贝奥运用西塞罗（公元前 106 年—前 43 年）的地方论思想，以"行为"为核心再一次进行了一般合同理论的建构，并在其《内事裁判官告示评注》中写道："有些事的实施是'行为'；有些事的实施是'执行'；有些事的实施是'订约'。……但合同是某种涉及双务之债的东西，希腊人称之为 Synallagma，例如买卖、租赁和合同；'执行'指某事不通过言词实施。"[6] 该法言中，拉贝奥强调租赁合同中行为的双务性。法学家运用这些合同理论对现实生活中的合同进行类型化，在这一过程中，租赁合同的结构实现了学说上的整合。后世

---

① 彭梵得. 罗马法教科书（2005 年修订版）[M]. 黄风，译. 北京：中国政法大学出版社，2005：288.

② 例 如 D.19,2,2,1；D.19,2,15pr；D.19,2,15,2；D.19,2,15,3；D.19,2,15,4；D.19,2,15,5；D.19,2,15,6；D.19,2,15,7；等。

③ KAUFMANN H. Die altrömische Miete：Ihre Zusammenhänge mit Gesellschaft，Wirtschaft und staatlicher Vermögensverwaltung[M]. Graz：Bohlau，1964.

④ FIORI R. La definizione della "locatio conductio"：Giurisprudenza romana e tradizione romanistica[M]. Napoli：Jovene，1999：1-6.

⑤ 徐国栋. 罗马私法要论 [M]. 北京：科学出版社，2007：192.

⑥ D.50,16,19. 译文参见徐国栋. 罗马私法要论 [M]. 北京：科学出版社，2007：194.

发现的这一时期的租赁合同文本同样印证着罗马法租赁合同内在结构的统一性，如在《世界法系概览》中收录了一份公元前 105 年的关于建造一座大门的承揽合同。①

由以上论述可知，罗马私法上租赁合同的本质属性为"租金"（merces）。这种以"租金统一不同租赁形态"的方法是罗马法学家对社会生活的法律经验提炼，是一种松散的契约体系，并未形成体系化的租赁合同结构。为了处理内部的差异性，特别是如何协调 res、operae 和 opus 之间的关系，罗马法学家引入地方论和古希腊辩证法②思想，形成了"res—使用—租金""operae—服务内容和期限—职务报酬（honoraria）"和"opus—特定的工作—租金"这一暗含的内部体系。如此，才能实现租赁合同对不同社会活动的法律治理功能。

三、罗马法中租赁合同的本质

美国著名法学家詹姆斯·戈德雷认为，"每一种类型的合同都有某种'本质'，特定的债务亦由此而生"。③租金是罗马法租赁合同的本质属性，那么"租赁"（locatio conductio）在罗马法中到底意味着什么？罗马法中的租赁合同为什么不同于现代法中的租赁合同，将物的租赁、雇佣租赁和承揽租赁进行一体化思考？本书将从起源和主体两个方面进行罗马法租赁合同的本质论研究。

（一）租赁合同的起源：与买卖合同的关联性

"要考察一个法律概念是如何形成的，就必须寻找它的历史起源。"④而概

---

① 威格摩尔.世界法系概览（上）[M].何勤华，等译.上海：上海人民出版社，2004：312-314.
② 关于希腊辩证法对罗马法学家的影响，德国法学家舒尔兹认为，它"在发现控制事物的原理和解释具体案件上居于重要地位……（这一研究，尤其是语法的研究给法学家）提供了怎样将繁多而疑难的材料化约到一个体系中的模型……辩证法不仅发挥了将个别现象归入某种类的功能；对法学家来说，它还是一种工具，帮助法学家揭示尚未实际发生的问题"。见 SCHULZ F. History of Roman Legal Science[M]. Oxford：Clarendon Press，1946：68.
③ 戈德雷.现代合同理论的哲学起源 [M].张家勇，译.北京：法律出版社，2006：8-9.
④ 窦海阳.论法律行为的概念 [M].北京：社会科学文献出版社，2013：9.

念形成的时期往往是"本质"外露的时期。由此可知租赁合同起源问题对其本质揭示的重要性。

一方面，应区分租赁活动和租赁合同的差异。[①] 租赁活动是自发性的个体性行为，租赁合同是法学家运用法律思维进行处理的结果。从租赁活动上升到租赁合同有一个过程。在这个过程中，租赁活动的频率和对社会、政治与个体的影响程度，决定着国家的关注度。法学家对社会问题的思考，也必将受制于特定的社会经济环境。受制于史料的缺乏，我们已经很难还原最初的租赁活动是如何进行的，但我们可以进行假设，提出一种假说。假说对历史的解释力，是根据目前所拥有的材料，尽可能地还原"历史场景"。这种跨越时空的"场域"不可能百分之百地还原，但至少对某一现象的思考及其发展，会有历史的启蒙价值。

早期租赁活动借鉴买卖合同的规则，是某些生产资料的所有者为了实现财产的增值，通过将多余的物品出租或房间出租等方式来收取租金的行为。在这一活动过程中，交易双方可能按照"要式口约"的方式进行，也可能仅仅基于双方的信赖关系进行。无论基于哪种方式，都说明了这一交易活动与买卖合同的相似性和差异性。相似性表现在都实现了财产的流动，实现了财富的增长；差异性表现在租赁活动不转移所有权，实现了所有权和收益权的分离。

另一方面，《学说汇纂》中所记载的文字提供了某些线索。本书选取其中三段法言进行租赁合同起源层面的"本质"揭示，分别是 D.19,2,1、D.19,2,2pr. 和 D.19,2,2,1。

D.19,2,1. 保罗的《告示评注》第34卷：租赁合同产生于所有民族都共同遵循的自然法则。正如买卖一样，租赁合同不是以口头方式订立的，而是基于合意产生的。[②]

---

① 关于罗马法中租赁与买卖的异同，可参见迪利贝尔托. 罗马法中租赁与买卖的异同 [J]. 黄美玲，译. 环球法律评论，2017（3）：5–15.

② 译文参见斯奇巴尼选编. 契约之债与准契约之债 [Z]. 丁玫，译. 北京：中国政法大学出版社，1998：188–189，有改动。

D.19,2,2pr. 盖尤斯的《日常事务法律实践》第 2 卷：租赁与买卖十分相似，是用同一法则调整的。因为，正如就价格达成协议则买卖成交一样；如果就报酬取得一致，则租赁合同成立。①

D.19,2,2,1. 盖尤斯的《日常事务法律实践》第 2 卷：买卖与租赁是那样地相似，以至于在一些情况下，人们常常会提出这样的疑问：这究竟是买卖呢，还是租赁呢？例如，一名金匠同意用他的金子为我打造一只一定重量、一定形状的戒指，要价 300，这是买卖呢，还是租赁呢？当然，只可能是一项交易，因此，我们更倾向于是买卖。如果是由我提供金子并就加工戒指订好酬金，那么，在这种情况下，无疑就是租赁了。②

以上三段法言都是围绕租赁与买卖的关系展开的。这再一次证实了前面所提出的"租赁合同起源假说"的合理性。以上所涉及的两位法学家保罗和盖尤斯几乎处于同一时代。③公元前 1 世纪至 3 世纪是罗马帝国的强盛时期，这一时期也是罗马法律和法学发展的昌明时期——罗马法学家的活动也是非常活跃的。④这一时期，法学家的学术、教学以及提供咨询的活动都是自由而富有创造性的。

在上面三段法言中，两位法学家都提到租赁合同与买卖的关系，即受"同一法则"调整（或者说是"遵循共同的自然法则"）。⑤

一方面，就租赁和买卖的关系而言，两位法学家的言论再一次证实了租赁合同起源过程中，租赁活动与买卖合同的运用具有双重关联性。第一重是

① 译文参见斯奇巴尼选编. 契约之债与准契约之债 [Z]. 丁玫，译. 北京：中国政法大学出版社，1998：188-189，有改动。

② 同上。

③ 保罗（约 222 年去世），担任过陪席法官，其最著名的著作是关于告示的 80 卷注释书，《学说汇纂》摘录了他的 2081 段作品；而盖尤斯（约 130 年—180 年）是罗马帝国前期著名法学家，代表作为《法学阶梯》，该书是唯一一部流传至今的古代罗马法学家的文献，成为优士丁尼编纂同名法典的范本。

④ 法学家的活动主要表现为解答、办案、编撰、著述、教学等。解答，即对于官方和私人提出的法律问题进行解答；办案，即指导辩护人办案及指导当事人诉讼；编撰，即为订立契约的当事人撰写合法文书；著述，即法学家从事法学研究并著书立说。参见曾尔恕. 外国法制史 [M]. 北京：中国政法大学出版社，2008：52.

⑤ 普莱西斯博士认为：只要双方就租金达成一致，细节并不重要，买卖与租赁的差异也无需过多关注。见 DU PLESSIS PAUL J. Letting and Hiring in Roman Legal Thought：27BCE-284CE [M]. Leiden·Boston：Brill Academic Pub，2012：180。

指租赁活动所涉及的交易双方不自觉地运用买卖合同的规则进行交易，以确保彼此合同的效力。其背后的社会因素是，买卖和租赁都反映了"经济和伦理的代码建立在礼物赠与之上"的社会向"经济和伦理的代码建立在市场和利润之上"的社会的转变。① 第二重是指法学家面对这一问题时，务实地关注到了租赁活动买卖化的倾向，同时"相似"一词，说明了法学家不仅注意到了买卖合同规则对租赁活动的影响，也注意到了两者的差异性。

另一方面，就"同一法则"而言，这就涉及万民法产生和合意问题。这两个问题是合同法发展史上的重大理论问题。卡泽尔（Max Kaser）称合意理论为"罗马法中最伟大、最富有成效的发明之一，胜过希腊和日耳曼的法律"② 的重要理论。由此可知，罗马法上的租赁合同在合同法理论发展史上占有重要地位，它的地位体现在"规则牵连性"和"理论发展性"两个层面。规则牵连性是指租赁合同规则的形成是伴随着万民法中习惯规则的承认，以及罗马法学家以合意理论对租赁合同进行重构的过程；理论发展性是指租赁合同与买卖合同一起发展了罗马法中的合同理论，实现了重合同形式到重意思一致的转变，即合意契约，而这又深刻影响了近现代的合同法理论。

罗马法上的万民法是什么？为什么说万民法是租赁合同的来源？这两个问题的揭示有助于我们进一步触及租赁合同起源问题的本质。

万民法是全人类共同的法律。盖尤斯在《法学阶梯》中对万民法进行了定义。③ 这一定义说明了"罗马法对自己与其他民族的共性的承认，这种承认会诱使罗马人与外邦人进行更多的交往而不是产生仇视"④，这种共性的承

---

① 古德利尔. 礼物之谜 [M]. 王毅，译. 上海：上海人民出版社，2007：8.

② 克茨. 欧洲合同法（上）[M]. 周忠海，李居迁，宫立云，译. 北京：法律出版社，2001：75.

③ Gai.1,1. "所有受法律和习惯调整的民族，他们一方面遵守自己的法律；另一方面遵守为全人类所共有的法律。事实上，每个民族专用的法律是该民族自己的法律并被称为市民法，换言之，是该城邦自己的法律；而自然理性为全人类确立的并为所有的民族同等地遵守的法律被称为万民法，换言之，是由所有的民族使用的法律。如此，罗马人民部分地由其自己的法律调整；部分地由全人类共有的法律调整。"译文参见盖尤斯. 盖尤斯法学阶梯 [M]. 黄风，译. 北京：中国政法大学出版社，2008：1.

④ 徐国栋. 万民法诸含义的展开——古典时期罗马帝国的现实与理想 [J]. 社会科学，2005（9）：91-98. 在该文中，徐国栋教授通过对原始文献的解读，说明了万民法的含义不是单一的，还包含"使节法、普通法、世俗法之主要部分、有利于外邦人的法、地方法、道德法"这六种含义，并由此得出"古典时期的罗马法学家们力图在万民法概念下以一种共同的意识形态整合一个充满个别性的大帝国的苦心，反映了这一时期罗马帝国的法律理想与法律现实的矛盾"。本书赞同之。

认在涉及人类交往的交易行为中所体现的就是"信用"。正因为有这一信用的存在，人类的交易行为才能不断扩大，实现了从熟人社会到陌生人社会的超越。

梅因通过对大量惯例的研究，得出"万民法是规则和原则的集合物，这些规则和原则经过观察后被认为是各个意大利部落间当时通行的各种制度所共有的"① 这一结论。同时，这也证明了对"共性的承认"是不同部落之间交往的基础性原则。罗尔斯在其《万民法》中通过对原初社会的考察，得出了万民法的八大原则，其中第二原则就是"各人民要遵守协议和承诺"。② 换言之，"在罗马人看来，万民法就是人与人交往的'自然平衡'原则，是这种原则的具体化、明确化"。③ 由此可知，契约领域正是因为万民法的这一本质性特征，才能具有不断扩展契约类型的辐射力。

对万民法定义的解读，其实已经说明了万民法对罗马法契约理论的形成和发展的重要性。但要进一步揭示"来源"问题，并不能作当然性的推断，还需要借助原始文献进行说明。赫尔摩格尼（戴克里先时期杰出的法学家，他收集了293—294年帝国的法律，形成了《赫尔摩格尼法典》）在其《私法摘要》第1编中说：

> 根据万民法，产生了战争，区分了氏族，奠定了统治权，（并）区分了所有权，划定了地界，建造了房屋，形成了通商、买卖、租赁和缔结债的关系，那些依市民法引入的制度除外。④

就租赁合同和万民法的关系来说，这一法言是租赁合同来源于万民法的有力证据。其实，上文保罗和盖尤斯的言论早于赫尔摩格尼的这一论断。事实上，有大量的原始文献都提及"作为合意契约的租赁合同来源于万民法"

① 梅因.古代法 [M].沈景一，译.北京：商务印书馆，1959：29.
② 罗尔斯.万民法 [M].陈肖生，译.长春：吉林出版集团有限公司，2013：79.
③ 米健.略论罗马万民法产生的历史条件和思想渊源 [J].厦门大学学报（哲学社会科学版），1984（1）：102−108.
④ D.1,1,5.译文参见学说汇纂（第一卷）[Z].罗智敏，译；纪蔚民，校.北京：中国政法大学出版社，2008：11，有改动.

这一结论，甚至在优士丁尼《法学阶梯》I.1,2,2中也有提及。① 可知，在罗马法学家群体中，这一结论是具有传承性的。然而，关于租赁合同为什么产生于万民法这一问题，罗马法学家们并没有详细论述，是因为这一结论的当然性还是因为最早论述这一结论的资料缺失，不得而知。鉴于此，本书尝试进行逻辑层面的推演，以还原当时的"第一现场"。推演过程如下：（1）同一氏族、不同氏族以及不同国家之间由于贸易往来和交易的频繁，市民法的形式性和僵化性已经不能适应这一要求，人类基于"共同的承认"这一原初状态所形成的共同规则进行交易；（2）当这些交易由个体行为和局部行为扩展到群体行为和整体行为时，所产生的纠纷必然会引起统治者和法学家们的重视，此时出现一位或几位法学家对这些交易行为进行经验和习惯的总结、提炼和分析，由此在城邦治理层面区分了市民法上的交易和万民法上的交易；（3）市民法交易规则和万民法交易规则的区分在城邦治理中存在功能性的差异，必然会带动社会对这两项规则的反思；又基于人类社会不断进化的这一事实，在契约法领域层面，万民法交易规则比市民法交易规则更为便捷、交易成本更低。统治者为了适应公民和社会发展的需求，必然会对原先的规则进行改变。由此，最终实现了契约规则"从重程式到重合意"的转变。在这一过程中，买卖、租赁等活动是作为分析对象同时转变的。

通过上述分析可知，租赁合同本质上具有信用的特征，这一特征是与万民法的理念密切相关的；形成过程中受到买卖合同的影响，甚至在某一段时间就是运用买卖合同规则进行交易的；租赁合同在罗马合同法上实现独立的根本原因是社会发展的需要，直接原因则是法学家作用的结果。

（二）租赁合同的主体：出租人和承租人的博弈

一般情况下，租赁合同涉及的主体是出租人和承租人；在转租的情况下，还会涉及转租人。那么，在罗马法时代，租赁合同在生成、运行过程中，是如何影响社会不同阶层的利益的？又是如何对社会治理产生影响的？

---

① "……从这一万民法也采用了几乎所有的契约，例如买卖、租赁、合伙、寄托、消费借贷以及其他不可胜数的契约。"译文参见徐国栋.优士丁尼《法学阶梯》评注[M].北京：北京大学出版社，2011：40.

事实上，《学说汇纂》中涉及租赁合同的法言，基本上都是围绕出租人和承租人的关系展开的。通过研读 D.19.2 中所有关于租赁合同的法言可知：大多数法言基于万民法理念所进行的个案性论述，能够平衡出租人和承租人之间的利益。静态层面的文本给我们描绘了一个理念性的世界，这些规则即使放在今天，也是基本可以适用的。但是，法律只有作用于社会，才能真正发挥其功能，才能对社会治理产生影响。为此，既要从静态文本所透露的信息中发现背后的"真相"，又需要借助某些史料进行动态层面的分析，如此方能揭示出租赁合同主体层面的本质特征。

房屋租赁在租赁合同中诞生得比较晚，是伴随着大量人口流入古罗马而产生的，主要发生在公元前 146 年之后。第三次布匿战争中，古罗马取得了西部地中海的霸权，大量的拉丁人、希腊人、迦太基人、外省人和外国人涌入罗马城，富人遂造了很多的旅馆、公寓等进行出租，房屋租赁由此成为罗马城治理的一个重要方面。[①] 房屋租赁的兴起，使得"家宅的理念因此带上宗教、社会和经济的信息"[②]，而社会和经济的信息是最主要的。房屋租赁作为古罗马城市治理的重要内容，按理说统治阶层应对其进行合理、合法的规制。然而大量原始文献透露的信息并非如此。房屋租赁作为城市治理的一种手段，是控制在贵族阶层手中的，法学家对这一制度的分析和解读也是站在贵族阶层一边。即使赋予了承租人一定的"承租之诉"[③]，这一诉权所能发挥的作用也是有限的。[④] 鉴于确定租金和合同解除权这两大问题在房屋租赁中的重要性，对房屋租赁中出租人和承租人主体地位的本质揭示就将围绕这两方面展开。租金的确定并不是出租人和承租人协商的结果，而是承租人要么接受出租人所提出的价格，要么放弃。但城市房屋租赁市场中承租人的大量涌入，使得房屋租赁处于供不应求的状态，房租高涨到空前的程度。[⑤] 在恺撒

---

① 参见周枏.罗马法原论（下册）[M].北京：商务印书馆，2009：773.

② 阿利埃斯，杜比.私人生活史 1：星期天历史学家说历史（从古罗马到拜占庭）[M].哈尔滨：北方文艺出版社，2013：379.

③ D.19,2,15pr.

④ FRIER B W. Landlords and Tenants in Imperial Rome [M].New Jersey：Princeton University Press，1980：73.

⑤ 蒙森.罗马史（第三卷）[M].李稼年，译.北京：商务印书馆，2005：359.

统治时期，鉴于房租之高已经影响到了城市的正常治理以及国家的稳定，他出台了限制租金的法律。[1] 然而该法律对房屋租赁市场所起的作用随着其被限制而失去作用。而在房屋租赁合同中，出租人行使合同解除权的方式很多时候是比较粗暴的，即通过不被允许、禁止甚至驱逐的方式行使之。[2] 以上文本揭示出即使"驱逐"行为是不合法的，出租人在行使时也不存在法律上的障碍。上述分析已经揭示出在房屋租赁中，出租人依旧居于主导地位。对此，徐国栋教授认为："房屋租赁关系具有不平等性。在房屋为稀缺资源的条件下，房客由于'无产'而屈从于房东。尤其是房东享有解除租约权，如果他滥用这种形成权，意味着房客可随时被扫地出门。"[3]

通过以上分析可知：在租赁合同中，出租人和承租人的地位实际上是不平等的，法律层面所拟制的平等只是形式上的；法学家所建构的租赁合同规则是服务于贵族阶层需要的，因此出租人和承租人的权利义务是不对等的；租金的话语权掌握在出租人手中，从而由出租人控制着租赁市场的变迁。

第二节　古罗马社会发展与房屋租赁市场的形成

房屋租赁市场的形成是建立在古罗马社会经济发展的基础上的，其中古罗马的城市化进程和房屋建筑技术的突破是两个关键因素。城市化为房屋租赁市场的形成提供空间和供需主体，房屋建筑技术的突破则为房屋租赁市场提供了发展空间，提高了市场的回报率。

一、罗马共和晚期和帝国早期的城市化运动

古罗马的城市化运动始于公元前 3 世纪，即伴随着第一次布匿战争（公

---

① 乌特琴科. 恺撒评传 [M]. 王以铸，译. 北京：中国社会科学出版社，1986：340.

② 例如：D.19,1,53,2；D.19,2,7；D.19,2,25,1；D.43,17,3,3；D.19,2,16,8.

③ 徐国栋. 论民事屈从关系——以菲尔麦命题为中心 [J]. 中国法学，2011（5）：172.

元前 264 年—前 241 年）的胜利，古罗马取代迦太基成为地中海中的最强国。而后，古罗马又通过第二次布匿战争（公元前 218 年—前 201 年）和第三次布匿战争（公元前 149 年—前 146 年），彻底打败了迦太基，使其领土成为古罗马的一个省份——阿非利加行省。如此，古罗马巩固了其地中海强国的地位，并以其影响力吸引着欧洲、北非和西亚地区的人们前往罗马城。尽管三次布匿战争造成了罗马人口的减少，但由于其领土的扩大以及罗马城对其他地区人们的吸引力，最终罗马城人口并没有减少，反而是促进了罗马城人口的快速增长。而罗马城本身的空间和可接纳的人口有限，这又反过来促使罗马贵族阶层将目光投向房屋租赁市场，如此互动是罗马城扩大的直接因素。① 但人口的增加和城市疆域的扩大，并不是城市化的唯一影响因素。城市化进程的影响因素还包括手工业和商业的发达、公共设施的完善和城市管理机构的形成等。

（一）手工业、建筑业、商业与城市化

在罗马共和末年，古罗马建筑业得到了极大的发展，这是因为罗马将战争时从行省掠夺而来的财富很大一部分投入了公共建筑之中。资本对建筑的投入，必然促使建筑业的发展。由于古罗马的公共建筑一般都是通过监察官来交给承包商承建②，这就促使了古罗马私人建筑行业的发展。除建筑业的发展外，制陶业、采矿业、金属加工业和羊毛纺织业等部门也得到了长足的发展。罗马的陶工除了制作陶器外，还可以制作导管和水管，以用于城市公共设施建设以及私人住宅。③ 由于内战的不断扩大和罗马农业的发展，罗马对于金属武器和农具的需求日渐增加，这就加速了罗马采矿业和金属加工业的发展。西班牙的金、银、铜，高卢的金、铁等矿产都得到了大量的开采。根据斯特拉波（Strabo，约公元前 64 年或公元前 63 年生于小亚细亚的阿马西

---

① 关于人口增加与罗马帝国经济发展的关系，可参见左芙蓉.人口社会构成的变化与早期罗马帝国的经济繁荣 [J]. 首都师范大学学报（社会科学版），1998（1）：54-59.
② 威格摩尔.世界法系概览（上）[M].何勤华，等译.上海：上海人民出版社，2004：312-314.
③ LOANE H J. Industry and Commerce of the City of Rome（50B.C.-200A.D.）[C]//The Johns Hopkins University Studies in Historical and Political Science. Baltimore：The Johns Hopkins Press，1979：38.

亚，约公元23年去世）的记载，在公元前2世纪末到公元前1世纪，仅西班牙的银矿就给罗马政府带来了丰厚的收益。[①] 采矿业的发展反过来又促进了金属加工业的发展。到共和末年，罗马出现了许多著名的金银店铺，也出现了一些以金属加工业闻名的城市。比如，浦泰俄利就是古罗马时期重要的铁器制造中心，这里制造的铁器不但质地坚硬，而且锋利无比。[②] 而罗马城也是著名的金属制造业中心，这些金属作坊多半分布在神圣路的两边，一般集制作、销售于一体，而且一些工人和店主就住在作坊旁边或者里面。

在布匿战争之前，罗马城还不是地中海地区的商业中心。而到了公元前1世纪，即第三次布匿战争之后，罗马城逐渐成为地中海地区的商业中心之一。这一方面是其通过战争赢得了整个地中海地区其他国家和民族的认可；另一方面，罗马城本身交通便利、市场庞大，也是其能够成为商业中心的重要因素。奥古斯都时期，罗马城的人口突破100万，产生了粮食的巨大需求，就会促使大量粮商从其他地区运送粮食到罗马城来销售。[③] 罗马城的商业中心主要集中在阿文丁地区。不仅仅是罗马城成为商业中心，其他很多城市或者由于地理位置因素，或者由于市场因素等，也诞生了很多商业中心。比如，浦泰俄利和奥斯蒂亚，就是因为有一个良好的港口，以及一个庞大的消费市场；又如，根据恺撒的记载，罗马公民在高卢地区做生意的就有很多，公元前57年左右，高卢的卡尔努德斯人暴动，杀了很多罗马商人，并抢夺了他们的财物。[④] 在罗马共和国早期，商人主要分为三种类型：第一种商人往往具有某种产品的垄断权，如粮食、肉类、皮革等；有些人还经营海外贸易，到近东、北非、西班牙等地收购当地商品，再运回意大利本土销售。第二种商人是在城市中开设店铺，经营各种产品的人。第三种商人是指往来于城乡

①　Strabo Geographica, 3,2,10. 转引自杨共乐. 罗马社会经济研究 [M]. 北京：北京师范大学出版社，2010：70.

②　LOANE H J. Industry and Commerce of the City of Rome（50B.C.-200A.D.）[C]//The Johns Hopkins University Studies in Historical and Political Science. Baltimore：The Johns Hopkins Press，1979：46-47.

③　关于罗马共和晚期至帝国早期罗马城的粮食供应情况，可参见温智勇. 共和国后期到帝国前期罗马城的粮食供应 [D]. 长沙：湖南师范大学，2009：1-51.

④　恺撒. 高卢战记 [M]. 任炳湘，译. 北京：商务印书馆，1982：157.

之间，主要向小农提供各种日常生活用品、农具等的小商贩。[①] 意大利商人不但活跃在意大利地区，而且也活跃于整个地中海地区，很多东方商品就是通过商人的运作从东方流向西方，最终流入罗马城。

而共和末期到帝国初期，罗马的手工业和商业得到较大的发展，还与罗马人对道路建设的重视以及奴隶和被释放奴隶的增加有关。到公元前 1 世纪，罗马的道路几乎遍布整个意大利地区，并开始向其他行省延伸。而奴隶的使用，对于手工业的人力问题的解决起到了关键作用。因为手工作坊主大多数是自由平民，他们所使用的劳动力，有些是自由人，有些是奴隶。[②] 还有一部分被释放的奴隶则以经纪人、中间人或者代理人的身份大量活跃于商业活动之中。例如，生活在 1 世纪的著名的路奇乌斯·凯奇利乌斯·尤昆都斯（Lucius Caecilius Iucundus）就是一名解放奴隶。他每年通过出租庞培古城的一个农场就可以获得 6000 塞斯特斯（Sesterces，古罗马货币名）的收益；他的收据单上记载着：37 号是出售价值高达 35270 塞斯特斯的庄园，148—151 号是他通过与庞培古城实业代理人商定的关于征收公元 58—62 年自治城市税收的契约。[③]

手工业的分工、细化以及技术进步，伴随着市场的扩大，对于城市而言，能够吸引更多的劳动力，从而能够养活更多的城市人口。而建筑业的发展，又能够为城市建设提供技术支持和拓展空间。这些对于房屋租赁市场的形成，意义特别重大。

---

① 厉以宁．罗马—拜占庭经济史（上编）[M]．北京：商务印书馆，2006：55-56.

② 厉以宁．罗马—拜占庭经济史（上编）[M]．北京：商务印书馆，2006：54.

③ FRANK T. An Economic Survey of Ancient Rome，Vol. V：Rome and Italy of the Empire[M]. Baltimore：The Johns Hopkins Press；London：Humphrey Milford，1940：102-103.

（二）公共设施的建设对城市化的影响

古罗马时期修建了大量的神庙和广场、图书馆、剧院等基础设施。[①] 这些基础设施是非常重要的活动场所和重要事务聚集地，为城市吸引人口的流入提供了非常好的条件。此外，当一个城市聚集了大量的人口时，如果其供水系统、下水道系统、道路系统等无法跟上人口的增长，那么该城市是无法实现持续健康的运转的。古罗马人在这些方面的考虑让后人惊叹。以供水系统为例，公元前310年—前309年，时任监察官阿庇乌斯·克劳狄乌斯负责修建了阿庇亚水道。此后，罗马统治者根据罗马城人口的增加情况，不断增加水道的修建。这些由石头砌成的下水管道非常坚固且宽敞，有些至今还在使用。[②]

关于罗马的道路建设，从共和时期到帝国时期，罗马将罗马大道从意大利本土延伸到了其他行省地区，以加强对行省的控制。公元前307年完成罗马第一条大道——阿皮亚大道（Via Appia），后续又建设了图拉真大道（Via Trajana）、弗拉米尼亚大道（Via Flaminia，公元前220年）、卡西乌斯大道（Via Cassia，公元前156年）、埃米尼亚大道（Via Aemilia，公元前27年奥古斯都亲任道路监理官，维修和续建这条大道）等，形成了以罗马为中心，辐射整个意大利地区，甚至整个罗马统治下的地中海地区和欧洲内陆、西亚部分地区的行省。[③]

公共设施的建设对于城市化进程的推进来说是必要条件。因为一个城市要实现良好且有序的发展，必然需要提供基本的生活保障以及能够使得人

---

① 据记载，在西塞罗时期，为了修缮卡斯托神庙，国家就花了56万塞斯特斯。公元前51年，恺撒为修建朱里亚广场，就足足花了1亿塞斯特斯。随着罗马资金的大量投入，罗马的公共建筑业发展迅速。到公元前1世纪末叶，罗马城内已经出现了许多高大雄伟的建筑群，其中著名的有：建筑在广场周围的波尔契亚、爱米利亚、塞姆普罗尼亚、俄彼密耶四大会堂；由苏拉和卡路图斯修建在卡皮托里山上的第二神庙；庞培出资兴建的、可容纳4万观众的富丽堂皇的庞培剧场；屋大维于公元前36年为罗马公民所建设的图书馆。具体可参见杨共乐.试论共和末叶罗马的经济变革[J].北京师范大学学报（社会科学版），1999（4）：27-33.
② 现代学者感叹："水管则是罗马人的又一项杰作，他们把远处的流泉通过全长1300英里的14条渠道，每天把大约3亿加仑的水引入罗马，其数量像任何现代城市中的每日所需一样大。"拉尔夫，等.世界文明史（上卷）[M].赵丰，等译.北京：商务印书馆，1998：426.
③ 关于罗马的道路建设情况，参见冯定雄.罗马道路与罗马社会[M].北京：中国社会科学出版社，2012：35-94.

们适应并享受城市生活的娱乐设施等。而古罗马在这一方面是做得比较出色的，同时罗马人通过行省制度将罗马的城市化进程不断向行省推进。① 换言之，行省制度的建立对罗马城市化的进展具有促进作用。当被罗马征服的地方陆陆续续建立起一个又一个的行省，并由罗马派出官员进行治理时，自然地会吸引行省周边人口向行省总督所在地集中。从这一时期开始，罗马不再是一个农村国家了，因为城市在罗马社会经济中的作用越来越突出了。②

（三）城市管理机构的形成对城市化的影响

在罗马共和时期，罗马设立了罗马城道路环卫四吏和城外道路环卫二吏，负责维护罗马城和附近地区的道路，并选举产生营造官和监察官负责城市的管理，前者主要负责公共浴室的维护，后者主要负责城市道路的卫生以及其他维护。到了帝国时期，由元首任命了一系列的保佐人来监督和维护城市公共设施的日常运行。比如，水保佐人就是负责城市用水的卫生；台伯河河床和河岸（即罗马城下水道）保佐人就是负责台伯河的水务，以及罗马下水道的卫生；道路保佐人维护公共道路的秩序，而且罗马的每条大道都设有一个保佐人。而为了防止火灾，奥古斯都制定了夜班警卫站制度。③ 到了帕比尼安时期，又增加了城市保佐人（curator）以负责城市卫生。④ 城市管理机构在执法过程中是要以相应的立法为依据的。所以古罗马关于城市治理方面的立法也是城市化的重要内容。⑤

城市的统治阶层如何治理城市，将会直接影响到城市的发展理念、发展规模、发展趋势等。古罗马统治阶层设立了一些专门的行政人员来管理城市，并以立法的形式来规范和治理城市中的不良行为，对古罗马的城市化进程起到了积极的促进作用——"从而有效地巩固了自己的权力基础，创造了

---

① 王振霞．公元 3 世纪罗马政治与体制变革研究 [M]．北京：社会科学文献出版社，2014：84．
② 罗斯托夫采夫．罗马帝国社会经济史（上册）[M]．马雍，厉以宁，译．北京：商务印书馆，1985：42．
③ 苏维托尼乌斯．罗马十二帝王传 [M]．张竹明，等译．北京：商务印书馆，1995：75．
④ 徐国栋．罗马公共卫生法初探 [J]．清华法学，2014（1）：163-164．
⑤ 例如《尤利乌斯自治城法令》中就有相关的规定，该法令的译文参见范秀琳，张楠．《尤利乌斯自治城法令》译注 [J]．古代文明，2007（4）：18．

一个秩序井然的社会，使每个人在大城市中有自己的位置和责任"①。反过来，古罗马的城市运动对其政治统治、经济和社会发展也起到了积极的作用。具体到房屋租赁市场，城市的扩张吸引了大量人口的流入，为房屋租赁市场的繁荣提供了供需主体（出租人、转租中介和承租人等）；而房屋租赁市场的繁荣发展又为城市的扩张提供了条件。

二、古罗马房屋建筑技术的突破

在罗马城市化过程中，房屋作为城市化的载体之一，其技术水平和结构设计对于城市化进程中的城市规划具有重要作用。同时，有关房屋的建筑技术水平也为房屋租赁市场的形成和发展提供了技术支持和拓展空间。本部分主要围绕古罗马房屋建筑技术的突破展开。

在古罗马，一般认为存在两种类型的房屋，分别是 insula（可以译为"楼房"或者"多层公寓"）和 domus（可以译为"独栋住宅"或者"住所"）。前者主要存在于城市中，是伴随着房屋租赁市场的发展而不断发展的；后者则主要存在于城郊地带或者农村地区。②

Insula 本来的意思是指城市街道中商业区旁边所建造的房屋。这种房屋早期所使用的材料比较低廉，主要是木材和泥。早期的罗马平民大多数居住在这种木质结构或者夯土结构的 insula 中，而城镇中的富人阶层则居住在石头筑基的砖房中。③ 据史料记载，在罗马共和时期，已经出现供平民居住的多层公寓（狄奥尼西奥斯，X.32,5）。从奥斯蒂亚和罗马大理石城图残片可知，多层公寓在罗马共和晚期已经相当普遍。但此类公寓早期的典型特征是：不规则的平面、泥砖墙，不坚固的木质楼梯、木构顶棚等。④ 后来，伴随着罗

---

① FAVRO D. The Urban Image of Augustan Rome[M]. Revised eD.Cambridge : Cambridge University Press, 1998 : 139.

② HAMMOND N G L, SCULLARD H H. The Oxford Classical Dictionary（2th edition）[M]. Oxford : Oxford University Press, 1970 : 532.

③ HARSH P. The Origins of the "Insulae" at Ostia [J]. Memoirs of the American Academy in Rome, 1935, 12(1): 7–66.

④ 王瑞珠 . 世界建筑史·古罗马卷（上册）[M]. 北京: 中国建筑工业出版社，2004 : 131.

马建筑技术的提高以及罗马混凝土的使用，多层建筑成为可能。而罗马共和晚期和帝国时期，罗马城经常发生的大火事件使得罗马城重建成为可能，大量人口涌入罗马城又为贵族阶层投资房屋租赁市场提供了客源。在这样的情况下，insula 这个词演变出了多层公寓的含义。本书认为，这一演变主要是基于承租人地位的变化。尽管后来罗马房屋租赁市场中，承租人的成分发生了变化，不仅仅是城市平民阶层，还包括外来的手工业者、商业人员等，但这类房屋的拥挤程度以及卫生问题等并没有得到完全改善。所以，insula 词义的变化是表面的，其核心还是等级制度下的歧视性词语。

　　而 domus 是一个来源于古希腊的词语，最初的含义是指神庙前厅的房间。① 在古罗马，发展成为带有中庭的房屋，这是出于采光以及大家族居住的需要。到公元前 2 世纪，中庭式住宅已经成为罗马住宅建筑的标准样式。如公元前 2 世纪庞贝的诺泽—达真托府邸，上层房间有向内朝向中庭、向外朝向街道的窗户，这些房间往往可以直接通过楼梯间从街道上进入。但此种住宅并没有发展成为后来更高的多层公寓。② 本书认为，原因在于此种住宅所采用的建筑材料和所使用的建筑技术无法满足多层公寓建造的需要。无论是木质材料还是夯土，能够造到 2~3 层已经相当不容易，如果再增加高度，下层的承重量有限，极易发生坍塌；而且此种建筑技术是单纯的叠柱式叠加，未考虑不同楼层之间的受力平衡问题，也不利于多层公寓的建造。后来尽管古罗马建筑技术得到了提高，且使用了更为牢固的罗马混凝土来建造独栋房屋，但罗马人还是严格区分两种不同类型的住宅形式。

　　上文已经论述了早期罗马的房屋质量受制于材料和建筑技术，其质量是比较差的，无论是 insula 还是 domus 都一样。到了罗马共和晚期，古罗马吸收了古希腊的建筑技术，形成了具有古罗马特色的建筑格局；且随着古罗马混凝土的使用，古罗马整个房屋建筑无论是坚固性，还是内在装饰，都得到了极大的提升。

　　古罗马混凝土是指用未经雕琢的石头（caementa）混合石灰、沙子和火

---

① 冯定雄 . 罗马道路与罗马社会 [M]. 北京：中国社会科学出版社，2012：149.
② 王瑞珠 . 世界建筑史·古罗马卷（上册）[M]. 北京：中国建筑工业出版社，2004：215–216.

山灰砂浆形成的砌体。古罗马混凝土何时产生，我们不得而知；但在罗马共和晚期，它已经发展成为一种独立的建筑材料。[①] 这种材料的特点是：成本低廉、省时省力。到奥古斯都时期，古罗马混凝土已经取代木石材料，成为主要的建筑材料。[②] 特别是公元前 64 年罗马城经历大火后，统治者对罗马城进行了统一规划，混凝土大量替代原来房屋所用的材料。

关于新的建筑方法，主要是古罗马人在吸收希腊建筑方法的基础上进行了创新，特别是叠柱式和拱顶技术的运用。古罗马人为了解决柱式和多层建筑之间的矛盾，对古希腊晚期的叠柱式进行了改进，即底层用托斯干柱式或新的罗马式立克柱式，二层用爱奥尼柱式，三层用科林斯柱式，四层用科林斯柱壁。为了保持多层住宅的稳定性，一般上层柱子的轴线要比下层稍向后退。而拱顶技术主要是为了解决巨大建筑因跨度较大而必须使用更多的石柱以支撑屋顶的问题。罗马人为了解决这一问题，大量运用拱顶技术，这其实是曲线理论的运用，特别是大剧场和大浴室中广泛运用这一技术，从而拓展了建筑物的内部空间。[③]

正是由于建筑新材料的使用和建筑技术的提高，罗马房屋和建筑才能形成自身特点，并反过来促进城市化的发展。新材料的运用增加了房屋的牢固性；新建筑技术的运用，则使得租赁房屋能够朝多层公寓方向发展。这种发展在技术允许和材料承重能力范围内，使得房屋能够建到 6~7 层，较之前的 2~3 层来说，明显扩大了土地的利用空间。对于房屋租赁市场来说，增加了住房的供给数量；对于承租人的需求来说，理论上是有利于承租人的选择权的。

三、古罗马房屋租赁市场的形成

为什么在公元前 287 年之前，古罗马不可能存在一个成熟的房屋租赁

---

① 王瑞珠.世界建筑史·古罗马卷（上册）[M].北京：中国建筑工业出版社，2004：680.
② 沃德—珀金斯.罗马建筑 [M].吴葱，张威，庄岳，译.北京：中国建筑工业出版社，1999：62.
③ 唐亦功.古罗马城建筑的分布规律及布局形式 [J].城市观察，2011（3）：29-35；杜兰.世界文明史：凯撒与基督 [M].上海：东方出版社，1999：471.

市场？一个重要的原因是：在此之前，贵族与平民之间阶级对立，等级差异，且不具有互通性。而公元前 287 年，时值马尔库斯·克劳丢斯·马尔切鲁斯（Marcus Claudius Marcellus）和盖尤斯·瑙求斯·鲁提鲁斯（Gaius Nautius Rutilus）担任执政官，通过了《关于平民会决议的霍尔腾修斯法》（*Lex Hortensia de Plebiscitiis*），承认了平民会决议对所有的罗马市民具有约束力。从这以后，贵族与平民之间的阶级对立被打破，这就为贵族投资房地产以及平民参与城市治理打开了通道。

早期，富有的古罗马人倾向于将他们多余的财富投资于土地，特别是用于耕种的农业用地，这样每年大概可以获得 5%～6% 的回报率。[①] 伴随着罗马版图的扩张以及地中海霸权的确立，罗马成为当时地中海世界的中心，由此导致大量人口涌向罗马城。罗马人口在公元前 174 年大约是 25.8 万，公元前 86 年增加到 91 万之多。[②] 罗马城人口突然增加，原有的住房已经不能容纳新增的人口，导致一些富有的罗马人纷纷建造高层公寓用于出租，以实现财富增值。有研究表明，投资城市房屋租赁的收益比投资农业用地获得的收益高 43% 以上。[③] 高收益以及大量的市场需求，催生了古代罗马房屋租赁市场。由于房屋租赁市场是由出租人、承租人和住房供应情况所决定的，所以对古罗马房屋租赁市场的"场景化再现"也将从这两个方面展开。

（一）房屋租赁市场中的相关利益主体

就出租人而言，并不是谁都可以成为房屋租赁市场中的出租人，拥有房屋的所有权或者拥有房屋的转租权是该市场中出租人的两类不同主体。限于史料的缺乏，很难具体就出租人的规模进行量化统计，但依旧可以从留存的

---

① DUNCAN-JONES R. The Economy of the Roman Empire[M]. Cambridge：Cambridge University Press，1974：33 ff.
② 徐国栋. 罗马公法要论 [M]. 北京：北京大学出版社，2014：64.
③ FRIER B W. Landlords and Tenants in Imperial Rome [M].New Jersey：Princeton University Press，1980：22.

原始文献中窥得古罗马时代出租人规模的一个角落。以西塞罗 ① 为例进行说明：据学者统计，西塞罗在斯特里尼亚（Strenia）神庙附近拥有一栋公寓楼八分之一的所有权，在阿尔吉列图姆（Argiletum）和阿文丁山（Aventine，古罗马七座山峰之一，于公元前 456 年成为平民居住地）附近拥有一栋公寓楼，在蒲泰俄利（Puteoli，即今天的波佐利，位于那不勒斯湾）拥有若干城市公寓楼，其中 45 栋公寓楼从银行家科鲁维乌斯处继承而来。② 以上仅仅是不完全统计，由此可见西塞罗之富有。据悉，公元前 77 年当西塞罗与特伦齐娅结婚时，他每年可以从出租公寓获得约 8 万塞斯特斯的租金。③ 从西塞罗的《书信集》中我们可以看到，他的财富主要是通过诉讼后委托人的赠与、朋友和被监护人的遗赠，甚至一些陌生人的赠与或遗赠等途径增加的。④ 此外，根据史料记载，其他将房产用于出租的人还包括：西塞罗的兄弟昆图斯（Quintus），他的朋友阿提库斯（Atticus）、卢塞乌斯（L.Lucceius）和凯利乌斯·鲁弗斯（M.Caelius Rufus），他的敌人克洛狄乌斯（Clodius），还有一些其他贵族。⑤ 西塞罗已经相当富有，而他的朋友阿提库斯事实上比他还富有。⑥ 我们再以古罗马三巨头之一克拉苏（约公元前 115 年—前 53 年）进行说明。他经常趁罗马城的房屋发生大火后，房屋大量倒塌，地主们人心惶惶之时，低价买入地皮，并采用罗马混凝土来建造公寓用于出租。如果毁坏不严重，他甚至是直接稍加整修就出租。他通过这样的手段获得了数以千计的房屋，获取了高额的利润。⑦ 这说明了罗马贵族阶层所拥有的财富是相当庞大的。

---

① 马库斯·图留斯·西塞罗（Marcus Tullius Cicero，公元前 106 年 1 月 3 日—前 43 年 12 月 7 日），古罗马著名政治家、演说家、雄辩家、法学家和哲学家。出身于古罗马 Arpinum 的奴隶主骑士家庭，以善于雄辩而成为罗马政治舞台的显要人物。从事律师工作，后进入政界。初始时期倾向平民派，以后成为贵族派。公元前 63 年当选为执政官，在后三头同盟成立后被三头之一的政敌马尔库斯·安东尼（Marcus Antonius，公元前 82 年—前 30 年）派人杀害于福尔米亚。关于西塞罗的具体介绍可参见哈罗德·N. 福勒. 罗马文学史 [M]. 黄公夏，译. 郑州：大象出版社，2013：75-94.

② FRIER B W. Cicero's management of his urban properties[J]. The Classical Journal，1978，74（1）：1-6.

③ 乌特琴科. 恺撒评传 [M]. 王以铸，译. 北京：中国社会科学出版社，1986：316-317.

④ 西塞罗. 西塞罗论友谊、论老年及书信集 [M]. 艾略特，梁玉兰，等译. 北京：北京理工大学出版社，2014：68-152.

⑤ Cic. Att. 1，14，7；Att. 7，3，6，9；Cael.17；Cic. Off. 3.66。

⑥ GARLAND A. Cicero's Familia Urbana [J]. Greece & Rome. 1992，39（2）：163-172.

⑦ 芒德福. 城市发展史——起源、演变和前景 [M]. 宋俊岭，倪文彦，译. 北京：中国建筑工业出版社，2005：235.

在西塞罗所流传下来的信件中提到了一些房屋出租人、出租位置以及价金等信息。到了罗马帝国时期，罗马城以及其他一些城市的房屋租赁市场的需求量都是巨大的，这极大地促使罗马贵族阶层将资本投向房屋租赁市场。住房作为投资项目对土地和资金需求具有特殊性，因此在古罗马的房屋租赁市场上，出租人一般由富人阶层所垄断。富人阶层的地位和所掌握的资源决定了其在房屋租赁市场上的强势性。

就承租人情况而言，其作为房屋租赁市场的需求者，数量的多少在某种程度上决定了房屋租赁市场的走势。据统计，伴随着古罗马城市的扩张和罗马城对外的吸引力增强，罗马城的人口一直处于增加的状态。到了奥古斯都时代，罗马城的人口，仅住公寓楼的就达到 116.5 万—116.7 万，再加上居住在独立住宅里的人（大约有 4.6 万），此时罗马人口超过了 120 万。[①] 到了图拉真时代，罗马人口则突破了 250 万。[②] 承租人包括平民和新增的奴隶，以及涌入罗马城的外邦人。而罗马城每年房屋供给的数量远远赶不上人口增加的速度，那么对于承租人而言，想要获得一间住房并没有那么容易，更不要谈居住环境的问题了。现存的原始文献有助于我们了解当时承租人的居住情况。

大城市中的居民住在租来的拥挤不堪的楼房里，楼房的每一层之间彼此独立。房子的居住条件很差，房间里阴暗潮湿、温度很低，即使到了冬天也没有供暖设备。在照明方面使用的依然是原始的煤油灯，浸泡在油中的灯芯闪烁着微弱的光芒。室内的家具更是马马虎虎，只有床（在木架上放一张垫子）、柜子、桌子和椅子。市民们都尽量不在房间里逗留。如果是拥有工作的人，他下班以后可能会在街上散步，可能会坐在走廊间休息，到广场上休闲，或者光顾圆形竞技场，也可能到剧院看剧，或者可能去浴池洗浴，由于缺少亚麻衣料，人民只能经常洗澡。[③]

① CARCOPINO J. La Vita quotidiana a Roma all "apogeo dell" impero[M]. Roma/Bari : Laterza，1983 : 29.
② 盐野七生．罗马人的故事 X：条条大路通罗马 [M]．郑维欣，译．台北：台湾三民书局，2004：140-141.
③ 罗特．古代世界的终结 [M]．王春侠，曹明玉，译．上海：上海三联书店，2013：79.

这段信息透露的内容是多方面的：（1）承租人居住环境非常差，但租金依旧很高。居住环境差体现在：房间简陋，卫生设施缺少；房间小且拥挤，人满为患；声音嘈杂，环境恶劣；经常发生火灾等。[①]这说明了需求远远大于供给，至于供需比例，由于统计信息的缺失，我们很难进行量化处理，只能进行定性研究。（2）在有限的土地上，房屋造得越来越高，其安全性和舒适性将会大大降低。但房屋依旧租得出去，这不仅说明了需求的旺盛，也说明了承租人地位之低。尽管承租人数量庞大，但无法形成一个组织，其力量是分散的。在城市治理中，承租人处于被动接受的地位。（3）除了睡觉休息外，承租人在房间中停留的时间之短，说明了住房问题对承租人和城市治理的重要性。大量承租人在非工作时间逗留在街上，对于城市治理是一个很大的挑战。

（二）房屋租赁市场的供求分析

就住房市场供应情况而言，本书将从住房数量和样式两个方面进行论述。就住房数量而言，目前所留存的史料并没有罗马城每一年的房屋供应情况统计表，所利用的也是后世学者推测计算后的数据。例如，库克利用君士坦丁时期的文献证实了 3 世纪的某一年，"全城共有庭院式的贵族豪宅 1797座，中下层居住的公寓楼房 46602 栋，磨坊 254 所，谷仓 190 处，另有桥梁8 座，街道大市场 8 个，广场 11 个，凯旋门 36 个，公共图书馆 28 个，赛马场 2 个，圆形竞技场 2 个，剧场 3 个，大型浴场 11 个，私营小浴室 856间"。[②]看似超过 4 万间的供给量，但按照每个房间居住 5 人来说，才只解决了 20 万人的住房问题。而豪华住所并不是谁都可以承租的，往往都是贵族的私人财产，并不会进行出租或者少量出租。

就住房的样式而言，多层公寓楼最高可达 7 层 20 米，主要租给平民、奴隶和外邦人居住。这种公寓楼往往围绕一个内部庭院进行建造，如此能最

---

① 鲍红信.论共和至帝国早期罗马城的住房问题及其影响因素 [C]// 孙逊，杨剑龙.都市文化研究（第 7辑）——城市科学与城市学.上海：上海三联书店，2012：169-182.
② 朱龙华.罗马文化 [M].上海：上海社会科学院出版社，2012：313；罗特.古代世界的终结 [M].王春侠，曹明玉，译.上海：上海三联书店，2013：75.

大限度地将光亮和空气提供给居住在公寓楼里的人，同时也能最大限度地利用有限的空间建造更多的房间。这些公寓往往是第一层用于商业出租，二层以上的房间用于住宅出租，每一个房间又往往分隔出两间及以上的小房间。内屋用来睡觉，几乎看不到自然光，也缺乏新鲜空气。[①] 大部分公寓没有厨房，也没有厕所。公寓居民一般只能使用便壶，或者去城市内的公共厕所。在罗马城里，大部分人只能选择居住在这种多层公寓楼或者店铺后面搭建的低矮小屋（tabernae）里。因为罗马城的公共建筑和私人豪宅占据了罗马城面积的一半以上[②]，大量罗马城里的人都没有自己的私人住宅，只能选择租房生活。根据布朗特的统计，到罗马共和后期，整个意大利的城镇已经发展到了300多个。[③] 到了 2 世纪上半叶，古罗马将城市运动扩展到了行省。据不完全统计，仅西班牙就有近 700 座城市，高卢近 1200 座，希腊有近 900 座，东部亚细亚行省有 5000 多座人口众多的城市。[④] 对于古罗马城市的住房市场来说，是有相当大的需求量的。当房屋供给无法充分满足市场需求时，房租的上涨是自然的。

以上关于古罗马房屋租赁市场供给情况以及出租人和承租人情况的片段性描述，即使不能全面说明古罗马房屋租赁市场的功能、作用和问题，也能在一定程度上得出以下结论：（1）房屋租赁市场对古罗马城市治理具有重要影响。这种影响力是由供需状况和相关利益主体的地位所决定的。需求的旺盛要求罗马城的房屋租赁市场能跟上不断增长的人口，否则大量人口滞留在罗马城中、房屋之外，会产生很大的社会治理矛盾；而供给主体的特定性，以及商人对利润追求的无限性，要求国家对房屋租赁市场进行控制。在盖乌斯·尤利乌斯·恺撒统治时期，鉴于房租之高已经影响到了城市的正常治理以及国家的稳定，他出台了限制租金的法律。[⑤] 这一史实是对以上观点的佐证。

---

① 杰弗斯. 古希腊——罗马文明：历史与和背景 [M]. 谢芬芬，译. 上海：华东师范大学出版社，2013：50-51.

② CARCOPINO J. La Vita quotidiana a Roma[M]. Roma/Bari: Laterza，2003：31.

③ Brunt P A. The army and the land in the Roman revolution[J]. The Journal of Roman Studies, 1962, 52(1-2): 69-86.

④ 杨共乐. 罗马社会经济研究 [M]. 北京：北京师范大学出版社，2010：100.

⑤ 乌特琴科. 恺撒评传 [M]. 王以铸，译. 北京：中国社会科学出版社，1986：340.

（2）古罗马房屋租赁市场的繁荣，反过来推进了古罗马时代的城市化进程，同时也为罗马法中房屋租赁规则的形成提供了生活素材与经验理性。

第三节　罗马法中房屋租赁合同的起源、地位与功能

在罗马法中，房屋租赁合同的产生并不是一个当然的过程，而是根植于罗马法租赁合同的演变之中，是伴随着古罗马城市化进程和房屋租赁市场的扩张而不断发展和完善的。本部分主要分析罗马法中房屋租赁合同的起源、在罗马法租赁合同中的地位以及社会功能。

一、罗马法中房屋租赁合同的起源

研究罗马法中房屋租赁合同的起源问题，应区分事实层面的房屋租赁活动与作为合意契约的房屋租赁合同。

事实层面的房屋租赁活动并非罗马人所特有。在其之前的古巴比伦和

古希腊都存在房屋租赁活动，并留下了相应的立法资料和契约文本①。例如，《汉谟拉比法典》第78条规定："倘居住房屋之自由民以全年之租金交于房主，而房主于未满期前令房客迁出，则房主因迫使房客于租赁期限未满之前迁出而丧失与彼之银。"②该条规定了房屋承租人支付租金的义务，以及租期未到时出租人违约的法律后果，即要求承租人迁出后将丧失所收取的租金。

　　基于古代地中海世界三大文明古国之间的互动（这一基本结论得到了史学家的支持）③，可以推断出在公元前146年之前，古罗马也存在房屋租赁活动，只不过在合意契约诞生之前，房屋租赁活动的规制是通过万民法实现

①　例如，文本一："一座房子，属于辛阿达拉勒。从房子的主人辛阿达拉勒手中，凯什伊丁楠租下了它，为期一年。他要称出 1/2 舍凯勒银子作为一年的租金。证人：伊丁伊舒姆、辛那采尔和伊兹库尔沙马什。时间：12 月 30 日，叁苏伊鲁师第 7 年。"（SIGRIST M. Old Babylonian Account Texts in the Horn Archaeology Museum [M]. Berrien Springs：Andrews University Press，2003：199.）中文译文参见李海峰 . 古巴比伦时期房屋租赁活动初探 [J]. 东北师大学报（哲学社会科学版），2010（2）：58.
文本二："一座房子，属于沙马什的那迪图女祭司、伊里舒巴尼之女伊勒塔尼。从沙马什的那迪图女祭司伊勒塔尼手中，伊那布雷舒之子贝勒裁瑞用租金租下了它，为期一年。他要称出一年的租金 1/2 舍凯勒银子。此外，他还要负责涂抹房顶和加固四周围墙的基部。证人：沙马什神、阿亚神。时间：12 月 1 日，阿米迪塔那第 37 年。"（DEKIERE L. Old Babylonian real documents from Sippar in the British Museum [M]. Ghent：Ghent University Press，1977：80.）中文译文参见李海峰 . 古巴比伦时期房屋租赁活动初探 [J]. 东北师大学报（哲学社会科学版），2010（2）：58.
我们发现这一时期的房屋租赁契约中所记载的内容是比较成熟的，完全可以运用现代合同法中关于房屋租赁的合同规则进行解释。分析如下：（1）房屋租赁合同的当事人非常明确，两份契约一开头就说明了出租人是谁，承租人是谁；（2）关于租期和租金的约定，租期都为一年，租金都为 1/2 舍凯勒银子。房屋租赁活动中一般是货币租金，而在土地租赁活动中一般为实物租金；（3）都有关于证人的内容，但前一份文书证人是人，而后一份文书的证人是神。事实上，在这一时期的不动产交易中，如果是发生所有权转移的契约，则必须在神的面前起誓，这是为了增强契约的神圣性，通过神的力量来约束当事人双方；而在房屋租赁活动中，不发生所有权的转移，仅仅是短期的使用权转移，所以在这种情况下，可以由当事人选择在双方熟悉的证人面前签订契约（房屋租赁契约中的证人一般不超过 5 个人），也可以选择在神面前起誓；（4）都有关于契约签订的时间的约定；（5）后一份文书中有关于承租人需要承担维护房子的义务，而前一份并没有这一规定。这是因为两河流域的房屋一般都是用泥砖建造的，这种房子的牢固性比较差，容易倒塌，所以在阿米迪塔那之后，出租人一般都会在文书中加入要求承租人承担房屋的维修义务。这一点与现代房屋租赁合同中由出租人对房屋承担瑕疵担保责任不同；（6）两份文书中都没有关于违约赔偿的约定，笔者推测之所以无需对此进行约定的理由有两点：一方面是出租人和承租人地位的不对等性，出租人一般为女祭司或者贵族阶层，而承租人一般为自由民（当然也存在少数政府官员、军官及神职人员等社会上层人员）。如果承租人违约，出租人完全可以驱赶承租人；另一方面是"神的力量"或者熟人关系的压力，这一时期的人们敬畏神灵，在神灵面前起誓后，都害怕遭到神灵的报复。即使是通过普通证人进行交易，也不敢擅自违反约定，不然将可能在这一群体社区中无法继续生存下去。
②　爱德华兹 . 汉谟拉比法典 [M]. 沈大钰，译；曾尔恕，勘校 . 北京：中国政法大学出版社，2004：93.
③　黄民兴 . 试论古代两河流域对古希腊文化的影响 [J]. 西北大学学报（哲学社会科学版），1999（4）：71—75；田明 . 埃及和早期希腊文明的交往——兼论古埃及墓壁画中的克弗悌乌（Keftiu）问题 [J]. 内蒙古民族大学学报（社会科学版），2005（4）：6—10.

的，即所有民族共同遵循的自然法则。这一结论得到了后来罗马法学家的认可，盖尤斯（Gai.1,1）、保罗（D.19,2,1）和赫尔摩格尼（D.1,1,5）等法学家的相关言论都证明了这一点。

作为合意契约的房屋租赁合同晚于万民法上的房屋租赁合同。上文已经论述了罗马法中租赁合同的起源史，而当我们把视线聚焦到房屋租赁领域，则会发现要将房屋租赁合同纳入合意契约之中，有两大因素在其中起着重要作用。第一，社会经济层面上，城市化运动与房屋租赁市场形成。公元前287年之后，古罗马城市化进程加快，特别是公元前146年之后，第三次布匿战争中，罗马取得了西部地中海的霸权，大量的拉丁人、希腊人、迦太基人、外省人和外国人涌入罗马城，投机商遂造了很多的旅馆、公寓等进行出租，房屋租赁由此成为罗马城治理的一个重要方面。① 基于这一背景，本书将研究视域限于罗马共和晚期和帝国早期。房屋租赁活动的市场化和规模化运作，必然会产生大量的纠纷，这就促使法学家对这一现象进行探讨。第二，谢沃拉合意理论的提出对罗马债法体系产生影响。昆图斯·穆丘斯·谢沃拉于约公元前140年出生于一个法学世家，身世显贵，是大祭司普布利乌斯·穆丘斯·谢沃拉（Publius Mucius Scaevola，与 Brutus 和 Manilius 一起被称为市民法的奠基人②）的儿子③，也是西塞罗的法学老师④。在彭波尼的《昆图斯·穆丘斯评注》第4卷中记载了谢沃拉运用合意理论尝试对古罗马的合同法体系进行重构，将合同区分为要物合同、言词合同和合意合同⑤，并将租赁合同纳入合意契约之中。租赁合同进入合意契约，直接将房屋租赁合同纳入其中，因为房屋租赁合同是租赁合同的一种类型。

---

① 周枏.罗马法原论（下册）[M].北京：商务印书馆，2009：773.
② D.1,2,2,39.
③ D.1,2,2,41.
④ 西塞罗.西塞罗全集·演说词卷（上）[M].王晓朝，译.北京：人民出版社，2008：659.
⑤ D.46,3,80.彭波尼《昆图斯·穆丘斯评注》第4卷：以什么方式缔结的合同，也应该以什么方式履行。因此，如果我们是通过交付物订立的合同，该合同应通过交付物来履行；如果我们做了借贷，就应偿还同样数额的金额；如果我们是通过言词订立的合同，那么该合同可通过交付或言词方式来履行。以言词方式履行是指债权人口头向债务人声明已经获得了清偿。以交付方式履行是指实际交付允诺的物品。同样，买卖、租赁契约的履行也是如此。因为它们是单纯的合意方式订立的，所以也可以通过具有相反效果的单纯合意而消灭。译文参见斯奇巴尼选编.契约之债与准契约之债[Z].丁玫，译.北京：中国政法大学出版社，1998：419，有改动。

以上区分对于研究房屋租赁合同具有重要的理论和实践意义。前者主要运用万民法规则进行规制，而这些规则是比较粗糙的。通过上文对古巴比伦时期的两个房屋租赁合同文本的分析可知，这些文本已经具备了后世房屋租赁合同的基本要素。万民法上的房屋租赁合同规则对合意契约层面的房屋租赁合同规则产生了重要的影响。但在具体建构过程中，后者不仅借鉴了万民法中的规则，还类推适用买卖合同规则，并进行制度化提炼。

二、罗马法中房屋租赁合同的地位

要论述罗马法中房屋租赁合同的地位，首先应区分罗马法中租赁合同的结构和类型。结构是指各组织成分的搭配、排列或构造，罗马法租赁合同的一体化结构，是指在罗马法中并没有在内在结构上区分物的租赁、雇佣租赁和承揽租赁。类型是指由各种具有共同特征的事物或现象所形成的种类，是类型化思维在认识活动中的运用。罗马法中房屋租赁合同的一体化结构并不影响认识论层面对罗马法房屋租赁合同的类型划分。房屋租赁合同在罗马法租赁合同结构中位于物的租赁之列，是物的租赁的一种类型。这就是房屋租赁合同在罗马法中的体系性定位。但是，这一地位的形成并不是一个当然的论断，而是经过一系列变迁才定型的。

第一，上文已经揭示出租赁合同与买卖合同之间的关联性。而这种关联性不仅对于理解租赁合同的本质和起源重要，对于理解房屋租赁合同的地位也同样重要。房屋租赁活动在早期主要存在于商人的地区性商业贸易活动中，旅馆就是在这一活动中诞生的。在旅馆主与住客之间，住客租住房间需要缴纳租金。即使在这一阶段，统治阶层和法学家没有对这一现象进行立法和研究，但其作为行业习惯确实存在。至于这一房屋租赁活动是否属于房屋租赁合同，应从以下两个方面进行分析：一方面，作为行业习惯的租赁活动，受习惯法调整，双方就租期、租金等内容达成一致后并实际履行，按照现行的合同法理论，确实可以将其归入房屋租赁合同之中；另一方面，从合意契约在罗马法中的产生过程来看，早期的房屋租赁活动尽管部分仅合意就可以成立，但考察《十二表法》时期的契约法，可以发现这一时期的契约活动有严格的形式和程序。这样就出现了房屋租赁实践和立法之间的矛盾，而且部分房屋租赁活动确实是通过买卖合同的程式来实现的。对于这一矛盾，如何进行历史性解读和消解呢？

在合意契约理论产生之前，房屋租赁活动的合意或者严格地按照要式买卖或要式口约进行交易，或者根据习惯法规则（万民法规则）进行交易，两种交易方式所反映的仅仅是形式上的差异性，而所达成的效果是相同的。但就这一时期的房屋租赁合同的地位来说，其应当附属于买卖规则或者习惯法规则，并未形成独立的规则体系。

第二，在合意契约理论产生以后，罗马法学家对租赁活动进行了规则提炼与体系整合。例如，《学说汇纂》中 D.19,2,1 就规定："租赁产生于所有民族都共同遵循的自然法则。正如买卖意义，租赁不是以口头方式订立的，而是基于合意订立的。"[①] 此时，由于房屋租赁活动中房屋这一不动产客体属于"物"（res）之一种，罗马法学家根据"客体的相似性"这一特征，将房屋租赁活动归入"物的租赁"之中。而雇佣租赁和承揽租赁所对应的是劳动力或者工作成果，都无法容纳房屋租赁合同，所以只能归入"物"的租赁之中。但是，需要注意的是，房屋作为不动产之一种，与动产之"物"是不同的，所以尽管房屋租赁合同属于"物的租赁"之一种，但动产租赁规则并不能完全适用于不动产领域；反之亦然。例如，D.19,2,35pr 就仅适用于房屋租赁活动，该法言是关于"出租人以房屋需要修缮为由，不允许承租人继续使用房屋"的规则，法学家认为需要"以区分拆除房屋是否必要"进行判断。

第三，房屋租赁合同在"物的租赁"中占据着重要的地位，是不动产租赁中非常重要的一种合同（如图1-1所示）。在罗马法中，"物的租赁"又分为动产租赁和不动产租赁。动产租赁包括牛、木桶、量具、容器、马车等的出租，不动产租赁包括土地、房屋等的出租。在《学说汇纂》D.19,2 和《法典》C.4,65 中有很多法言是关于房屋租赁活动的，可见罗马法学家对于房

---

① 译文参见斯奇巴尼选编. 契约之债与准契约之债 [Z]. 丁玫，译. 北京：中国政法大学出版社，1998：188–189.

屋租赁活动的重视程度。法学家的讨论也促进了房屋租赁合同规则的生成和
完善。

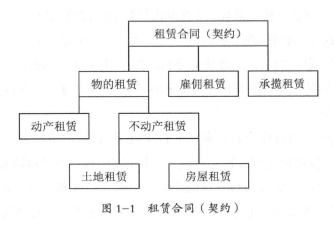

图 1-1　租赁合同（契约）

三、罗马法中房屋租赁合同的功能

　　研究某一项制度的社会功能是制度与社会互动的价值体现。房屋租赁合
同作为一种城市治理制度，其诞生之初的主要功能是解决部分群体的暂时性
居住问题，特别是伴随着商业贸易的发展，商人的地区界性流动促进了房屋
租赁市场的发展；后来，大量贫民阶层进入城市寻找工作，教师、学者等群
体也被罗马城所吸引，这就造成了罗马城人口的猛增。人口的增加，是房屋
租赁市场形成的直接因素，而房屋租赁合同规则就是在房屋租赁市场中不断
形成和发展起来的。当房屋租赁合同形成一系列规则后，又反过来促进房屋
租赁市场的发展。房屋租赁合同规则的功能性揭示是正确理解房屋租赁合同
起源、规则构成和制度变迁的工具。本书认为，房屋租赁合同主要具有如下
三种功能。

（一）促进社会财富的流动与资本的增值

　　房屋租赁市场的高回报率促使贵族阶层将目光瞄准这一市场。当大量资
本投入房屋租赁市场时，部分社会财富就在房屋所有人、出租人、中间人和

承租人之间进行充分的流动；而短期租赁和长期租赁这两种房屋租赁类型又使得房屋租赁市场形成部分群体的稳定性租赁和部分群体的流动性租赁。无论何种形式，都是在相关利益主体之间进行社会财富的充分流动。

租金的定期缴纳体现了房屋这一不动产的价值增值空间。房屋所有人、中间人获取一定利润后，又将这部分利润投入房屋租赁市场之中，进一步促进了社会财富的流动。而房屋尽管是不动产，但稳定的客源能够实现这一资产的不断增值。

房屋租赁合同规则中的权利义务转化规则和"成立—变更—终止"规则正是借助于"权利的生成或转化功能"[①]来实现住房资源的流转及有效利用，从而实现社会财富的流动与资本的增值。出租人的权利对应承租人的义务，两类主体之间正是通过这种"权利—义务"的转化机制来运转资本；而"成立—变更—终止"规则则是社会财富流动与资本增值的主体运转机制。

（二）是实现城市治理稳定的重要制度

房屋租赁市场作为城市中的重要市场，对于解决部分无房人口、外来人口的居住问题起到了重要作用。正因为这一市场的重要性，如果任由其发展而不加规制，那么造成的后果就是房屋质量越来越差，租金越来越高，阶级矛盾不断激化。因为房屋出租人基于其利益最大化的需求，会不断提高租金，而整个房屋租赁市场又处于供不应求的状态，根据供求关系理论，出租人在这一市场上掌握着绝对的话语权。

因此，考虑到如果大量人口在城市中无房可住，极易造成城市的不稳定性，统治者应对这一市场进行干预。而法律就是一种很好的城市治理手段，房屋租赁合同规则就是在这样的背景之下，又经过法学家的努力而不断发展和完善的。房屋租赁合同规则从平衡出租人和承租人的利益这一原则出发，根据公平、正义这些理念，最终上升到房屋租赁合同制度。从规则上升为制度，而制度的运行又通过具体规则反作用于房屋租赁市场，从而实现对房屋

---

① 彭诚信. 现代权利理论研究：基于"意志理论"与"利益理论"的评析 [M]. 北京：法律出版社，2017：327-333.

租赁市场的司法干预。从这个角度来说，在罗马法中，房屋租赁合同制度是实现城市治理的重要制度。

（三）房屋作为权力财产，体现了社会阶级的矛盾和冲突

房屋作为不动产，是一种重要的权力性财产。在古罗马时期，用于租赁的房屋一般掌握在富人阶层手中，而很多穷人以及外来人口或者没有土地可以盖房屋，或者没有能力盖房屋，所以只能选择租房生活。在这样一种关系中，房屋就不仅仅是"房屋"了，因为出租人和承租人分别属于两个阶层，出租人掌握着房屋租赁市场中的"房源"，承租人一般只能根据出租人的条件选择租或不租。

绝对的话语权导致绝对的矛盾。双方地位的不对等性使得承租人丧失了谈判的资格。当房屋价格高涨时，会引起承租人对出租人的不满；当这种不满从个案发展为普遍问题，最终形成整个房屋租赁市场上承租人对出租人的不满时，又会直接导致平民阶层和贵族阶层的冲突。因为承租人一般都属于平民阶层。此时，平民就期望通过他们的代表将他们的诉求反映到贵族那边，并希望通过法律的形式对房屋租赁市场进行规制，特别是高租金和房屋质量差这些问题。贵族面对平民阶层的诉求，肯定是不愿意妥协；只有当这种冲突上升到影响城市稳定的层面时，贵族阶层才可能同意让步。而这一过程始终是围绕着"房屋"这一权力性财产展开的。

第四节　本章小结

盖尤斯曾言："在一切事物中，包含其所有部分的事物才是完美的；当然，在任何事物中起源是最重要的部分。"[1] 盖尤斯的这段话说明了法学研究中"起源问题"研究的重要性，而对制度的追本溯源正是其中的重要内容。

---

[1]　D.1,2,1.参见优士丁尼.学说汇纂（第一卷）[M].罗智敏，译.北京：中国政法大学出版社，2008：19.

房屋租赁合同作为法律治理的重要制度，是现代社会中一种重要的合同类型。本章主要研究了罗马法中房屋租赁合同的起源问题。

首先，罗马法中房屋租赁市场是伴随着罗马城市化进程而形成并不断发展起来的，在这一过程中，古罗马房屋建筑技术的突破和新建筑材料的应用又为房屋租赁市场的发展拓宽了空间。在房屋租赁市场中，富人阶层掌握着房源从而控制着房屋租赁市场的发展，承租人的平民身份或者外来人身份是缺乏话语权的。供求关系的失衡又进一步加强了房屋租赁市场中出租人的地位。

其次，"一个探索者在任何领域的工作总是从创造该领域中有用的语言和概念开始"。① 对于罗马法中房屋租赁合同的起源来说，则需要通过对罗马法中租赁合同的起源性研究来进行，因为房屋租赁合同是罗马法中租赁合同之"物的租赁"之一种；同时，应区分事实层面上房屋租赁合同的产生和合意契约层面上房屋租赁合同的产生，从理论上对两者进行区分有助于深入认识房屋租赁合同规则的形成过程。而对租赁合同的起源的分析则应从原始文献的法言、词语和概念出发。在此基础上，罗马法租赁合同的"一体化结构"又说明了罗马法租赁合同的特殊性，它是通过"租金"（对"物"的使用、工作成果交付和劳动力的出租的货币化体现）这一要素将现代法中雇佣合同、承揽合同和租赁合同纳入其中。此外，罗马法中租赁合同的本质理论是理解房屋租赁合同的地位和功能的重要理论。

最后，需要明确，"实在价值体系绝非孤立个体之任意创造，而是家族、部落、氏族、职业之类特定团体以及特定政治经济环境之成员相互影响之结果"。② 房屋租赁合同规则的产生也是如此，并不是某个人的成果，而是经过很多人的共同努力所形成的。这是因为，任何契约规则的产生应当符合四个标准：（1）为大多数人所接受；（2）在我们的历史道德传统中找到；（3）与允诺和缔约的目的相关；（4）能够防止一方当事人对另一方

---

① 霍贝尔. 原始人的法：法律的动态比较研究 [M]. 严存生，等译. 北京：法律出版社，2012：16.
② 凯尔森. 纯粹法理论 [M]. 张书友，译. 北京：中国法制出版社，2008：146.

当事人造成重大损害。[①] 能够为大多数人所接受并遵守的法律规则，这一规则的有效性就会得到增强。这正如一个古老的格言所认为的——合同法规则应当建立在被共同接受的道德原则之上。房屋租赁合同的产生同样如此。这同样说明了"生活关系如果具有共同特征，那么就不只是纯粹的事实；从这个意义上说它们包含着度量该生活关系中的个人行为的尺度"。[②]

关于能够在历史道德传统中找到，这应从两个方面进行阐述：一方面，是人类共同的道德信念对于人类行为活动的影响，这当然包括促进社会财富流动的交易规则；另一方面，则是人类行为规则的历史传承性，这从古埃及的租赁活动到古巴比伦法和古希腊法中对房屋租赁活动的处理处着眼，而罗马法中房屋租赁合同的产生除了罗马城市化发展和疆域扩张的影响外，地中海文明之间的相互影响也是一个重要的因素。

契约规则应当服务于特定的缔约目的，这一点是毋庸置疑的。考虑到信任（或者说是信用）在缔约双方之间的重要性，人类共同的道德原则就是用内在来约束双方的外在行为的。在一个自愿的合作关系中，每个人都应当适当关注对方的利益，这也是缔约的目的之一，并且是双赢的道德性体现，符合亚里士多德的"友爱"观念。而从熟人之间的规则发展到陌生人之间的规则，信用的扩大必然需要法律规范的保障，对于破坏信用的行为予以打击，从而强化"契约应当得到遵守"这一原则。

任何契约规则的产生过程并不是当然能够充分维护契约双方的利益。基于任何主体寻求利益最大化的需求，又由于在房屋租赁合同的产生过程中，出租人基于其优势处于市场的支配地位，造成的结果就是规则的设计倾向于出租人的利益。当然这种倾向并不是失衡的。在罗马平民的不断斗争下，统治者会根据实际需要对规则进行调整，从而将规则的破坏力控制在可控范围之内。

①　马瑟. 合同法与道德 [M]. 戴孟勇，贾林娟，译. 北京：中国政法大学出版社，2005：77.

②　LARENZ K. Über Gegenstand und Methode des Völkischen Rechtsdenkens[M]. Berlin：Junker & Dünnhaupt，1938：27. 转引自魏德士. 法理学 [M]. 丁晓春，吴越，译. 北京：法律出版社，2013：380.

第二章

罗马法房屋租赁合同规则的形成与法学家贡献

任何规则都不可能在产生之初就定型，必然伴随着社会经济的发展、规则适用领域的变化以及法学家对这一问题的持续关注和处理意见的发展而不断发展。罗马法中房屋租赁合同规则也不例外。本章主要是以罗马法学家所留下的法言为分析对象，探讨罗马法中房屋租赁合同规则的形成过程以及房屋租赁合同的规则内容。

第一节　房屋租赁合同规则的形成过程

在罗马法房屋租赁合同规则的形成过程中，房屋租赁市场中的租赁活动纠纷为规则的形成提供素材；而法学家则通过对这些素材的讨论、分析形成具体的规则和制度。为此，在制度演进史层面，分析罗马法学家关于房屋租赁活动的法言，是揭示房屋租赁合同规则形成过程的重要方法。

在阿尔芬努斯之前是否存在房屋租赁合同规则？这个问题在第一章中已经有所揭示，即在此之前，存在房屋租赁合同规则。理由是：（1）在《学说汇纂》（例如，D.1,1,5；D.19,2,1）和优士丁尼《法学阶梯》（I.1,2,2）的一些法言中都有关于租赁合同来源于万民法的记载。（2）《十二表法》中就出现了"locasset"（出租）这一词语，说明了租赁活动早于租赁合同的立法化；（3）经过三次布匿战争，特别是公元前146年之后，大量外来人口涌入罗马城，使得古罗马的房屋租赁活动更为频繁，租赁活动的频繁化必然带来纠纷的多样化和复杂化，这就使得统治者和法学家对这一问题更为关注。以上说明了在房屋租赁合同作为合意契约之一种产生之前，房屋租赁活动的某些规则就已经以习惯法的形式存在，而罗马法学家的工作就是将这些习惯规则进行成文化、抽象化和体系化探讨。

一、阿尔芬努斯·瓦鲁斯的贡献：房屋租赁合同规则的具体化

在罗马法房屋租赁合同规则的形成发展过程中，阿尔芬努斯·瓦鲁斯（Alfenus Varus）的贡献具有开拓性。阿尔芬努斯·瓦鲁斯是塞尔维乌斯·苏尔毕丘斯·路福斯（Servius Sulpicius Rufus，约公元前 106—前 43 年）的学生。限于资料缺乏，我们现在无法知道他的出生时间，我们只知道他大约生活在公元前 1 世纪。[①] 他对法律问题的分析，多采用案例方法，即"提出案例—提出质疑的理由—提出解决问题的思路和结论"，这一区分技术来自柏拉图和亚里士多德的 Diairesis 方法。他的案例多来自实际生活。根据奥卢斯·革利乌斯的记载，阿尔芬努斯对罗马建城以来的历史特别感兴趣。在奥卢斯·革利乌斯的《阿提卡之夜》中就引用了阿尔芬努斯《学说汇纂》第 34 卷中的话，他论述道：阿尔芬努斯在他的著作中就罗马人和迦太基人签订的条约进行了分析。阿尔芬努斯的著作《学说汇纂》被诸如保罗等后来的罗马法学家大量引用。这些足以证明阿尔芬努斯在古罗马时代的地位。

阿尔芬努斯在《学说汇纂》中对房屋租赁市场中所出现的问题进行了专门的分析，本书选取其中的两则法言来说明他对古罗马房屋租赁合同规则形成的贡献。

D.19,2,27pr. 阿尔芬努斯：《学说汇纂》第 2 卷：因公寓的某些部分存在瑕疵给房屋承租人造成不便，房屋承租人并不能马上要求减少租金。这是因为房屋的所有人被迫拆除房屋的某一个部分，如果导致无法预料的事情发生，那么承租人应自我承担这一情况所造成的轻微损失；但是，在这一过程

---

① 阿克隆（Helenius Acron）在对贺拉斯（Quintus Horatius Flaccus，公元前 65—前 8 年）的《讽刺诗集》（Sermones）的评注中提道：阿尔芬努斯出生在山南高卢行省克雷莫纳（Cremona）城的一个理发店或者鞋店的家庭，是一名律师，他到罗马后师从塞尔维尤斯；后来他还担任过公元前 39 年的执政官。他著有《学说汇纂》40 卷，在优士丁尼编纂的《学说汇纂》中就保留有他的《学说汇纂》中的 54 则法言。

中，房屋所有人一定不要侵害到承租人所使用的那部分，以防影响承租人的最大化使用。①

D.19，2，27，1.阿尔芬努斯:《学说汇纂》第2卷:同样，如果承租人由于害怕而搬离房屋，那么他是否还需要支付租金呢？（阿尔芬努斯）回答说:如果承租人的担忧有充分的理由，那么即使没有发生实际的危险，他也无需再支付租金;但是如果是没有正当理由的担忧，那么仍然需要支付租金。

以上两则法言是关于承租人在特定情况下的容忍义务。D.19，2，27pr.这一法言讨论的是:在租赁房屋存在轻微瑕疵的情况下，承租人只能自我承担这一风险，而不能要求减少租金;同时规定出租人在拆除房屋的某一部分时不能对承租人所承租的那部分造成损害。问题是:如果造成损害，承租人是否可以要求损害赔偿？该法言并未涉及这一问题，但根据罗马法中关于承租之诉的规定，承租人有权向出租人要求损害赔偿。

承租人对以上危险的容忍义务并不是无限度的，D.19，2，27，1这一法言就提出了"正当理由规则"，即承租人对危险的担忧存在充分理由时，他可以搬离房屋，且不需要支付剩余租期的租金。但何谓"正当理由"？阿尔芬努斯并没有进一步说明，仅回答说:"如果承租人的担忧有充分的理由，那么即使没有发生实际的危险，他也无需再支付租金。"②这一回答所暗含的法理，本书认为是"主观主义"，即正当理由的说明由承租人进行阐述，而不是依据是否发生实际危险。

事实上，在罗马法房屋租赁合同规则的形成过程中，阿尔芬努斯是在谢沃拉的"继承法、人法、物法、债法的四分体系"和合意理论的基础上进行了理论的规则化实践。他所提出的"承租人的容忍义务"和"正当理由规则"对于后世的影响也很大。对于前者，后世立法基于承租人优位主义的考虑，

---

① 说明:本书所使用的《学说汇纂》的法言，除少部分已经汉译的之外，均翻译自艾伦·沃森（Alan Watson）翻译、宾夕法尼亚大学出版社1985年出版的《优士丁尼学说汇纂》（The Digest of Justinian），并参照了斯考特（Scott）1932年出版于辛辛那提的《市民法大全》（The Civil Law）。
② ZIMMERMANN REINHARD. The Law of Obligations : Roman Foundations of the Civilian Tradition [M]. Kenwyn : Juta & Co, Ltd, 1990 : 347.

将承租人的容忍义务发展成为出租人的瑕疵担保责任（美国称之为可居住性默示担保义务）；而对于出租人侵害承租人利益的损害赔偿责任，则继受之。"正当理由规则"则发展成为现代房屋租赁合同规则中的出租人的减损义务。

二、拉贝奥的贡献：理论创新

马尔库斯·安提斯提乌斯·拉贝奥（Marcus Antistius Labeo，公元前50—公元20年），出生于法学世家，是昆图斯·安提斯提乌斯·拉贝奥（Quintus Antistius Labeo）[1]的儿子。他是特雷巴求斯的学生，担任过裁判官，拒绝了奥古斯都为他提供的备位执政官职位。史传他著有400卷书[2]，流传下来的有《〈十二表法〉评注》《内事裁判官告示评注》《外事裁判官告示评注》《书信集》《解答集》等著作中的部分内容。他在罗马法的发展上提出了很多具有创新性的学说，他的言论多被后世法学家所引用。[3]

就合同法一般理论来说，拉贝奥在《市裁判官告示评注》中提出以"行为"作为术语来统合合同法。具体体现在 D.50,16,19 这一法言之中：

D.50,16,19. 乌尔比安：《告示评注》第11卷拉贝奥在其《市裁判官告示评注》第1卷中做了如下定义：有些事的实施是"行为"；有些事的实施是"执行"（gerere）；有些事的实施是"订约"（contrahere）。确实，"行为"是一个一般的术语，不论某事是通过言词实施的还是通过交付物实施的，前者如要式口约，后者如借贷，都被这一术语所包括。但合同是某种涉及双务之债的东西，希腊人称之为 synallagma，例如买卖、租赁和合伙；"执行"指某事不通过言词实施。[4]

---

① 昆图斯·安提斯提乌斯·拉贝奥是塞尔维尤斯·苏尔毕丘斯·路福斯（Servius Sulpicius Rufus）的门徒，活跃于奥古斯都时代。

② D.1,2,2,47.

③ SCHULZ F. History of Roman Legal Science[M]. Oxford：Clarendon Press，1946：207ff.

④ 译文参见徐国栋. 罗马私法要论 [M]. 北京：科学出版社，2007：194.

　　徐国栋教授认为：在这一法言中，拉贝奥考察了术语"行为"与"合同"之间的关系，并从客体的角度来牵引出合同主体的双边性；强调了合同的双务性特征，而不是合意性；该法言与谢沃拉关于合同的一般理论具有继承性，拉贝奥在谢沃拉的基础上提炼出"行为"这一关键特征，被认为是罗马法中法律行为制度的萌芽。[①]

　　拉贝奥对罗马法中房屋租赁合同规则的形成做出了重要的贡献，具体体现在以下部分法言之中：

　　D.19,2,28,1. 拉贝奥《雅沃莱努斯（雅沃伦）之拉贝奥遗作摘要》第4卷：拉贝奥认为，即使这个房屋是年久失修的，租金仍需支付。

　　D.19,2,28,2. 拉贝奥《雅沃莱努斯（雅沃伦）之拉贝奥遗作摘要》第4卷：这一规则同样适用于承租人转租的情形。然而，如果房东并没有给予承租人转租的权利，但承租人将房屋转租给了第三人居住。拉贝奥认为，即使他并不存在欺诈意图，也必须赔偿房东的损失。但是如果承租人是无偿使用房子的，那么应当扣除未到期这段时间的租金。

　　D.19,2,58pr. 拉贝奥《雅沃莱努斯（雅沃伦）之拉贝奥遗作摘要》第4卷：你以一个总价将整栋房屋出租，然后你又将它出卖，条件是承租人的租金将属于购买人。即使有承租人将房间以一定的价格转租，这个租金也属于购买人，因为这是承租人应向你支付的租金。

　　D.19,2,60pr. 拉贝奥《雅沃莱努斯（雅沃伦）之拉贝奥遗作摘要》第5卷：一栋房子已经被出租了好几年，出租人不但只允许承租人从每年的7月1日起租，而且对于他在租赁期内进行转租也是一样的要求；如果他希望这样做。因此，如果房子从1月1日至7月1日处于维修状态，没有人可以居住，也不能转租给任何人；那么，在此期间承租人没有义务支付租金给出租人。事实上，如果7月1日以后房子已经修复完毕，那么承租人可以继续居住这个房子，除非出租人已经为他准备好了另一栋适合居住的房子。

---

① 徐国栋. 罗马私法要论 [M]. 北京：科学出版社，2007：194-195.

D.19,2,60,1.拉贝奥《雅沃莱努斯（雅沃伦）之拉贝奥遗作摘要》第5卷：我认为房屋承租人的继承人，尽管他不是承租人，但无论如何，他仍然拥有房屋的使用权。

D.19,2,28 是紧接着 D.19,2,27 继续讨论承租人的容忍义务。在 D.19,2,28 中，拉贝奥认为，如果承租人放弃行使权利而继续在出租房间里居住，那么即使房屋是"年久失修"的、存在实际危险的，承租人依旧需要支付租金；这一规则被延续到了转租情形之中。

D.19,2,58pr 这一法言中涉及房屋买卖和租赁关系的处理。从这一法言中可以得到的信息是：在罗马法中，原房屋所有人将房屋出卖后，承租人的租金将交给房屋购买人；即使承租人将房屋转租，次承租人依旧应向房屋购买人支付租金。[1] 这一法言同时透露出：这一时期的罗马房屋租赁市场是比较发达的，房屋中间人的存在就是很好的证明；房屋买卖后并不一定使得房屋租赁关系终止，只不过租金的收取权从原所有人手中转移给了房屋购买人。这就是"买卖不破租赁"规则的罗马法雏形。

D.19,2,60pr 中提到的"7月1日"对于古罗马的房屋租赁市场来说，是一个非常重要的日子，这一天被认为是租赁年的开始时间。[2] 为什么罗马法将这一天定为租赁年的开始，还有待进一步考证。此外，该法言还透露出两个重要内容：一是租赁年的限制不仅对出租人、中间人和承租人是重要的，对于转租行为也是如此；二是出租人在对房屋进行维修后，原承租人具有优先承租权。值得注意的是，据学者考证，该法言中，"除非出租人已经为他准备好了另一栋适合居住的房子"（nisi si paratus fuisset locator commodam domum ei ad habitandum dare.）这一条款是后古典法时期所"添加"的。[3] 不考虑"添加"问题，普莱西斯博士认为该法言也体现了"以合同为基础的对等

---

[1] DU PLESSIS P J. Letting and Hiring in Roman Legal Thought：27BCE-284CE [M]. Leiden·Boston：Brill Academic Pub，2012：162-163.

[2] FRIER B W. Landlords and Tenants in Imperial Rome [M]. New Jersey：Princeton University Press，1980：34.

[3] FRIER B W. Landlords and Tenants in Imperial Rome [M]. New Jersey：Princeton University Press，1980：72.

义务的重要性"，即承租人支付租金后，出租人应提供"对等的""合适的"房屋给承租人居住，否则就不能收取这一段时间的租金。①

D.19,2,60,1 这一法言所揭示的重要规则是：租赁房屋使用权的享有者不仅包括承租人，还包括承租人的继承人。这一规则对于城市社会的稳定起到了重要的作用。否则，一旦房屋承租人死亡，其继承人就会被扫地出门，这对于其家庭来说影响重大。为此，这一时期的罗马法将房屋使用权的享有者范围扩展到了承租人的继承人。这一规则在优士丁尼时期又进一步扩展到"妻子、儿女等与其密切相关的人"。这证明了房屋租赁合同具有特殊性，即名义上承租人为个人，实际上为户或者家庭。《中华人民共和国民法典》（简称《民法典》）第七百三十二条②[对应 1999 年《中华人民共和国合同法》（已废止，简称《合同法》）第二百三十四条③]继受了这一规则。

以上所选取的法言仅仅是《学说汇纂》中所保留下来的拉贝奥关于房屋租赁合同规则的论述。应当说，这些仅是拉贝奥论述房屋租赁合同规则的一部分内容，其他内容已经不可能找到。本书猜测：拉贝奥的其他论述很可能是被后来法学家的论述取代了。这一假设是有论据支撑的，因为后来的一些法学家在著作中还保留了拉贝奥的意见。例如，在乌尔比安《告示评注》第32 卷中就保留了拉贝奥对承租人搬离房屋时应履行通知义务的观点；④ 雅沃伦的《拉贝奥遗作摘要》第 9 卷中记录了拉贝奥邻居建造房屋所开挖的排水沟高于出租人所出租的房屋，由于雨水不断冲击造成房屋倒塌，承租人可以根据承租之诉要求损害赔偿。⑤ 从以上所保留的法言中，可以得出以下结论：拉贝奥在前人的基础上对房屋租赁合同规则进行了重要的理论创新，论述了"承租人权利放弃说"也适用于转租行为、房屋买卖并不一定使得租赁关系终

---

① 　DU PLESSIS P J. Letting and Hiring in Roman Legal Thought：27BCE–284CE [M]. Leiden·Boston：Brill Academic Pub，2012：170.

② 　《民法典》第七百三十二条：承租人在房屋租赁期限内死亡的，与其生前共同居住的人或者共同经营人可以按照原租赁合同租赁该房屋。

③ 　《合同法》（已废止）第二百三十四条：承租人在房屋租赁期间死亡的，与其生前共同居住的人可以按照原租赁合同租赁该房屋。

④ 　D.19,2,13,7.

⑤ 　D.19,2,57.

止、承租人的优先承租权和租赁房屋的使用权人扩张说等重要规则。这些内容在当今的房屋租赁关系中依然适用。

三、盖尤斯、乌尔比安、保罗等法学家的贡献

拉贝奥之后，盖尤斯、帕比尼安、乌尔比安、保罗、莫德斯丁等罗马法学家进一步发展了房屋租赁合同规则。事实上，到了罗马帝国早期，房屋租赁合同规则已经相当成熟。后来的法学家只是针对某些具体规则作出了一定的修正。

（一）盖尤斯的贡献

盖尤斯（Gaius，130—180 年）对罗马合同法的重要贡献是提出了以"债"（obligatio）这一术语来整合合同法。在《日常事务法律实践》一书中，盖尤斯将"债"定义为：债是一种法律性的约束，依据它我们承受一个必须的强制去履行一个确定的给付，而这个必须是以我们城邦的实在法制度为依据的。①这一定义在优士丁尼时期，进一步被界定为："债为法锁，约束我们必须根据我们城邦的法清偿某物。"②徐国栋教授认为，盖尤斯关于"债"这一术语的定义以及制度建构体现了债法的国家主义，而意定之债则是国家意志与私人意志的调和。③

盖尤斯使用"债"这一术语重新建构了债法的结构。他认为，债可以划分为两个基本种类：每个债或者产生于契约，或者产生于私犯。④而契约之债有四种：债的缔结或通过实物（实物契约），或通过话语（口头契约），或通过文字（文字契约），或通过合意（合意契约）。⑤合意之债又分为买卖、租赁、

① 法尔科内. 义务和法锁：追溯债的经典定义之起源 [C]. 齐云，译 . // 徐国栋 . 罗马法与现代民法（第六卷）. 厦门：厦门大学出版社，2008：115-116.
② I.3,13pr.
③ 徐国栋. 罗马私法要论 [M]. 北京：科学出版社，2007：201.
④ Gai.3,88. 译文参见盖尤斯 . 盖尤斯法学阶梯 [M]. 黄风，译 . 北京：中国政法大学出版社，2008：162.
⑤ 同上.

合伙和委托四种类型。① 租赁规则在构建时，认为类推买卖规则即可。②

关于房屋租赁合同规则的发展，盖尤斯论述了：（1）出租人将房屋出卖后，应确保承租人能够在租赁期限内继续享有房屋的使用权（D.19,2,25,1）。（2）出租人负有一定程度的可居住性默示担保义务，例如，邻居建造的房子使得出租人所出租的房屋照射不到阳光时，承租人可以提前搬离房屋，并可以承租之诉对抗出租人；出租人还负有维修义务（D.19,2,25,2）。

（二）乌尔比安的贡献

乌尔比安（Domitius Ulpianus，约 170—228 年）是公认的古代罗马最伟大的法学家之一，是罗马法学的集大成者。他和保罗一起担任过帝国高级法院的法官助理、元首顾问委员会成员、近卫军长官，做过皇帝的法律顾问③，222 年还担任过粮食长官④。在房屋租赁合同规则方面，乌尔比安有大量的法言被保留下来，包括：（1）出租人免除承租人的租金时，房屋租赁合同关系依然存在（D.19,2,5）；（2）诚信出租人所出租的房屋被追夺后，出租人应对承租人的损失负责，例外情形是出租人为承租人准备好了另一栋房屋（D.19,2,9pr）；（3）出租房屋在经过一段时间后被赠与承租人，承租人仅需承担赠与之前的房租（D.19,2,9,6）；（4）承租人应妥善使用租赁物（包括房屋）（D.19,2,11,2）；（5）承租人提前搬离房屋时的通知义务，区分为无法通知和故意不通知两种情形，其责任也不同（D.19,2,13,7）；（6）租赁房屋到期后的续租问题（D.19,2,13,11）；（7）房屋租赁合同中添附问题的处理（D.19,2,19,4）；（8）房屋租赁合同中，预付租金和错误支付的区分（D.19,2,19,6）；等等。

（三）保罗的贡献

保罗（Iulius Paulus，约 222 年去世）是昆图斯·切尔维丢斯·谢沃拉

---

① Gai.3,135. 译文参见盖尤斯. 盖尤斯法学阶梯 [M]. 黄风，译. 北京：中国政法大学出版社，2008：177.

② D.19,2,2pr.

③ D.4,2,9,3.

④ C.8,37,4.

（Quintus Cervidius Scaevola）的学生①，担任过帕比尼安法院的陪席法官②，并成为帕比尼安同期的皇帝顾问委员会的成员③。《学说汇纂》中摘录了他的2081 段作品，占据《学说汇纂》篇幅的六分之一。④

保罗也有大量关于房屋租赁合同规则的法言被保留下来，包括但不限于：（1）当所有权人不允许次承租人使用房屋，承租人提起承租之诉时的赔偿数额问题（D.19,2,7）；（2）在固定期限的房屋租赁合同中，承租人无故提前解约，仍然需要支付剩余租期的租金（D.19,2,24,2）；（3）如果承租人无法享受承租物，那么他可以依法立刻提起承租之诉（D.19,2,24,4）；（4）如果出租人出租给承租人一栋房子，而出租人的奴隶对承租人造成了伤害，或从承租人这里偷窃某物，出租人需对承租人承担责任，但不是根据承租之诉，而是损害之诉（D.19,2,45pr）；（5）在承租人不支付租金的情况下，他的担保人承担连带责任（D.19,2,54pr）；（6）承租人未支付租金时，出租人可以行使留置权（D.19,2,56）。

到了优士丁尼时期，罗马法中房屋租赁合同规则的内容并没有太大的变化。这从优士丁尼时期编纂的《法学阶梯》《学说汇纂》《法典》中可以看出。这一时期法学家首先是对之前法学家的言论进行了重新整理和编排，将房屋租赁合同的具体规则置于《学说汇纂》第 19 卷第 2 题；而新增加的内容则主要记录在《法典》第 4 卷第 65 题之中。然而，这些内容并不是按照房屋租赁合同规则的订立、房屋租赁合同双方的权利义务关系、房屋租赁合同规则的终止这样的顺序进行编排的，所呈现的体系是比较混乱的。事实上，古罗马的法学家所运用的体系化思维是一种通俗的、直观的、与生活紧密相连的思维范式，但尚未发展到能够对法律规则的要素进行精确剖析的程度，主要原因是古罗马法学的实践性本质，法学家对于法学问题的研究是以解决实际问题为导向的。⑤为此，本书将在下一节中按照现代法的习惯，尝试对罗马法

① D.40,12,23pr ; D.28,2,19.
② D.12,1,40.
③ D.29,2,97.
④ 尼古拉斯. 罗马法概论 [M]. 黄风，译. 北京：法律出版社，2010 : 35.
⑤ 杨代雄. 古典私权一般理论及其对民法体系构造的影响 [M]. 北京：北京大学出版社，2009 : 123.

中房屋租赁合同规则的内容进行体系化重构。

第二节　房屋租赁合同规则的内容

按照现代民法的体系安排，房屋租赁合同规则的内容包括成立规则、权利义务规则以及变更和终止规则。为了更好地了解罗马法中房屋租赁合同规则的内容，本书将按照现代民法中关于房屋租赁合同的体系安排对罗马法中房屋租赁合同规则进行重构。

一、房屋租赁合同的成立

最初，租赁是用两个要式口约订立的；公元前 1 世纪中叶才产生单一的诺成性租赁合同。[①] 房屋租赁合同亦是如此。当租赁合同纳入合意契约范畴，成为合意契约的一种类型后，房屋租赁合同的必要成立条件也发生了变化，主要包括"标的、租金和当事人合意"三个方面，与买卖合同的成立要件基本相同。[②]

（一）房屋租赁合同的标的

合同的标的，也称为合同的客体，是合同主体享有权利和承担义务所指向的对象。[③] 现代合同法一般认为合同标的集中表现为"给付行为"。给付行为这一概念是抽象化提炼，而罗马法租赁合同中所呈现的是各个具体化的对象。

在罗马法中，城市房屋租赁的标的——房屋，又具体分为 domus（独

---

① KAUFMANN H. Die altrömische Miete : Ihre Zusammenhänge mit Gesellschaft, Wirtschaft und staatlicher Vermögensverwaltung[M]. Graz : Bohlau, 1964 : 74—84.

② 尼古拉斯 . 罗马法概论（第二版）[M]. 黄风，译 . 北京：法律出版社，2010 : 173.

③ 杨立新 . 债与合同法 [M]. 北京：法律出版社，2012 : 129.

栋住宅）、insula（多层公寓）和 cenaculum 或 aediculae（房间或者小套间）。①Domus 的出租所涉及的法言有 D.19,2,45pr、D.13,7,11,5、D.19,2,60pr 和 C.4,65,5（223 年）等。在罗马法中，Domus 的出租只是顺带提及的，关注的重心在后两者。Insula 的出租所涉及的法言有 D.19,2,7、D.19,2,8、D.19,2,9,1、D.19,2,30pr 和 D.19,2,35pr 等。Insula 包括一楼的店铺空间和一楼以上的住宅空间。②Insula 的所有人一般将房屋的出租事宜交给他的奴隶打理，或者整栋出租给中间人来获取利润。Insula 的二层以上，出租人又将其分隔为一个一个的房间（cenaculum 或 aediculae）。在《学说汇纂》中涉及 cenaculum 的法言如下：D.19,2,25,2、D.13,7,11,5、D.9,3,5,1、D.9,3,1,7 和 D.44,7,5,5 等。

房屋租赁合同的标的应当符合合法性、确定性和可能性。合法性是指不得违背善良风俗，不得将法律禁止出租的房屋进行出租，否则租赁合同无效；③确定性是指房屋租赁合同中所指的房屋或者房间应是确定的，而不能是不存在的；可能性是指房屋应当可以交付给承租人使用，不能交付的，承租人可以提起承租之诉。关于可能性，可以类推适用 D.18,1,62,1④ 中所确立的规则。

（二）租金（merces locationis）

在罗马法上，租金也是租赁合同的标的之一，是统合物的租赁、雇佣租赁和承揽租赁的关键因子。在此，为了论述方便，并考虑现代合同法的体系安排，本书将分别论述房屋和租金。

房屋出租所产生的租金属于法定孳息的一种类型。本书将结合 D.19,2,

---

① DU PLESSIS P J. Janus in the Roman Law of Urban Lease [J]. Historia Zeitschrift Für Alte Geschichte Revue Dhistoire Ancienne，2006，55（1）：48−63.

② DeLaine J. The Insula of the paintings at Ostia I.4.2−4：Paradigm for a city in flux [C]//Cornell T，Lomas K eds. Urban Society in Roman Italy. New York：St. Martin's Press，1995：79−106.

③ D.22,1,5.

④ D.18,1,62,1. 莫德斯丁：《规则集》第 5 卷：在不明知的情况下，作为私人产业购买了圣地、安息地或公共用地的，买卖无效。买方可以向卖方提起买卖之诉，请求返还被骗走的款项。译文参见斯奇巴尼选编. 契约之债与准契约之债 [Z]. 丁玫，译. 北京：中国政法大学出版社，1998：397.

2pr 和 D.19,2,25pr 这两则法言来说明租金在房屋租赁合同中的重要性。①

D.19,2,2pr. 盖尤斯《日常事务法律实践》第 2 编：租赁与买卖十分相似，是用同一法则调整的。因为，正如就价格达成协议则买卖成交一样；如果就租金（mercede）取得了一致，则租赁合同成立。②

D.19,2,25pr. 盖尤斯《行省告示评注》第 10 卷：如果租金的允诺是由不特定的第三人来决定的，那么租赁合同不成立。这表明，被提丢斯所估价的租金的总额，如果要使得租赁合同成立取决于如下条件：无论如何，他所决定的租金应该是固定的，然后租金必须按照（他的估价）被支付，租赁合同才能成立并生效。但是，如果他拒绝这么做，或者不能确定固定租金，那么租赁合同不成立，就好像租金总额未确定一样。

D.19,2,2pr 和 D.19,2,25pr 两则法言都说明了租金的数额应当是确定的（certum），否则房屋租赁合同不成立。同时在 D.19,2,22,3 中，保罗说："买卖合同规则允许买方以低价购买高价的物，允许卖方以高价卖低价的物，如此彼此形成制约；这一规则同样适用于租赁合同。"换言之，在房屋租赁合同签订之前，出租人和承租人可以就租金进行讨价还价，但最终的租金应当是确定的。③值得注意的是，和买卖一样，租赁合同也可以附条件的方式缔结，但不可为达成赠与而缔结租赁。④这种情形体现在乌尔比安的《告示评注》第 69 卷："如果某人以一个铜板（的租金）承租某物，那么租赁无效，因为在这种情况下，他把交易弄得像是赠与。"⑤租赁合同的有价性是其区别于赠与合同、借用合同的本质特征之一，即缺乏经济意图的租赁，名为租赁，实为赠与或借用。

---

① 关于租金在租赁契约中的重要性，还可以参见 MAYER-MALY. Locatio conductio：Eine Untersuchung zum klassischen römischen Recht Herold [M]. Wien-München：Herold，1956：128-151.
② 译文参见斯奇巴尼选编. 契约之债与准契约之债 [Z]. 丁玫，译. 北京：中国政法大学出版社，1998：189，有改动.
③ D.19,2,23,3.
④ D.19,2,20,1.
⑤ D.19,2,46.

D.19,2,25pr 应与 Gai.3.143① 结合起来进行分析。在盖尤斯的《法学阶梯》中，他提出的问题是：当出租人和承租人一开始未就租金达成一致时，租赁合同是否成立？ D.19,2,25pr 正是对 Gai.3.143 所提出问题的回应。② 该法言围绕"租金"合意过程中可能出现的复杂性问题展开，讨论了两种情形：（1）如果出租人和承租人双方未进行讨价还价，即租金一开始未确定，而是交给不特定的第三人去确定，则租赁合同不成立。这符合租赁契约的合意原则。（2）如果出租人和承租人未进行讨价还价，而是交给特定的第三人确定，若该特定第三人确定租金，则合同成立并生效；若该特定第三人拒绝或一直不确定租金，则合同不成立。③ 这一法言也表明了租金确定规则与双方当事人合意之间的张力。④

（三）房屋租赁合同双方的合意

合意（consensus）这一要件是合意契约的关键要件，但是，罗马法中的合意不同于现代民法中的合意。罗马法中，一般都是针对单个的契约来就事论事地谈论合意，而并没有进行一般化的提炼。⑤ 在房屋租赁合同中，讨论了预付租金和错误支付的区分⑥ 等某些有瑕疵的合意问题。

房屋租赁合同属于合意契约，只要合同双方就标的、租金达成合意，契约就可成立。关于合意对于租赁合同的重要性，保罗在《告示评注》第 34 卷中就有明确记载。具体如下：

D.19,2,1. 保罗《告示评注》第 34 卷：租赁（locatio et conductio）产生于

---

① Gai.3.143. 译文如下：因而，如果允许他人任意决定报酬，比如根据提丢斯的估价确定，人们问：租赁是否成立？因此，如果我把衣服交给一位洗衣工去清洗或者整理，或者交给一位裁缝去修补，没有立即确定报酬，而是根据我们后来商定的数额给付，人们问：租赁是否成立？译文参见盖尤斯. 盖尤斯法学阶梯[M]. 黄风，译. 北京：中国政法大学出版社，2008：248.
② FIORI R. La definizione della "locatio conductio": giurisprudenza romana e tradizione romanistica[M]. Napoli：Jovene，1999：241-245.
③ COSTA E. La locazione di cose nel diritto romano[M]. Roma：Fratelli Bocca，1915：10.
④ DU PLESSIS P J. Letting and Hiring in Roman Legal Thought：27BCE-284CE [M]. Leiden · Boston：Brill Academic Pub，2012：181.
⑤ 尼古拉斯. 罗马法概论 [M]. 黄风，译. 北京：法律出版社，2010：165.
⑥ D.19,2,19,6.

所有民族都共同遵循的自然法则。正如买卖一样，租赁合同不是以口头方式订立的，而是基于合意（consensu）订立的。①

这则法言源自盖尤斯的《法学阶梯》第 3 卷（Gai.3,135）。盖尤斯指出：通过合意缔结的契约，不需要任何特殊的话语或者文字，只需要实施交易行为的人相互同意即可（Gai.3,136）。因此，这类契约可以在双方当事人都不在场的情况下订立，诸如通过书信或者传信人缔结（D.44,7,2,2）。这是因为，在房屋租赁合同关系中，一方当事人基于对另一方的信任，将房屋的使用权作了暂时性的移转；合同终止后，承租人需将房屋完好地交还给出租人。在这一过程中，"房屋租赁合同的达成—承租人居住—合同终止"是存在时间差的，这一履行过程属于典型的信用关系。用现代的经济学术语来说，就是属于"经济交换型允诺"（Economic Exchange Promises）②，此类允诺的主要目的是促使人们进行互惠互利的交易，并得到来自特定社会群体的道德性约束。因此，只要出租人和承租人双方达成合意，合同就可成立，而无需另外的形式或文字。此外，当合同双方对合同中的条文产生分歧时，应当作接近要说明的问题的解释（D.50,17,67）或者不利出租人的解释（类推适用 D.50,17,172pr）。

租期一般是房屋租赁合同的重要内容。租期是房屋租赁合同双方所约定的权利义务的存续期限，也是承租人能够占有、使用和取得收益的期限。③租期的长短会影响到租金的数额和支付时间。在罗马法上，房屋租赁合同的租期可分为定期租赁和不定期租赁（D.19,2,13,11）。定期租赁有 1 年（D.19,2,19,6）和 5 年（D.19,2,24,2）等。

二、房屋租赁合同的权利义务

房屋租赁合同中的权利义务规则包括出租人的权利义务规则和承租人的

---

① 译文参见斯奇巴尼选编.债、契约之债 [Z]. 丁玫，译.北京：中国政法大学出版社，1992：61-62.
② 马瑟.合同法与道德 [M].戴孟勇，贾林娟，译.北京：中国政法大学出版社，2005：5-8.
③ 王利明.合同法分则研究（下）[M].北京：中国人民大学出版社，2013：100.

权利义务规则。基于权利和义务的对等性特征，本书主要论述出租人的义务和承租人的义务。

（一）房屋出租人的义务

房屋出租人的义务主要包括：按照约定交付房屋给承租人使用；确保租赁期间出租的房屋处于可正常使用状态；当房屋有瑕疵致使承租人利益受损时，出租人负赔偿责任等。

1. 将房屋交付给承租人

在房屋租赁合同中，出租人向承租人交付房屋是出租人的主合同义务。这是由房屋租赁合同的性质所决定的，房屋租赁合同的目的就在于承租人通过支付租金获得对房屋的占有、使用和收益。

所谓"交付房屋"是指出租人向承租人现实交付房屋的使用权。在 D.19, 2,24,4 这一法言中，保罗也认为：出租人应当按照约定提供承租物；如果出租人没有按照约定提供承租物，或者不允许承租人使用，或者被出租人所控制的第三人占有的情况，承租人可以依法提起承租之诉。那么，对于无法交付原租赁房屋的情况，出租人是否可以用另一栋房子进行替代履行呢？对于这个问题，乌尔比安写道：

D.19,2,9pr.乌尔比安《告示评注》第 32 卷：如果某人向我出租他诚信购买的一栋房子或一块土地，尽管他并不存在欺诈或过失，然而，房子或土地却遭到了追夺。那么，在这种情况下，彭波尼认为，出租人无论如何都要根据承租之诉而对承租人因失去承租物所遭受的损失承担责任。当然，如果仅仅是所有权人不同意出租，而出租人已经为承租人准备好了另一栋差不多的房屋，那么，在这种情况下，彭波尼认为，出租人无疑是可以免除责任的。

该法言所记录的信息是，当出租人将诚信购买的房子进行出租后，却遭到了追夺，从而使得房屋租赁合同已经无法履行。彭波尼认为，出租人应当对承租人承担责任。但一个例外情形是，出租人可以通过提供另外一栋房子来免除责任。① 该法言背后所暗含的信息是：出租人在房屋租赁合同关系中是处于优势地位的。当原合同无法履行时，出租人可以进行替代履行。而承租人不能因原合同无法履行而要求出租人承担责任，除非出租人既不履行原合同，也不提供替代方案。

2. 在租赁期间，出租人维持房屋处于正常的使用状态

房屋出租人除了应交付房屋外，还应保证房屋是可以正常使用的。同时，在租赁期间，出租人也要保证房屋处于正常使用状态。如果承租人无法按照合同的约定使用房屋（包括出租人没有维修好房子），承租人可以提起承租之诉（D.19,2,15,1）。

那么何谓"正常使用状态"？对此，罗马法学家并没有给出明确的答案。我们将通过对 D.19,2,19,5 和 D.19,2,27pr 这两则法言的分析来说明。

D.19,2,19,5. 乌尔比安《告示评注》第 32 卷：如果一个租户把一个金属的大箱子带入房屋，随后房东将房屋的入口变小；正确的意见是：房东这么做无论是有意还是无意，他都将根据承租之诉或出示之诉承担责任；是要求房东将入口变宽还是给承租人提供一个机会搬走大箱子，取决于法官的判决，当然，还需考虑到承租人的花费。

D.19,2,27pr. 阿尔芬努斯《学说汇纂》第 2 卷：因公寓的某些部分存在瑕疵给房屋承租人造成不便，房屋承租人并不能马上要求减少租金。这是因为房屋的所有人被迫拆除房屋的某一个部分，如果导致无法预料的事情发生，那么承租人应自我承担这一情况下所造成的轻微损失；但是，在这一过程中，房屋所有人一定不要侵害到承租人所使用的那部分，以防影响承租人的最大化使用。

D.19,2,19,5 这一法言暗含的信息是：出租房屋的正常使用状态不仅仅包括房屋能够正常居住，还应保证承租人能够自由进出。这种进出不仅是人

---

① DU PLESSIS P J. Letting and Hiring in Roman Legal Thought：27BCE-284CE [M]. Leiden·Boston：Brill Academic Pub，2012：170-171.

的自由出入，还包括承租人所携带的物品（比如箱子）。但 D.19,2,27pr 这一法言告诉我们，承租人应容忍房屋存在轻微瑕疵。该法言所揭示的规则是：（1）如果出租人的行为使得承租人的房屋或房间受到了严重侵害，而出租人并没有进行维修，那么承租人可以要求减少租金；（2）房屋的正常使用受到损害意味着承租人使用房屋的价值客观上降低；（3）当房屋受到损害时，出租人有义务进行维修；当出租人及时进行维修后，承租人要求减少租金是不合理的；（4）当房屋的损害严重危害到承租人的居住时，承租人可以提前搬离房屋而不再需要支付剩余租期的租金，但承租人需要有充分的理由。① 换言之，一般而言，"正常使用状态"应该是舒适且安全的，而且这种舒适和安全不仅仅局限于承租人所居住的房屋内，还包括楼道和入口。但这仅仅是法律上规定的。承租人实际居住环境如何？本书在第一章中已经揭示出承租人的居住环境是相当差的。即使法律上规定出租人提供的房屋应是舒适且安全的，但只要没有发生实际损害，承租人也是没有办法提起诉讼的；且对于轻微的损害，承租人应承担容忍义务。

3. 当房屋有瑕疵致使承租人利益受损时，出租人负赔偿责任

出租人应当保证所出租的房屋是可以"正常使用的"，当无法正常使用而使得承租人利益受损时，出租人应负赔偿责任。对于这一义务，盖尤斯在《行省告示评注》第 10 卷中作了很好的诠释。具体如下：

> D.19,2,25,2.盖尤斯《行省告示评注》第 10 卷：如果邻居建造了一栋房子，使得你出租的房间照射不到阳光，那么你（出租人）应对承租人承担责任。毫无疑问，承租人可以在这种情况下放弃租赁，而且还可以提起承租之诉以对抗出租人，相应的赔偿也应得到考虑。我们认为，这一规则也适用于房东不修复那些已经损坏或毁坏的门或者窗的行为。

该法言记录的信息是：在房屋租赁活动中，出租人所提供的房子如果因

---

① FRIER B W. Landlords and Tenants in Imperial Rome [M]. New Jersey：Princeton University Press，1980：152.

为邻居造房子而得不到阳光的照射，承租人可以提前搬离房屋，还可以要求出租人承担赔偿责任，并且这一规则也适用于出租人不修复损坏的门或窗的行为。但该法言的实际效果如何，受到了后世法学家的质疑，这一点从当时罗马城房屋租赁市场的环境就可以看出。① 但是，本书认为：无论该法言所揭示的规则实际效果如何，我们都不能否认该法言的理论价值。

该法言可以认为是租赁合同中物的瑕疵担保义务的起源。物的瑕疵担保义务是指，如果租赁物有使得承租人不能获得正常使用收益的瑕疵，出租人需要承担责任，承租人可以要求减少租金或提前解除合同。物的瑕疵担保包括价值瑕疵担保、效用瑕疵担保和所保证的品质担保三种情形。② 该法言中，得不到阳光的照射、门或窗的损坏都属于违反物的效用的瑕疵担保义务，而门或窗的损坏还属于违反物的价值的瑕疵担保义务。

（二）房屋承租人的义务

房屋承租人的义务，主要包括：依照约定妥善使用房屋；按照约定的日期和数额支付租金；不作为义务；合同终止后，应腾退并返还房屋给出租人。

1. 依照约定妥善使用房屋

承租人占有房屋后，应当妥善使用房屋。"妥善使用"的意思是指：（1）合同中有约定的按照约定处理；（2）没有约定的，承租人自行决定，但不能以任何方式降低房屋及其附属设施的使用价值。对于这一义务，我们先来看两则法言：

D.19,2,11,1. 乌尔比安《告示评注》第32卷：如果双方约定，承租人在租赁期间不能使用火；那么，当承租人使用的时候，他应当对自己的行为负责，特别是事故发生导致的火灾，因为他没有权利使用火。然而，对于拥有无害之火的规则是不同的，因为如果他所使用的火不会导致灾害，就应当允

---

① FRIER B W. Landlords and Tenants in Imperial Rome [M]. New Jersey：Princeton University Press，1980：155.

② 杨立新. 债与合同法 [M]. 北京：法律出版社，2012：554.

许他使用。

D.19,2,11,2.乌尔比安《告示评注》第 32 卷：还有，承租人必须妥善使用（承租物），他不能以任何方式降低承租物在法律上或事实上的价值。

D.19,2,11,1 这一法言就属于"妥善使用"的第一种情形。该法言中，双方当事人约定，在租赁期间，承租人不得使用火；如果因使用火而发生火灾，应由承租人自行承担责任；并且排除了"无害之火"的情形，无害之火主要是指照明用火。D.19,2,11,2 则属于第二种情形的概括。具体来说包括：不得随意损坏房间内的设施（包括门、窗）、不得通过砸墙来安装窗户等。

但当承租人通过添附手段提高了房屋的使用价值时，又应该如何处理呢？在 D.19,2,19,4 中，拉贝奥说：在这种情形中，应由出租人来决定是否通过行使出租之诉来要求承租人拆除添附物，并且赋予承租人保证之诉以对抗安全威胁的损害。

2. 按照约定的日期和数额支付租金

租金是承租人按照约定有偿使用房屋所支付的对价，这是承租人的主合同义务。承租人应当按照约定的数额和日期支付租金。

租金的数额由当事人协商确定，但事实上承租人并没有太多的议价能力。这是因为在罗马共和晚期和帝国早期，房屋租赁市场处于供需不平衡状态，供给远远跟不上需求。这也导致了房租越来越高。那么，承租人所要支付的租金情况如何？我们以一个例子来说明：公元前 163 年，托勒密六世来到罗马后，遇到一个叫德米特里厄斯的艺术家，这位艺术家所从事的是较高报酬的职业，他所居住的房子却不大，房间里没有什么家具，房租却很高。据记载，在恺撒时代，最差阁楼的租金是至少 2000 塞斯特斯一年（相当于在农村买一幢农舍的费用），而一套住宅的租金大概需要 30000 塞斯特斯。[①] 在《学说汇纂》中，法学家在讨论案件时，所使用的数字一般都是虚构的，例如一年 30 金币（D.19,2,30pr）、40 金币（D.19,2,30pr）和 50 金币（D.19,2,

---

① 贝纳沃罗.世界城市史 [M].薛钟灵，等译.北京：科学出版社，2000：213.

7）等。

承租人同样应按照约定的日期支付租金。在古罗马，承租人一般是每半年或一年支付一次租金（D.43,32,1,4；D.36,2,12,5），而且一般都是在租金支付周期的最后几天才支付租金（D.19,2,27pr；D.19,2,9,6）。当然，也存在提前支付租金的情况（D.19,2,19,6），但比较少见。对于承租人来说，只要他还在使用房屋，就需要支付租金（D.19,2,28pr），无论房屋的状态如何（D.19,2,28,1）。对于职业转租人而言，他则需要在租赁年的开始阶段就向房屋所有人支付一年的租金。[①]

在租赁过程中，承租人在某些情况下可以要求减少租金。例如，当房屋存在瑕疵，影响到承租人的正常使用时，（承租人）就可以要求减少租金（D.19,2,27pr）；如果房屋在租期内被大火毁坏，（承租人）则仅需要支付房屋未毁坏之前的租金（D.19,2,9,1）。

3. 承租人的不作为义务

承租人的不作为义务包括：

（1）不得随意对租赁房屋进行改善或在租赁物上增加他物。如果要对房屋进行改善或者增加他物，需经过出租人的同意。这一义务的典型例子如乌尔比安在《告示评注》第32卷中所写："当承租人给房子增加了一扇门或其他设施时，存在什么之诉？更好的意见是如拉贝奥所写，即此处存在出租之诉要求承租人将其拆除；但在这种情况下承租人被赋予保证之诉以对抗安全威胁的损害：在拆除期间，不可避免地会降低房屋的价值，而他只是将建筑物恢复到原来的状态。"[②] 这一法言说明，如果未经出租人同意而改建，出租人可以要求承租人恢复原状。

（2）不得随意转租。对于这一义务，拉贝奥写道：

D.19,2,28,2.拉贝奥《雅沃莱努斯（雅沃伦）之拉贝奥遗作摘要》第4

---

① FRIER B W. Landlords and Tenants in Imperial Rome [M]. New Jersey : Princeton University Press，1980. 37.

② D.19,2,19,4.

卷：这一规则同样适用于承租人转租的情形。然而，如果出租人并没有给予承租人转租的权力，他将房屋转租给了第三人居住。拉贝奥认为，即使他并不存在欺诈意图，也必须赔偿出租人的损失。但是如果承租人是无偿使用房子的，那么应当扣除未到期这段时间的租金。

这一法言说明，承租人是否拥有转租的权力取决于出租人的授权。[①] 如果出租人不同意承租人进行转租，那么承租人应赔偿出租人的损失。

4. 租赁合同终止后，承租人应腾空并返还房屋给出租人

房屋租赁合同终止后，承租人应向出租人返还房屋。承租人在腾退房屋时，应及时通知出租人；如果没有通知，则需要承担责任。关于这一义务，乌尔比安在《告示评注》第 32 卷中写道：

D.19,2,13,7. 乌尔比安《告示评注》第 32 卷：承租人搬离房屋的做法同样适用于军队，例如，当士兵从兵舍中拿走窗户和其他东西的情形。如果承租人在离开时没有通知出租人，那么他将根据出租之诉承担责任。拉贝奥说，如果承租人拒绝这么做，那么他需要承担责任。这一意见是正确的。但是如果承租人无法通知到出租人，此时不应承担责任。

该法言明确表示承租人在搬离房屋时，应及时通知出租人。如果承租人拒绝通知，根据拉贝奥的意见，则需要承担责任。同时，乌尔比安在拉贝奥的基础上，进一步区分为故意不通知和无法通知两种情形。对于前者，承租人需要承担违约责任；对于后者，则不需要承担责任。乌尔比安的这一意见相比拉贝奥的观点更为合理。有学者认为，该法言将"风险"与"责任"概念的区分引入罗马法房屋租赁合同领域[②]，是理论上的突破，也符合房屋租赁合同的立法宗旨。

---

① DU PLESSIS P J. Letting and Hiring in Roman Legal Thought : 27BCE-284CE [M]. Leiden Boston : Brill Academic Pub, 2012：170.

② DU PLESSIS P J. Letting and Hiring in Roman Legal Thought : 27BCE-284CE [M]. Leiden Boston : Brill Academic Pub, 2012：141.

　　承租人在返还房屋时，应确保房屋的状况是符合约定的，而不能将原房屋中属于出租人所有的物品带走。如果承租人这么做，他就需要承担责任。

（三）房屋租赁合同中的转租

　　转租是指在房屋租赁合同关系存续期间，承租人又将所承租房屋的一部分或整体再出租给其他人（次承租人）的行为。在房屋租赁的转租法律关系中存在着三方主体，即出租人、转租人（原承租人）和次承租人（新承租人）。转租不同于承租权的转让，古罗马人已经认识到了这一点。在转租行为中存在两个独立的房屋租赁合同（出租人与承租人之间的房屋租赁合同以及承租人与次承租人之间的房屋租赁合同），承租人并未完全退出租赁关系；而承租权的转让是指受让承租权人取代承租人的地位，承租人完全退出原房屋租赁合同关系。拉贝奥认为，转租行为受房屋租赁合同的一般规则的约束。[①]

　　转租规则分为合法转租和不合法转租，其依据并不是"是否符合法律的规定"，而是取决于出租人事先的允诺（或者是出租人和承租人就转租事宜的合意一致性）。如此，在房屋租赁合同领域，将合法转租界定为：承租人的转租应取得出租人的事先同意；将不合法转租界定为：未经出租人允许所进行的转租行为。这体现了出租人意志对承租人行为的干涉性。对于罗马法中的转租规则，本书将通过以下三则法言来说明。

　　D.19,2,7.保罗《告示评注》第32卷：如果我以50金币租给你一栋他人的房屋，你又以60金币将它租给提丢斯。但是房屋所有者不允许提丢斯租用该房屋。如果你向我提出承租之诉，通常认为你可以得到60金币的赔偿，因为你本人就是以60金币向提丢斯承担责任的。

　　D.19,2,8.特里芬尼努斯《争议集》第9卷：让我们来讨论下应当支付的租金是否既不是60金币也不是50金币，而是相当于承租人享有的租赁财产的利息，所以中间人仅能获得他向次承租人提供的价格，因为租赁的利润是根据较高的租金来确定的，其结果是汇总收益会更大。如果房屋所有者并没

---

① D.19,2,28,2.

有禁止次承租人居住，那么他仍然有权向第一个承租人索要 50 金币。这就是我们的做法。

D.19,2,30pr. 阿尔芬努斯《学说汇纂摘要》第 3 卷：某人花费 30 金币租了一栋公寓，然后以 40 金币的租金将它转租。由于房屋将要倒塌，房屋所有人将它拆除。如果承租人提起承租之诉，他应当提出多少数额的索赔要求？答案是：如果房屋是属于不得不拆除的情形，那么损失应当以所有人出租的价格来衡量，而且承租人无法使用房屋的时间也应考虑在内。但是，如果没有必要拆除房子，房东这么做只是想要建一栋更好的房子，那么判决的数额应当以次承租人被迫离开后所造成的损失来衡量。

D.19,2,7 和 D.19,2,8 应结合起来进行解读。这两则法言针对的是同一个案例：A 将一栋不属于他的公寓出租给 B，租金为 50 金币；B 又将这栋公寓出租给 C，租金为 60 金币；此时公寓的所有权人不允许 C 使用房屋。问题是：B 可以从 A 处得到多少赔偿？该案例的一个假设前提是：B 和 C 都是提前支付租金的。根据乌尔比安的意见，A 支付 B 的赔偿数额应为 60 金币，因为 B 是以 60 金币向 C 承担违约责任的。而根据特里芬尼努斯（Tryphoninus）的意见，A 支付 B 的数额既不是 50 金币，也不是 60 金币，而是相当于租赁所获得的收益；而 B 仅仅需要向 C 返还他所预付的租金即可。最终，乌尔比安的意见被立法者采纳。[①] 事实上，在上述案例中，中间人是拥有转租权力的，只不过事后所有权人不允许次承租人居住，所以才会产生纠纷。而对于所有权人来说，他的驱逐行为并不会得到什么惩罚。正因为房屋租赁市场上存在大量的所有权人滥用"驱逐"这一权力的现象，所以在 214 年，卡拉卡拉皇帝在一个答复中明确要求："出租人在驱逐时，需要说明驱逐的正当理由。"（C.4,65,3）

而 D.19,2,30pr 也涉及转租过程中，当所有权人需要拆除房屋时，次承租人可以从中间人处获得多少赔偿的问题。阿尔芬努斯认为，应区分拆除是

---

① FRIER B W. Landlords and Tenants in Imperial Rome [M]. New Jersey : Princeton University Press，1980 : 79-80.

否必要。如果属于不得不拆除的情形，那么损失是由所有权人出租的价格决定的，并考虑次承租人无法使用房屋期间的损失；但如果拆除并不是必要的，仅仅属于所有权人主观上要对房屋进行改善、重建，那么赔偿的数额则是根据次承租人不得不搬离房屋所遭受的损失确定。[1] 普莱西斯博士认为，这一法言反映了罗马法学家关注到了出租人"拆除"行为所造成的损失应区分"拆除是否必要"，从而平衡所有权人、承租人和次承租人之间的利益关系。[2]

以上都属于合法转租过程中由房屋所有权人的驱逐行为所产生的房屋租赁合同纠纷；而对于承租人的不合法转租行为，所有权人可以根据出租之诉要求承租人赔偿损失（D.19,2,28,2）。

罗马法房屋租赁合同中的转租制度是罗马法发展史上的重大创新，历史意义重大。[3]《学说汇纂》中的大量原始文献都对转租问题进行了讨论。

罗马法上房屋租赁合同中的转租制度在后世发展成了两种不同的立法例：（1）自由主义立法模式，即一般情况下，承租人拥有转租的权利，除非房屋租赁合同中约定承租人不得转租。法国、俄罗斯等国家采取这一立法模式。例如，《法国民法典》第1717条第1款规定："承租人有转租的权利，甚至有将其租约权让与他人的权利，但如租约禁止其享有此种权利，不在此限。"[4]（2）出租人同意模式，即只有出租人同意或者事后追认时，承租人的转租行为才是合法的。德国、日本等国家采取这一立法模式。例如，《德国民法典》第540条第1款规定："承租人不经出租人许可，无权将租赁物交付于第三人使用，特别是无权将此物再行出租……"[5] 第二种立法模式为我国《中华人民共和国合同法》（简称《合同法》）第二百二十四条[6]所采纳，并被

---

[1]　FRIER B W. Landlords and Tenants in Imperial Rome [M]. New Jersey：Princeton University Press，1980：81–82.

[2]　DU PLESSIS P J. Letting and Hiring in Roman Legal Thought：27BCE–284CE [M]. Leiden·Boston：Brill Academic Pub，2012：167.

[3]　MAYER–MALY. Locatio conductio：Eine Untersuchung zum klassischen römischen Recht Herold [M]. Wien–München：Herold，1956：27–33.

[4]　译文参见法国民法典 [Z]. 罗结珍，译．北京：北京大学出版社，2010：405.

[5]　译文参见杜景林，卢谌．德国民法典——全条文注释 [M]. 北京：中国政法大学出版社，2015：407.

[6]　《中华人民共和国合同法》（已废止）第二百二十四条规定："承租人经出租人同意，可以将租赁物转租给第三人；承租人转租的，承租人与出租人之间租赁合同继续有效；第三人对租赁物造成损失的，承租人应当赔偿损失。承租人未经出租人同意转租的，出租人可以解除合同。"

此后的《民法典》第七百一十六条所坚持。

（四）出租人的留置权及其限制

为了保护出租人的利益，罗马法创设了出租人的留置权规则，即房屋租赁合同关系中，出租人对于承租人置于出租房内的物品享有优先受偿权。马尔西安《论抵押规则》和乌尔比安《告示评注》第73卷都明确了这一规则。由于出租人的留置权对于承租人影响甚大，有必要予以一定程度的限制，以平衡出租人和承租人的权益，罗马法不仅规定了出租人的留置规则，也创设了出租人留置权的限制规则。本书选取了以下两则法言进行说明。

D.20,2,2. 马尔西安《论抵押规则》单卷本：彭波尼在《各种课文评注》第40卷中写道：承租人带入出租房内之物将作为留置标的，这不仅是作为给付租金的担保，也是作为对承租人因其过错而恶化居住条件的赔偿的担保。在上述情况下，出租人可以提起出租之诉。[①]

D.43,32,1pr. 乌尔比安《告示评注》第73卷：裁判官说："如果你和原告缔结了一个协议，规定所有带入或运进系争住处的，或生于此或带入此的物或奴隶，应质押给你作为住处租金之担保，而系争之奴隶并未被囊括在上述协议之中；或者如果该奴隶属于上述应被作为担保之物，但是租金已付给你，或者已经提供担保，或者因为你的过失导致担保未能提供，则禁止你使用强力阻止原告带出被质押的系争奴隶。"

D.20,2,2 这一法言论述的就是出租人的留置权规则。出租人和承租人将承租人带入所承租房屋内的"物"作为留置标的，用以担保租金的支付以及承租人违约情况下的赔偿。值得我们注意的是，并不是所有的承租人房屋内的"物"都可以作为质押标的。彭波尼在《各种课文评注》第19卷中写道："如果某人（B）让我（A）免费住在他租来的屋子里，我（A）带进这个屋

---

① 译文参见斯奇巴尼选编. 物与物权（第二版）[Z]. 范怀俊，费安玲，译. 北京：中国政法大学出版社，2009：337.

子的所有财物都将不被认为是默示质押给屋子的房东。"①但是，如果得到了A 的同意，那么将作为质押标的承担部分责任。②还有一个问题就是，承租人的奴隶能否作为留置标的？这个问题在阿弗里卡努斯（Africanus）的《问题集》第 8 卷进行了探讨。阿弗里卡努斯认为："承租人租了一个房间，租期自下月 1 日开始，以他的奴隶 Eros 作为租金的担保。在 7 月 1 日之前，承租人为了一笔借贷将 Eros 抵押给了债权人。对于这个情况，应认为出租人享有优先受偿的权利，理由是作为租赁协议附属的担保协议已经生效，承租人在未取得出租人同意的情况下不能擅自以 Eros 担保其他的债。"③这一法言不仅说明了奴隶可以作为质押标的，也阐述了另一个规则，即在承租人将奴隶进行多重抵押的情况下，由于未取得出租人的同意，出租人享有优先受偿权。

D.43,32,1pr 描述了这样一个事实：房屋租赁合同中的承租人由于到期不能支付租金，从而违反了租赁合同的约定，此时出租人可以驱逐承租人并占有事先已经质押给出租人的物，用以担保租金的支付。而承租人要想保护自己的权益，可以援引"禁止搬离令状"。④承租人援引"禁止搬离令状"保护自己权益的基础如下：（1）被作为客体而由出租人扣押的人或者财产，并未被包含在出租人与承租人之间最初达成的、以带入出租屋内的物品或者生于或被带入出租屋内的奴隶或者财物为按期支付租金的担保之协议内；（2）由出租人扣押的客体虽然被上述协议囊括在内，但承租人已经支付了屋子的租金；（3）虽然租金未付，但承租人已经为出租人提供了足额的担保；（4）因出租人的过错而导致担保未被提供。⑤"禁止搬离令状"就是为了保护承租人的居住利益而设立的，其核心内容就是对出租人的留置权进行限制。

"出租人对于承租人置于出租房内的物品享有优先受偿权"这一立法模式

---

① D.20,2,5pr.

② D.20,2,5,1.

③ D.20,4,9pr.

④ GIACHI C. L'interdetto de Migrando. Un Rimedio Contro l'abuso di Autotutela Estremamente Longevo[J]. Teoría e Storia del Diritto Privato，2008（1）：7.

⑤ 向东. 罗马法中非所有权移转型物的担保制度研究 [D]. 厦门：厦门大学，2015：87.

为后世大陆法系的立法所接受。例如，《德国民法典》第 562 条第 1 款①、《瑞士债法典》第 272 条②、《法国民法典》第 2332 条第 1 款③和《日本民法典》第 311 条④都规定了房屋租赁合同中出租人的留置权。但值得注意的是，出租人的留置权在英美法系经历了从建立到废除的过程。在历史上，英国曾于 1689年制定了《出租人留置权法》，该法明确规定：如果承租人或被扣押财产的所有人未在扣押财产后的 5 天内要求返还这些财产，出租人有权将其变卖，以变卖所得的价款抵扣承租人拖欠的租金。但 20 世纪 60 年代后，很多人意识到出租人留置权规则存在诸多弊端，其应用空间日渐式微。1972 年，美国统一州法委员会（NCCUSL）制定的示范性法典《统一住房租赁法》第 4.205条第 2 款明确废除了出租人的留置权制度，并为后来美国很多州的房屋租赁立法所接受；英国也于 2007 年出台了《裁判所、法院与执行法》（*Tribunals, Courts and Enforcement Act*），该法第 71 条明确废除了这一制度。⑤中国现行法律并未就房屋租赁合同关系中出租人是否享有留置权作出规定；《物权法》第二百三十一条所规定的留置权仅适用于"债权人已经合法占有债务人的动产"，而房屋租赁合同关系中显然是出租人没有占有承租人的动产，所以无法适用这一规定。为此，中国很多学者认为这属于中国立法的漏洞，应予以补正。⑥也有学者从法律政策和法律技术两个层面论证了中国不宜引入出租人的留置权制度的原因。⑦鉴于实务中对这一问题呈现出的两种态度，有的法院认为应对出租人的留置行为予以支持，有的法院则反对之。所以我们有

---

① 《德国民法典》第 562 条第 1 款："出租人就自己由租赁关系产生的债权，对承租人之携入物享有留置权。此项质权不扩及不在扣押之列的物。"德国民法上将出租人的留置权界定为无占有的法定质权。参见杜景林，卢谌．德国民法典——全条文注释 [M]. 北京：中国政法大学出版社，2015：435.

② 《瑞士债法典》第 272 条："对于承租人欠付的一年租金和现行半年的租金，出租人对承租人之处于承租房屋中供使用或者娱乐的个人财产享有留置权。"

③ 《法国民法典》第 2332 条第 1 款："出租不动产的地租与房租，对（承租人）当年收获的果实与其在租用的房屋或农场里配备的一切物品以及用于农场经营的一切物品的价金享有优先权……"译文参见法国民法典 [Z]. 罗结珍，译．北京：北京大学出版社，2010：510.

④ 《日本民法典》第 311 条："因下列各项原因产生的债权，于债务人的特定动产上有优先权：1. 不动产的租赁……"译文参见渠涛编译．最新日本民法 [Z]. 北京：法律出版社，2006：67.

⑤ 周珺．论我国出租人留置权制度的存废 [J]. 政治与法律，2012（8）：120—127.

⑥ 季秀平．优先权制度几个争议的问题 [J]. 法学，2002（5）：59—64；梅夏英，方春晖．对留置权概念的立法比较及对其实质的思考 [J]. 法学评论，2004（2）：95—100；等等。

⑦ 周珺．论我国出租人留置权制度的存废 [J]. 政治与法律，2012（8）：120—127.

必要对这一问题作出规定。有两条路径可供选择：（1）如果选择规定出租人的留置权制度，那么一定要配套相应的限制性规则。这是为了平衡出租人和承租人之间的利益。（2）如果不规定出租人的留置权制度，那么应规定相应的替代性制度，比如押金制度。

（五）承租人在相邻关系中的地位

相邻关系是以相邻不动产为媒介而发生的法律关系。相邻关系这一术语在民法概念中属于描述性概念，源于社会生活的经验呈现。① 在房屋租赁活动中，相邻关系问题是一个重要的法律问题，其对于出租人、承租人以及对应的不动产权利人等主体影响甚大。基于这一认识，古罗马人构建了房屋租赁活动中相邻关系的具体规则，具体体现在《学说汇纂》第 8 卷"地役权"部分以及《学说汇纂》第 19 卷"租赁"部分。为了更好地认识承租人在相邻关系中的法律规则，本书选取了其中的两则法言进行说明。

D.19,2,25,2. 盖尤斯《行省告示评注》第 10 卷：如果邻居建造了一栋房子，使得你出租的房间照射不到阳光，那么你（出租人）应对承租人承担责任。毫无疑问，承租人可以在这种情况下放弃租赁，还可以提起承租之诉以对抗出租人，相应的赔偿也应得到考虑。我们认为，这一规则也适用于房东不修复那些已经损坏或毁坏的门或者窗的行为。

D.19,2,57. 雅沃伦《拉贝奥遗作》第 9 卷：一栋房屋的所有人将一间与邻居相邻的空房间出租。与此同时，该邻居在自己的地上建造房子，在空置土地上开挖的排水沟高于出租人的基石。不断的雨水冲击使得出租人的土地变得潮湿，并削弱了出租人的墙体，最终导致这栋楼倒塌。拉贝奥说，此处仅仅存在承租之诉，因为它不是土地本身的堆积，而是由不断产生的水分造成的损害；而不法侵害财产之诉（damni autem iniuriae actio）仅存在于损害并不是由某些外部原因所引起的案例中。我同意这个意见。

① 韩光明. 民法上相邻关系的界定——兼论法律概念的制作 [J]. 北方法学，2008（5）: 47–59.

上文从"出租人应保证所出租的房屋处于正常使用状态"这一角度对 D.19,2,25,2 这一法言进行了详细阐述，本部分从承租人在相邻关系中的地位角度解释该法言。我们发现，尽管是邻居的原因使得承租人房屋的采光权受到影响，但因为承租人仅仅是房屋的使用权人，而不是所有权人，其只能根据房屋租赁合同要求出租人承租赔偿责任。根据地役权规则，出租人可以向邻居要求损害赔偿（D.8,2,4）。这一法言的法理基础是合同关系的相对性，即房屋承租人和出租人之间存在房屋租赁合同，从而产生相应的权利义务关系。在相邻关系中，承租人与相邻权人之间并不存在任何法律关系，所以在相邻权人侵害到承租人的利益时，其实质是对出租人利益的侵害，只不过由于房屋的使用权归属于承租人，从而在表面上体现为承租人利益的受损。乌尔比安在《告示评注》第 28 卷中将这一规则扩展到了房屋租赁合同的转租情形及房屋已被抵押的情形（D.13,7,11,5）[①]。

D.19,2,57 这一法言所记录的信息是：出租人将房屋出租后，邻居在自己的地上建造房子，导致所开挖的排水沟高于出租人的基石；不断的雨水冲击使得出租人的土地变得潮湿，并削弱了出租房屋的墙体，最终导致这栋楼倒塌。在这种情况下，承租人是根据承租之诉还是不法侵害财产之诉要求损害赔偿呢？根据拉贝奥的观点，此处仅存在承租之诉，而不是不法侵害财产之诉。理由是：不法侵害财产之诉中的损害应具有直接性，而不是间接的。这说明了在这里出租人存在过失，忽视了损害发生的可能性，从而造成承租人利益受到损害，所以需要承担责任。艾伦·沃森据此还提炼出以下规则：此处存在的是契约之债而不是非法损害之债；在房屋租赁合同关系中，出租人的安全保障义务是比较高的，出租人需要对他的疏忽大意行为负责。[②]

（六）承租人死亡后原共同居住人的租赁权

上文在论述拉贝奥的贡献时已经涉及承租人死亡后他的继承人仍然享有

① DU PLESSIS P J. Letting and Hiring in Roman Legal Thought：27BCE-284CE [M]. Leiden·Boston：Brill Academic Pub，2012：153-154.

② WATSON A. The Law of Property in the Later Roman Republic[M]. Oxford：Clarendon Press，1968：120-121.

房屋的使用权这一重要规则。优士丁尼时代强化并发展了这一规则，具体体现在《法学阶梯》第 2 卷第 5 题中提到了使用权和居住权的区分问题，而这些内容更为详细的论述是在《学说汇纂》第 7 卷第 8 题和《法典》第 3 卷第 33 题之中。为此，本书以《法学阶梯》中关于使用权和居住权区分的法言为分析文本，并结合《学说汇纂》和《法典》中的相关法言来说明这种区分的标准和重要性。

I.2,5,2. 同样，对房屋享有使用权的人，仍被认为仅有权本人居住，他不能将这一权利转让给他人。允许他接纳客人的意见，似乎是勉强地接受的。他也享有与其妻子、卑亲属，其解放自由人以及与其他像奴隶一样使用的自由人一起居住的权利。相应地，如果房子的使用权属于妇女，允许她与丈夫一起居住。①

I.2,5,5. 但如果某人对遗赠或以某种方式设立了居住权，人们既不认为它是使用权，也不认为它是用益权，而是一种专门的权利。对享有居住权的人，为了事物的功利，根据马尔切勒的意见发布了朕的意见（C.3,33,13,4，530 年），朕允许他们不仅自己在房屋中过活，而且也可以将之租予他人。②

I.2,5,2 是关于房屋使用权的享有者和范围，这一法言出自 D.7,8,6。乌尔比安说："（一个获得了房屋使用权的妇女），她不仅可以和她丈夫，还可以与她的孩子、解放自由人以及她的父母在此房中居住。"而在 D.7,8,4,1 中，乌尔比安引用谢沃拉、帕比尼安和彭波尼的观点，认为当房屋的使用权被遗赠给一个妇人后，妇人不仅可以和丈夫一起使用，还可以同公公一起使用。而 I.2,5,5 是关于居住权的问题。该法言认为居住权不同于使用权，也不同于用益权③，而是一种专门的权利，这在优士丁尼皇帝致大区长官尤里安

---

① 译文参见徐国栋 . 优士丁尼《法学阶梯》评注 [M]. 北京：北京大学出版社，2011：207.

② 译文参见徐国栋 . 优士丁尼《法学阶梯》评注 [M]. 北京：北京大学出版社，2011：208.

③ 关于罗马法中使用权和用益权的区分，可参见曾健龙 . 使用权与用益权的界限问题——D.7,8,12,1 之文本分析 [J]. 云南大学学报（法学版），2008（5）：68-74；汪洋 . 从用益权到居住权：罗马法人役权的流变史 [J]. 学术月刊，2019（7）：101-112；肖俊 . 罗马法中非典型物权形态的解释方法研究——以使用权、居住权的形成史为中心的考察 [J]. 求是学刊，2012（1）：85-91.

的答复中也得到了肯定的回答。[①]并且优士丁尼皇帝认为，居住权不得大于用益权；受遗赠人如不能以确凿证据证明房子的所有权被遗赠给他，则不能享有所有权，因为需要尊重立遗嘱人的意志。[②]

　　古典法学家对是否需要区分使用权、用益权与居住权是存在争议的。优士丁尼时期肯定了使用权和居住权进行区分的标准和重要性。这一区分对于房屋租赁合同规则来说意义重大。居住权针对的是房屋所有人以某种方式将房屋的使用、收益等方面的权利转移给居住权人。对于居住权人来说，他不仅仅可以自行居住，也可以将房屋出租，收取租金。而房屋使用权人，一般来说，就是房屋的承租人，并包括妻子、儿女等与其密切相关的人。使用权和居住权的内容、设立及运行在没有特别说明时准用用益权规则。[③]徐国栋教授将其称为"夫妻人格一体主义"，即授予配偶一方住房使用权，等于授予双方此等权利。[④]而且这一法言还透露出：妇女也可以成为承租人，享有所租房屋的使用权。这一区分模式被法国民法所继承。法国民法中的使用权是指一个家庭成员所享有的使用另外一个家庭成员的财产的权利。居住权是指一个家庭成员所享有的居住另外一个家庭成员房屋的权利。[⑤]可知，在权利主体方面，法国法继承了罗马法，仅限于家庭成员，是为了满足家庭成员的生活需要。但在具体内容方面又有所不同，体现在以下两个方面：（1）拓宽了使用权的范围，不仅仅包括房屋使用权，还包括其他不动产；（2）限制了居住权人的处分权能，即居住权人不能再次转让，也不得出租。（《法国民法典》第634条）

三、房屋租赁合同的变更和终止

　　房屋租赁合同的变更规则包括出租人的变更规则和承租人的变更规则；

---

① 　C.3,33,13pr，译文参见斯奇巴尼选编 . 物与物权（第二版）[Z]. 范怀俊，费安玲，译 . 北京：中国政法大学出版社，2009 : 301.

② 　同上。

③ 　Giovanni P，Istituzioni di diritto romano，G.Giappichelli editore，Torino，1991，p.491.

④ 　参见徐国栋 . 优士丁尼《法学阶梯》评注 [M]. 北京：北京大学出版社，2011 : 207.

⑤ 　参见张民安 . 法国民法 [M]. 北京：清华大学出版社，2015 : 487.

而房屋租赁合同的终止规则主要包括以下情形：租赁房屋灭失、权利混同、租赁期限届满、双方合意解除租赁合同、出租人单方解除租赁合同等。

（一）房屋租赁合同的变更

出租人的变更包括两种情形：（1）房屋租赁关系存续期间，出租人死亡的，其地位一般由继承人继承；（2）出租人将房屋出卖的，买受人可以取得出租人的地位。对此，拉贝奥在《雅沃莱努斯（雅沃伦）之拉贝奥遗作摘要》第4卷写道："你以一个总价将整栋房屋出租，然后你又将它出卖，条件是承租人的租金将属于购买人。即使有承租人将房间以一定的价格转租，这个租金也属于购买人，因为这是承租人应向你支付的租金。"[①] 有学者认为，该法言并不表明出租人的身份发生了变化，租赁关系仍存在于原所有人和承租人之间。理由是该法言表明：租金属于购买人仅仅是房屋买卖的一个条件。[②] 本书认为，无论是否存在该条件，只要房屋的所有权发生了转移，原所有权人就失去了对房屋的所有权，自然地，对房屋出租所取得的收益就应归属于买受人，除非房屋所有人和买受人之间有特别的约定。

承租人的变更在罗马法上主要是指，原承租人在房屋租赁期间死亡后，与其生前共同居住的人可以按照原租赁合同继续居住。这一规则在《雅沃莱努斯（雅沃伦）之拉贝奥遗作摘要》第5卷中由拉贝奥首先提出："我认为房屋承租人的继承人，尽管他不是承租人，但无论如何，他仍然拥有房屋的使用权。"[③] 并在优士丁尼《法学阶梯》和《法典》中得到进一步肯定。

（二）房屋租赁合同的终止

在房屋租赁合同关系中，除了租赁期限届满和双方合意解除合同会导致房屋租赁合同关系消灭外，租赁房屋灭失、权利混同和出租人单方解除租赁合同都会导致租赁合同关系的消灭。

---

① D.19,2,58pr.

② MAYER-MALY. Locatio conductio : Eine Untersuchung zum klassischen römischen Recht Herold [M]. Wien-München : Herold, 1956 : 56-58.

③ D.19,2,60,1.

对于租赁房屋灭失导致合同关系消灭，并不存在疑问。由此造成的承租人的损失，一般应由出租人承担（D.19,2,9,1；D.19,2,57）；承租人提前支付的租金应按比例返还（D.19,2,30,1）。当然，对于由不可抗力因素导致的房屋灭失，则应自担风险（D.19,2,36）。

权利混同导致房屋租赁关系消灭是指，承租人取得了其所租赁房屋的所有权，从而使得承租人的地位发生变化，出租人和承租人合为一体。关于这一点，乌尔比安在《告示评注》第32卷中写道：

D.19,2,9,6. 乌尔比安《告示评注》第32卷：如果你出租给我一栋属于另外一个人的房子，然后该房子被遗赠或赠与给了我，我将无需根据承租之诉向你支付租金。然而，在遗赠日期之前的这一段时间的租金是否应当支付？我认为，这一段时间的租金应当支付。

该法言暗含的信息是：在房屋租赁期间，承租人通过遗赠或赠与得到了房屋的所有权后，他将无需支付剩余租期的租金；但仍然需要支付遗赠或赠与日期之前的租金。① 这就是典型的权利混同导致房屋租赁关系消灭的情形。

对于出租人单方解除合同导致房屋租赁关系消灭，由于这一情形对承租人影响甚大，本书将重点论述。

D.19,2,15,8. 乌尔比安《告示评注》第32卷：很显然，如果所有权人不允许承租人继续使用租赁物，理由是所有权人或其代理人已经将它租给别人，那么他必须补偿承租人的损失。这是普罗库鲁斯在一个无权代理案件中的回答。

C.4,65,3. 卡拉卡拉皇帝② 致卡利莫福尼亚（Callimorphonia）：如果你已经

---

① DU PLESSIS P J. Letting and Hiring in Roman Legal Thought：27BCE–284CE [M]. Leiden Boston：Brill Academic Pub，2012：155–156.

② 卡拉卡拉皇帝全名为马尔库斯·奥列里乌斯·安托尼努斯·卡拉卡拉（Marcus Aurelius Severus Antoninus Augustus），212 年，他颁布了安托尼努斯敕令（Constitutio Antoniniana），规定：所有罗马帝国出身的自由的人将被授予完整的罗马公民权，包括妇女。

向所有权人支付整栋公寓的全部租金，然后你已经将公寓进行转租，根据你与所有权人的合意，你不能被驱逐；除非所有权人能够证明他收回房屋时或者是为了自用，或者是需要对房屋进行修缮，或者是你没有履行租赁合同中所规定的义务。

D.19,2,15,8 所论述的并不是房屋租赁合同中出租人单方解除合同的行为；论述的是物的租赁中，所有权人不允许承租人继续使用租赁物时，承租人可以得到补偿。现实情况如何呢？事实上，在 214 年之前的古罗马房屋租赁市场中，出租人行使合同解除权的方式很多时候是比较粗暴的，即通过不允许、禁止甚至驱逐的方式行使之。例如，在一封 3 世纪初的"房屋驱逐通知"中房东这样写道："（前面部分遗失）……马上离开房屋。否则你的家具将被扔出去……"而后房客在回信中提道，他承租的期限并没有到期，而且除了本月，已经按时交付房租。但是，出租人依旧要求承租人离开房屋，而且在这一通知中并没有给出驱逐理由。[1] 而对于承租人单方空置房屋的行为，出租人却可以根据出租人之诉要求承租人支付租金（D.19,2,24,2）。

正因为存在出租人解约行为的任意性，所以在 214 年，卡拉卡拉皇帝在一则答复中规定：所有权人的驱逐行为需要说明正当理由，包括自用、对房屋进行修缮和承租人没有履行租赁合同中所规定的义务这三种情形。但卡拉卡拉皇帝的这一答复受到了后来学者的批评，例如，德国学者弗里多林·艾塞尔（Fridolin Eisele）就认为以上三种限制手段并没有实际意义，出租人要驱逐承租人，完全可以在上面限制条款上进行操作。[2] 而马利在其专著《罗马法上的租赁合同研究》中对该条款并没有作太多的评论，而是直接承认该法言的价值。[3]

本书认为，无论实际情况如何，都不能忽视 C.4,65,3 这一法言的规则意

① FRIER B W. Landlords and Tenants in Imperial Rome [M]. New Jersey：Princeton University Press，1980：221-222.

② EISELE F. Zeitschrift der Savigny-Stiftung für Rechtsgeschichte[M].Weimar：Romanistische Abteilung，1890：29-30.

③ MAYER-MALY. Locatio conductio：Eine Untersuchung zum klassischen römischen Recht Herold [M]. Wien-München：Herold，1956：215-216.

义和理论价值。这一法言是后世房屋租赁合同规则之"出租人合同解除权的限制"条款的雏形。特别是该法言中暗含的出租人解除合同需要说明"正当理由"这一规则，被《德国民法典》第 573 条所采纳。该条第 1 款规定："出租人仅在自己对租赁关系的终结具有正当利益时，才可以终止，并排除以提高租金为目的的终止。"同时在该条第 2 款列举了具有"正当利益"的几种情形。

第三节　古罗马对房屋租赁市场的治理

与前两节从历史层面和静态层面梳理罗马法中房屋租赁合同规则的形式过程和具体内容不同，本节论述房屋租赁市场的治理问题，是从动态层面来说明规则的生命力在于调整对应的社会关系以及法学与社会活动之间互动的重要性。

古罗马对房屋租赁市场的控制包括租赁主体之间的自治以及国家对房屋租赁市场的调控。无论是哪种方式，都是与古罗马的城市建设密切相关的，是古罗马城市文明的制度性体现。

一、立法干预和行政管理引导

在古罗马对房屋租赁市场的治理过程中，国家调控主要包括立法干预和行政管理引导两种治理模式。

（一）立法干预

关于立法干预的例子又可具体分为以下三种类型。

第一，租金控制。例如，公元前 48 年，裁判官马尔库斯·凯利乌斯·路福斯（Marcus Caelius Rufus，公元前 82 年—前 48 年，他是罗马共和末期著名的演说家和政治家，出生于一个富裕家庭）考虑到房租之高已经影响到了城市的正常治理以及国家的稳定，提出了一个关于免除租房者一年租金的法案，但却遭到元老院的反对，路福斯本人也被剥夺裁判官的职务，从元老院除名。①公元前47年，普布利奥·科内利奥·多拉贝拉（Publio Cornelio Dolabella）当选为保民官，他继承了路福斯的改革路线，试图废除部分租金，但遭到了另一名保民官卢修斯·特雷贝流斯（Lucius Trebellius）的否决，从而引起民众骚动。最终该法案并未获得通过。②

第二，对出租人解约权的限制。罗马法规定：承租人拖欠租金超过两年或者未按照预订的方式使用房屋的，或者出租人对房屋进行必要修理的，出租人可以解除租约。其他情况下，出租人一般不得在租赁期间解除租约。③如果需要解除租约，应说明正当理由。这体现在214年卡拉卡拉皇帝对卡利莫福尼亚的答复中（C.4,65,3）。④

第三，安全保障要求。由于出租人将房屋越建越高，房屋很容易发生倒塌，承租人在这样的房屋中居住将缺乏安全感。为此，公元前6年，即奥古斯都时期，通过了《优流斯城市建筑高度限制法》，规定房子的高度不得超过70罗马尺（约20米），⑤这也是为了保障公共安全。

事实上，罗马统治者以立法方式对租金进行控制或者限制出租人的解约权，是伴随着贵族与平民的斗争而此起彼伏的。即使是刚提出或出台的法律，也可能因贵族阶层的反对而无法通过或无法实施。但至少应当看到古罗马统治者对房屋租赁问题的持续性关注。他们认识到，房屋租赁市场是否健康、稳定，会影响到城市的稳定和贵族阶层的利益。因此，罗马统治者赋予承租人在通常情况下可行使承租之诉进行救济的权利，在特殊情况下才会立法进行租金控制或者再一次限制出租人的解约权。而关于安全保障的立法，

① 凯撒.凯撒战记·内战记[M].席代岳,译.长春:吉林出版集团有限责任公司,2013:76.
② 徐国栋.罗马公法要论[M].北京:北京大学出版社,2014:64-65.
③ 周枏.罗马法原论（下册）[M].北京:商务印书馆,2009:779.
④ MAYER-MALY. Locatio conductio : Eine Untersuchung zum klassischen römischen Recht Herold [M]. Wien-München : Herold, 1956 : 215-216.
⑤ 齐云,徐国栋.罗马的法律和元老院决议大全[C]//徐国栋.罗马法与现代（第八卷）.厦门:厦门大学出版社,2014:203.

是城市文明的直接体现。[①]

（二）行政管理引导

立法干预最终还需要落实到实际操作之中，属于间接性的治理手段。而行政管理引导，则是对房屋租赁市场的直接干预。具体体现在以下两个方面。

第一，市政官对房屋租赁市场的直接管理。公元前 367 年，《李其尼乌斯与塞斯蒂亚乌斯法》通过后，平民取得了担任执政官（consul）的权利，而贵族可能在这个时候或者稍后取得了担任市政官的权利。自此设立 4 位市政官，其中一半为平民市政官，一半为贵族市政官。在贵族市政官设立之后，这个职务主要负责罗马的市政、公共设施维护和治安工作。[②] 其中，城市房屋租赁市场的管理就属于市政官的职权。由行政人员对房屋租赁市场进行干预和管理，说明了房屋租赁市场对城市治理的重要性。

第二，罗马租赁年的设置。每年的 7 月 1 日，对于房屋所有权人、中间人和承租人来说，都是重要的日子，因为这一天是租赁年的开始。这一天对于承租人来说，可能是租期的开始，也可能是租期的结束。例如，在 D.19,2,60pr 中拉贝奥写道："一栋房子已经被出租了好几年，出租人不但只允许承租人从每年的 7 月 1 日起租，而且对于租赁期内进行转租也是一样的要求；如果他希望这样做。因此，如果房子从 1 月 1 日至 7 月 1 日处于维修状态，没有人可以居住，也不能转租给任何人；那么，在此期间承租人没有义务支付租金给出租人。事实上，如果 7 月 1 日以后房子已经修复完毕，那么承租人可以继续居住在这个房子中，除非出租人已经为他准备好了另一栋适合居住的房子。"以上法言证明了"罗马租赁年"制度对出租人和承租人的影响，7 月 1 日是租期的开始。之所以要规定罗马租赁年，这不仅是房屋租赁市场管理的需要，也是为了便于房地产税的计算和征收。当然，这一制度对于房屋

---

① 正如柏拉图所言："我们的立法不涉及这个国家中某个阶层的具体幸福，而是想要为整个城邦造就一个环境，通过说服和强制的手段使全体公民彼此协调合作，要求他们把各自能为集体提供的利益与他人分享。"柏拉图.柏拉图全集（第二卷）[M].王晓朝，译.北京：人民出版社，2012：517.

② 格罗索.罗马法史（2009 年校订本）[M].黄风，译.北京：中国政法大学出版社，2009：123.

租赁市场的利益主体来说影响并不是太大。因为尽管某些法律规定了租期的开始和结束时间，但在实践中往往是基于市场需求进行自我调节的。例如，公元前 44 年，西塞罗就提到他将公寓出租给中间人比罗马租赁年早了 3 个月的事实。①

一个值得关注的问题是，为什么罗马租赁年的开始是每年的 7 月 1 日而不是其他日子？学者布伦斯（G. Bruns）通过对《维帕斯卡矿山法》（*Lex Metalli Vipascensis*）的研究发现：之所以是 7 月 1 日而不是其他日子，是因为古罗马商业活动中，"7 月 1 日至第二年 6 月 30 日"是一个会计年（fiscal year）。②中间人和出租人在进行收入统计时视一个会计年度为核算周期。这一商业习惯影响了房屋租赁市场的发展，而出租人和中间人在房屋租赁市场中是处于主导地位的；自然地，为了出租人和中间人收益计算的方便，在房屋租赁活动的具体实践中，出租人和中间人就将 7 月 1 日作为收取租金的起始日。统治阶层延续了这一行业习惯，从而确立了罗马租赁年的起始日。法学家在进行房屋租赁合同纠纷的讨论时，在涉及租期问题或者租金的支付时，往往会具体到 7 月 1 日这一天（D.20,4,9pr；D.19,2,60pr）。

在这一过程中，出租人居于优势地位，中间人次之，承租人地位最为尴尬。承租人作为房屋租赁市场的需求者，在房屋租赁市场上却缺乏话语权。尽管罗马法赋予了承租人以承租之诉对抗出租人或中间人的不法侵害，但效果并不理想。为此，罗马统治者在特定情况下又出台了关于租金限制法案和解约权限制条件，并由专门行政人员管理房屋租赁市场。统治阶层的这些措施主观上都是为了满足统治和城市稳定的需要，客观上却改善了承租人的生存状况（特别是关于城市环境和建筑物限高的立法），提高了承租人的话语权。

① FRIER B W. Cicero's management of his Urban Properties [J]. The Classical Journal，1978，74（1）：1–6.

② FRIER B W. Landlords and Tenants in Imperial Rome [M]. New Jersey：Princeton University Press，1980：34.

二、出租之诉（actio locati）与承租之诉（actio conducti）

房屋租赁市场的自治属于房屋租赁合同规则的常态运行，而出租之诉和承租之诉所涉及的问题则属于房屋租赁合同规则的司法运行模式。就租赁合同主体之间的自治来说，上文已经谈到，房屋租赁市场中需求远远大于供给的市场规律决定了出租人在市场中处于优势地位。因此，这种自治更多的是出租人如何利用和管理出租房屋。

在那时，出租房屋的用途并不是单一的。一般来说，出租人会将一栋房屋的第一层作为商铺出租（漂洗店、裁缝店等）①，收取的租金一般高于住房租赁；而第二层以上会分隔成若干房间进行出租。对于出租人来说，有两种管理资产的方式。一种是直接管理。在出租人直接管理财产的过程中，奴隶往往扮演着代理人的角色，帮主人打理其财产。②另一种是利用中间人管理。公元前45年，西塞罗在写给他的朋友阿提库斯的信中，就提到他将阿尔吉列图姆和阿文丁山的多层公寓交给中间人打理的事实。③这种将住房财产全部或者分成几部分出租给中间人，由中间人负责定期向出租人缴纳租金的资产管理方式是城市治理的创新。利用中间人进行管理，不仅能将出租人从日常收取与管理财产中解放出来，盘活城市资产，从而充分提高财产的利用效率，还能将风险从出租人转移到中间人，无论房屋是否全部出租，中间人都需要定期缴纳租金，这样就会提高中间人的积极性，因为其利润与此相关。罗马法是通过转租制度来规制出租人和中间人之间的行为的，这是罗马法的重要创新。④例如，在阿尔芬努斯《论保罗之学说汇纂》第3卷中，他提到房屋的所有权人将一栋公寓以30金币出租给中间人，而后中间人将它以40金币转租的事实。⑤在这一过程中，中间人能够获得10个金币的收益，这就意

---

① FRIER B W. Landlords and Tenants in Imperial Rome [M]. New Jersey : Princeton University Press，1980 : 27.

② D.7，8，16，1.

③ FRIER B W. Cicero's Management of His Urban Properties [J].The Classical Journal，1978，74（1）: 1–6.

④ DU PLESSIS P J. Janus in the Roman law of Urban Lease [J]. Historia Zeitschrift Für Alte Geschichte Revue Dhistoire Ancienne，2006，55（1）: 48–63.

⑤ D.19，2，30 pr.

味着所有权人仅能获得最终租金的 75%，但无需再承担风险。

当出租人和承租人之间发生纠纷时，就会涉及租赁诉讼问题。租赁诉讼属于诚信诉讼。租赁诉讼又可分为出租之诉和承租之诉。出租之诉是指保护出租人、受雇人和定作人的诉权，拉丁语为 actio locati；承租之诉是指保护承租人、雇佣人和承揽人的诉权，拉丁语为 actio conducti。[①]

（一）出租之诉

在房屋租赁合同中，当承租人侵害到出租人的利益时，出租人可以提起出租之诉来维护他的合法权益。承租人侵害出租人的情形包括：未经出租人同意进行转租、未经出租人同意装饰房屋、损坏出租房屋、不支付租金、提前搬离房屋不通知出租人（D.19,2,13,7）、将房屋闲置（D.19,2,24,2）等。

对于出租之诉，我们先来看一则法言：

D.19,2,19,4. 乌尔比安《告示评注》第 32 卷：当承租人给房子增加了一扇门或其他设施时，此时存在什么之诉？更好的意见是由拉贝奥所写，即此处存在出租之诉要求承租人将其拆除；但在这种情况下，承租人被赋予保证之诉以对抗安全威胁的损害：在拆除期间，不可避免地会降低房屋的价值，而他只是将建筑物恢复到原来的状态。

该法言只是表明在承租人给房子增加一扇门或其他设施时，由于事先没有得到出租人的同意，所以在这种情况下，出租人可以提起出租之诉，要求承租人拆除所增加的设施。相应地，当承租人按照出租人要求拆除所增加的设施时，出租人负有安全保障义务，保证承租人的居住利益不会受到损害。如果受到损害，那么承租人可以根据保证之诉要求出租人承担损害赔偿责任。而出租人在提起出租之诉时，应按照程式诉讼（formula）的程序进行起诉；当程式诉讼消失后，则根据非常诉讼程序（cognitio extra ordinem）[②] 进行

---

① 周枏. 罗马法原论（下册）[M]. 北京：商务印书馆，2009：716.
② 非常诉讼的程序可参见周枏. 罗马法原论（下册）[M]. 北京：商务印书馆，2009：989-1000.

审理。

出租之诉的程式包括哪些内容，在流传下来的原始文献中并没有记载。德国学者勒内尔（Lenel）通过对罗马法中租赁合同和诚信诉讼的研究，还原了出租之诉的程式，即：

鉴于原告（出租人 Aulus Agerius）与被告（承租人 Numerium Negidium）就农场（土地或劳务等）存在争议，根据诚信原则，如果被告未履行合同义务（比如不支付租金），法官应宣判被告向原告承担赔偿责任；如果事实并非如此，则应开赦被告。[①]

考夫曼通过分析罗马法中租赁合同的起源认为：该程式首先是一种法律诉讼；到了公元前 2 世纪左右，作为合意契约的租赁合同产生，才使得出租之诉被纳入诚信诉讼之中。[②] 尽管这种还原思路契合出租之诉的发展史，但某些问题依旧存在争议。[③] 考夫曼指出：该程式并没有提及租金（当然，在租赁契约文本中一般都会提到租金的多少及支付方式），而是由法官根据诚信原则去确定一个公平合理的赔偿价格。[④] 法官在判断是否符合诚信原则时，需考虑过错（dolus 或 culpa）的证明。

（二）承租之诉

在房屋租赁合同中，当出租人侵害到承租人利益时，罗马法赋予了承租人以承租之诉来对抗出租人的不当侵害的权利。承租之诉的程式如下：

[①] 拉丁原文为："The actio locati : Quod Aulus Agerius Numerio Negidio fundum（opus faciendum, operas）quo de agitur locavit, quidquid ob eam rem Numerium Negidium Aulo Agerio dare facere oportet ex fide bona, eius iudex Numerium Negidium Aulo Agerio condemnato, si non paret, absolvito." LENEL O. Das Edictum Perpetuum : Ein Versuch zu seiner Wiederherstellung [M]. 3rd improved ed. Leipzig : Tauchnitz, 1927 : 299.

[②] KAUFMANN H. Die altrömische Miete : Ihre Zusammenhänge mit Gesellschaft, Wirtschaft und staatlicher Vermögensverwaltung[M]. Graz : Bohlau, 1964 : 74−84.

[③] DU PLESSIS P J. Letting and Hiring in Roman Legal Thought : 27BCE−284CE [M]. Leiden・Boston : Brill Academic Pub, 2012 : 23.

[④] KAUFMANN H. Die altrömische Miete : Ihre Zusammenhänge mit Gesellschaft, Wirtschaft und staatlicher Vermögensverwaltung[M]. Graz : Bohlau, 1964 : 84.

鉴于原告（承租人 Aulus Agerius）承租了被告（出租人 Numerium Negidium）的农场（土地或劳务等），当出现争议时，根据诚信原则，如果被告未履行合同义务，法官应宣判被告向原告承担赔偿责任；如果事实并非如此，则应开释被告的责任。①

关于承租之诉的适用情形包含范围，本书选取了以下四则法言来进行说明。

D.19,2,19,6. 乌尔比安《告示评注》第 32 卷：如果有人想要租用房子，为期一年，并支付了整个租赁期间的租金；六个月后，房屋由于被火焚烧而倒塌；梅拉很正确地写道：根据承租之诉，他有权要求出租人返还剩余租期的租金，但这并不意味着任何未到期的金钱都能返还。因为此处承租人支付多余的租金并不是因为过错，而是为了增加租赁活动的便利。情况不同的是，如果某人以 10 金币租赁了某物，但却支付了 15 金币，在这种情况下，因为他认为他租赁某物需要花费 15 金币，而错付了这一笔钱，那么他不能提起承租之诉，而仅仅只能根据请求返还之诉进行起诉。（这要求我们）需要将错误支付和预付全部租金区别开来。

D.19,2,25,1. 盖尤斯《行省告示评注》第 10 卷：当某人将土地或者房屋出租给承租人后，因为某些原因，他将土地或者房屋出卖；按照买卖合同的约定，他应确保买受人能允许承租人继续享用土地或者使用房屋；否则，如果禁止承租人享用或居住，那么承租人可以提起承租之诉以对抗出租人。

D.19,2,30,1. 阿尔芬努斯《论保罗之学说汇纂》第 3 卷：市政官在其一年的任期内将浴场出租，以便浴场能够被市民使用。三个月后，这些浴场被大火烧毁，塞尔维乌斯说，（承租人）可以提起承租之诉以对抗浴场的出租人，

---

① 拉丁原文为："The actio conducti : Quod Aulus Agerius de Numerio Negidio fundum（opus faciendum, operas）quo de agitur conduxit, quidquid ob eam rem Numerium Negidium Aulo Agerio dare facere oportet ex fide bona, eius iudex Numerium Negidium Aulo Agerio condemnato, si non paret, absolvito." LENEL O. Das Edictum Perpetuum : Ein Versuch zu seiner Wiederherstellung [M]. 3rd improved ed. Leipzig : Tauchnitz, 1927 : 300.

即由于浴场将不能使用，剩余租期内的租金应该按比例退还。

D.19,2,35pr. 阿弗里卡努斯《问题集》第 8 卷：这种区分是由塞尔维乌斯提出的，并已获得了几乎所有权威法学家的认可，即如果房东以房屋需要修缮为由，不允许承租人继续使用房屋，那么应当区分拆除房屋是否必要：是考虑到房屋年久失修，还是预防他不能阻止的第三人的侵害。然而，我们必须明白，这种区分的前提是出租人已经将租赁物出租，并依据诚信原则签订了合同，而不是通过欺诈（fraudem）手段将他人的土地出租。当真正的土地所有人不允许承租人享有承租物时，他是不能对抗其所有人的。

D.19,2,19,6 这一法言涉及两个法律问题：预付租金和错误支付的区别。在承租人预付一年租金的情况下，如果在租赁期间房屋被火焚烧而倒塌，那么根据承租之诉，承租人可以要求出租人返还剩余租期的租金。卡泽尔（Kaser）在《罗马私法》一书中对这一问题进行了专门论述，并认为出租人除了返还租金外，还可以选择给承租人提供另外的住处来继续履行合同。[①]而对于承租人错误支付的情形，他则可以根据请求返还之诉（condictio，这一特别诉讼形式源于法律诉讼时期[②]）来要求出租人退还多余支付的租金，而不是承租之诉。换言之，在这两种情况下，所对应的诉权也是不同的。这是因为在预付租金的情况下，所产生的纠纷属于租赁合同纠纷，承租人自然可以根据承租之诉来保护他的合法权益；而在错误支付的情况下，错误支付并不属于租赁关系，所以不受租赁之诉调整，只能根据请求返还之诉要求出租人退还错误支付部分的租金。

D.19,2,25,1 这一法言记录的情形是：当出租人将所出租的房屋出卖后，出租人有义务确保承租人可以继续使用房屋；如果不能，承租人可以提起承租之诉。[③]这段法言被有些学者认为是现代法中"买卖不破租赁"制度的罗马

---

① KASER M. Roman Private Law [M].Translated by Rolf Dannenbring，Pretoria：University of South Africa，1980：221–222.

② 周枏.罗马法原论（下册）[M].北京：商务印书馆，2009：945；马丁.罗马法上的"诉"：构造、意义与演变[J].中外法学，2013（3）：556–570.

③ DU PLESSIS P J. Letting and Hiring in Roman Legal Thought：27BCE–284CE [M]. Leiden·Boston：Brill Academic Pub，2012：158–161.

法起源。① 但大部分学者并不认同这一观点，而是认为罗马法采取的是"买卖破除租赁"（emptio tollit locatum）规则，因为租赁合同所产生的是债权，承租人不能依据债权来对抗新的所有权人（买受人），而买受人却可以根据物的追及权将承租人驱逐。② 本书认为，该法言所要解决的问题并不是"买卖不破租赁"或者"买卖破除租赁"，而是当原所有权人（出租人）将房屋出卖后如何保障承租人的利益。盖尤斯在此建议原所有权人和买受人可以在买卖合同中约定承租人在租赁期内继续使用租赁物，这体现了对原租赁合同的尊重。换言之，即使原所有权人将房屋出卖后，房屋租赁关系依然存在。意大利罗马法学者彭梵得据此认为，从这个角度来说，"买卖破除租赁"这一规则是错误的。③ 既然房屋租赁关系依然在出租人和承租人之间存在，那么当买受人禁止承租人居住时，承租人可以提起承租之诉以对抗出租人；而出租人（原所有权人）则可以根据诚信之诉要求买受人赔偿损失，这是因为他和买受人在买卖合同中附条件约定承租人可以继续使用房屋。买受人违反了合同的约定，自然需要赔偿损失。盖尤斯这一法言的反面解释就是：如果出租人和买受人没有就承租人在租期内继续使用房屋进行约定，那么买受人取得房屋的所有权后是可以驱逐承租人的。这才是"买卖破除租赁"的原意。但显然这一法言所提出的解决方案是站在承租人的立场的，要求出租人在出卖房屋时应在买卖合同中就承租人的继续居住权进行约定。这一法言很好地体现了罗马法学家在构建规则时，并不都是完全站在富人的立场上，也会考虑弱势群体的合法权益。

D.19,2,30,1 讨论的问题与 D.19,2,19,6 中预付租金的情况一样，都是在租期内，租赁物意外灭失，承租人仅仅只能要求返还剩余租期的租金。④

D.19,2,35pr 这一法言所记录的问题是：房屋的所有权人以需要修缮为

---

① 黄风. 罗马私法导论 [M]. 北京：中国政法大学出版社，2003：303.

② ZIMMERMANN R. The Law of Obligations：Roman Foundations of the Civilian Tradition [M].Kenwyn：Juta & Co，Ltd，1990. 378-381；中文文献可参见王利明. 论"买卖不破租赁"[J]. 中州学刊，2013（9）：48-55.

③ 彭梵得. 罗马法教科书（2005 年修订版）[M]. 黄风，译. 北京：中国政法大学出版社，2005：289.

④ DU PLESSIS P J. Letting and Hiring in Roman Legal Thought：27BCE-284CE [M]. Leiden・Boston：Brill Academic Pub，2012：172.

由驱逐承租人时，塞尔维乌斯认为应当区分修缮是否必要。如果必要（比如年久失修），则驱逐是合理的；如果并不是必要的，则承租人可以提起承租之诉。[①] 该法言还透露出以下两个信息：（1）塞尔维乌斯生活在公元前106—前43年，是塞尔维乌斯学派的掌门人。这一时期，他已经将房屋租赁合同规则探讨到这一程度，间接证明了谢沃拉对房屋租赁合同规则形成的贡献应该更大，只不过所讨论的法言未全部保留下来。（2）该法言论述的主体包括所有权人、中间人和承租人。当中间人通过欺诈手段获得房屋的出租资格时，若原所有权人不允许承租人居住，中间人就需要承担责任。换言之，只有所有权人、中间人和承租人之间的租赁关系都是基于诚信原则的，以上区分才是合理的。[②]

从文本角度看，良好的法律制度能够充分保障承租人的权益，但现实并非如此。在房屋租赁市场上，出租人完全可以忽视罗马法规则对承租人利益的保护而滥用合同解除权，尽管这种"驱逐"形式的滥用是不合法的，但出租人并不在乎，最多就是返还预先收取的租金。这就是法学家所撰写的文本与现实之间的落差。

第四节　本章小结

"罗马法学家并不仅仅从抽象意义上来表述自然法，而且还在理念和原则的基础上，把自然法的思想蕴涵在一项人类共同遵守的实体法则之中。"[③] 罗马法中房屋租赁合同规则的形成过程，正好印证了这一观点。本章分为三节，从罗马法中房屋租赁合同规则的历史发展脉络、主要内容以及规则的实

---

① DU PLESSIS P J. Letting and Hiring in Roman Legal Thought：27BCE–284CE [M]. Leiden · Boston：Brill Academic Pub，2012：155.

② FIORI R. La definizione della "locatio conductio"：Giurisprudenza romana e tradizione romanistica[M]. Napoli：Jovene，1999：230–236.

③ 汪太贤. 古罗马法学家在法治思想上的贡献 [J]. 法学，2001（8）：13.

践检验三个方面全方位地展现了罗马法房屋租赁合同的规则理性和实践价值。通过本章的论述，可以得出以下基本结论。

第一，罗马法中的房屋租赁合同规则之所以不同于罗马法之前的房屋租赁合同规则，一个非常重要的原因就是罗马法学家在房屋租赁合同规则形成中的贡献。罗马法学家运用哲学、逻辑学、伦理学等方法来解释房屋租赁活动中所出现的争议；并且基于罗马法学家的思想传承性，从罗马共和晚期到优士丁尼时期，各个时期的罗马法学家不断总结前人立法和学说，以期能够适应社会发展变化的需要。在罗马法房屋租赁合同规则的形成过程中，谢沃拉、阿尔芬努斯、拉贝奥、盖尤斯、乌尔比安、保罗等法学家都做出了重要贡献，并反映在优士丁尼时期所编纂的《学说汇纂》之中；而罗马帝国时期皇帝的答复则主要集中在《法典》第4卷第65题之中。如此，形成了罗马法时代较为完整的房屋租赁合同规则体系。

第二，按照现代民法体系的观点来看，罗马法中房屋租赁合同规则的体系是比较混乱的。为此，本章第二节对罗马法中的房屋租赁合同规则依"成立规则—租赁期间的权利义务规则—变更和终止规则"这一时间轴进行了重构。成立规则包括房屋、租金和合意。权利义务规则包括出租人的义务规则和承租人的义务规则。出租人的义务规则包括按照约定交付房屋给承租人使用；确保租赁期间出租的房屋处于正常使用状态；当房屋有瑕疵致使承租人利益受损时，出租人负赔偿责任等。承租人的义务规则包括依照约定妥善使用房屋；按照约定的日期和数额支付租金；不作为义务；合同终止后，应腾退并返还房屋给出租人等。变更规则包括出租人的变更和承租人的变更规则。而房屋租赁合同的终止规则主要包括以下情形：租赁房屋灭失、权利混同、租赁期限届满、双方合意解除合同、出租人单方解除租赁合同等。通过这一重构发现：罗马法中已经形成了现代民法中房屋租赁合同规则的雏形，甚至很多规则的内容与现代民法中的房屋租赁合同规则几乎一模一样。这表明罗马法时期的房屋租赁合同规则已经非常成熟。

第三，尽管罗马法所涉及的房屋租赁合同规则采取的是出租人优位主义，但在具体规则上同样兼顾了承租人的利益。这一方面是出于房屋租赁市场可持续发展的需要，另一方面也是国家对房屋这一权力财产进行管控的要求。转租制度和出租人的留置权规则是出租人优位主义的典型规则。转租制度的作用是提高了房屋这一财产的利用效率；引入中间人这一中介主体，将出租人从日常化的房屋租赁事务中解放出来，是房屋租赁市场规模化发展的重要制度性创新。出租人的留置权规则赋予出租人就承租人带入出租房屋内的物的优先受偿权，从而最大限度地保护出租人的利益。但如果一味地迁就出租人的利益，而牺牲承租人的合法权益，是不利于房屋租赁市场的健康发展的。为此，罗马法也对承租人的利益进行了必要的倾斜性保护。这些规则有出租人的留置权限制规则、承租人在相邻关系中受到侵害时可向出租人主张损害赔偿以及原共同居住人在承租人死亡后在租期内享有继续居住的权利等。

第四，"规则对于人们的合作和创建社会和个人的福利是必要的。"[1] 房屋租赁市场的繁荣和稳定是城市生活中的重要内容。而房屋租赁市场的健康发展除了依赖市场主体的自治外，还需要国家的介入。在古罗马房屋租赁市场中，出租人、中间人和承租人地位的不对等性影响了主体之间的信息获取能力和议价空间。为此，对房屋租赁市场进行立法干预和行政干预就显得非常必要。立法干预赋予市场主体在其权益受到侵害时进行救济的权利，行政干预则是基于城市治理的需要对房屋租赁市场的规模、住房位置、出租人和中间人情况等内容进行统计分析，从而为统治者的城市治理与阶级统治提供最直观的信息。

目前世界各国广为采用的房屋租赁市场治理手段是租金限制和出租人的解约权限制。本书的研究表明，这两种治理手段早在罗马法时代就已经产生。这一结论说明了房屋租赁合同规则的历史延续性，也证明了对古罗马房屋租赁市场进行研究的价值所在。近年来，在丽江古城，房东毁约现象相当普遍，由此引发的矛盾与冲突也在不断升级。[2] 房东毁约现象的频发与古罗马时代出租人任意解除租约的情况具有惊人的历史相似性。这就说明当前中

---

① 比克斯. 法理学：理论与语境 [M]. 邱昭继，译. 北京：法律出版社，2008：128.
② 吴龙贵. 丽江古城房东毁约现象普遍　突破了道德与诚信底线 [N]. 春城晚报，2015-09-18.

国的房屋租赁市场立法并不完善，立法者应当积极应对，提高出租人的毁约成本，甚至在特定情况下可以引入惩罚性机制对承租人进行补偿，促进房屋租赁市场的良性发展。

第三章

罗马法房屋租赁合同
的继受与发展

　　"一个民族继受非由其创造的各种文化因子，其实只是始终不断的，各种文化传播方式的一种而已，而文化的传播正是人类文明继续的基础所在。继受的想法，事实上是确信人类通史、伟大文明之继续性的一种表现。就像继续性观念本身，继受的基础也在于：假定在历史之流中，文化现象是慧命永续的。这个前提是由历史演变之思考形式推得的结论；不论它多么有问题，必须凭借它才可能对历史作可得理解的描述。"① 罗马法中房屋租赁合同规则的成熟对于后世影响深远，这种影响经历漫长的中世纪一直持续到今天。本章的重心就在于对罗马法中房屋租赁合同规则的历史传承和发展进行研究。为此，首先需要穿越中世纪的立法和学说，在立法和学说中去发现罗马法中的房屋租赁合同规则对中世纪房屋租赁市场的影响。② 这是因为罗马法在中世纪实现了"复兴"，并逐渐发展为西欧和中欧各民族的"共同法"③。其次，通过对近现代法国法、德国法和日本法中房屋租赁合同规则的论述，揭示出近现代房屋租赁合同规则与罗马法中房屋租赁合同规则的"继受性"与"发展性"。继受性所展现的是房屋租赁合同规则的历史共通性，发展性所体现的是规则的时代特征。

　　真正实现房屋租赁合同规则的立法体例、立法制度和理念创新是在近现代，因此本章关注的重点是近现代法对于罗马法房屋租赁合同的继受与发

---

① 维亚克尔 . 近代私法史——以德意志的发展为观察重点（上）[M]. 陈爱娥，黄建辉，译 . 上海：上海三联书店，2006：105.

② 梅兰特，等 . 欧陆法律史概览：事件、渊源、人物及运动 [M]. 屈文生，等译 . 上海：上海人民出版社，2015.

③ 李中原 . 中世纪罗马法的变迁与共同法的形成 [C]//《北大法律评论》编辑委员会 . 北大法律评论（第7卷）. 北京：北京大学出版社，2006：202-229.

展。① 近现代各国关于房屋租赁法的立法体例主要有三种模式，分别是：（1）适用租赁合同的一般规则来处理住房租赁的相关问题，比如（《日本民法典》第601条至第622条）。不过，后来日本出台了专门的《借地借家法》，以补充民法典中有关房屋租赁条款的不足。中国目前事实上也属于这一模式，在《民法典》第三编第14章"租赁合同"之中，将房屋租赁合同与其他租赁合同规则放在一起。（2）"一般租赁规则＋特殊规则"模式，即在民法典中专门规定住房租赁，未规定的适用租赁合同的一般规则。例如，德国就在2001年通过了《使用租赁法改革法》，对《德国民法典》中有关住房租赁的部分进行了大幅度调整。采用这一立法模式的国家还有俄罗斯（在《俄罗斯联邦民法典》第35章中专门规定住房租赁②）、埃塞俄比亚（在《埃塞俄比亚民法典》第五编第18题第2章第2节中规定了"房屋租赁的特殊规则"③）、法国（在《法国民法典》第八篇第2章第2节规定了"有关房屋租赁的特别规则"）、意大利（在《意大利民法典》第4编第3章第6节之中规定了关于"城市不动产的租赁"，主要规定的就是房屋租赁问题）④等国家。（3）以单行法的形式来规制房屋租赁。例如，美国有30多个州出台了专门的《住房租赁法》。基于论证的需要，本章将仔细分析罗马法与近现代民法，选取近现代法国、德国和日本法中的房屋租赁合同的立法文本作为分析对象，以期揭示出房屋租赁合同规则的继受性和发展性。

第一节　中世纪房屋租赁合同规则的罗马法痕迹

古罗马的房屋租赁市场中所出现的纠纷和问题为罗马法中的房屋租赁合

---

① 特别说明严格来说，房屋租赁合同不同于房屋租赁合同规则，一个是指具体的合同，一个是指规则的具体内容。为了论证需要，本章所讨论的是罗马法房屋租赁合同规则的继受与发展。

② 俄罗斯联邦民法典（全译本）[Z]. 黄道秀，译. 北京：北京大学出版社，2007：245—249.

③ 埃塞俄比亚民法典 [Z]. 薛军，译. 厦门：厦门大学出版社，2013：416—420.

④ 意大利民法典（2004年）[Z]. 费安玲，等译. 北京：中国政法大学出版社，2004：388—389.

同规则的形成提供了生活经验，而法学家正是通过对这些问题的分析，实现了经验和习惯的规则化提炼。如此，古罗马法的房屋租赁合同规则经历了习惯法和成文法两个阶段，其中成文法阶段又分为古典法阶段和优士丁尼法阶段。就房屋租赁合同规则而言，中世纪在立法和学说上都没有实现立法体例和规则内容的创新，更多的是适用习惯法或直接适用罗马法时代的房屋租赁合同规则。

关于中世纪的时间范围，学界有十几种观点，其中以西罗马帝国灭亡（476 年）为起点、以东罗马帝国灭亡（1453 年）为终点的观点影响最大。本书采用这一通说。476 年，西罗马帝国灭亡后，东哥特人占据了意大利地区，建立了哥特王国。西罗马帝国灭亡后，西欧进入了漫长的中世纪。这一时期，西哥特国王尤列克（Euric）颁布的《尤列克法典》就深受罗马法的影响。此后，勃艮第人颁布了《勃艮第法典》（*Lex Burgundionum*），伦巴第王国颁布了《伦巴第法典》，法兰克王国颁布了《萨利克法典》，西撒克逊人颁布了《伊尼法典》等。当然，我们也不能忽视中世纪教会法和城市法对世俗的影响力。

一、中世纪立法中的房屋租赁合同规则

根据目前学界对中世纪立法文本的分类，可以从中世纪日耳曼法、城市法和教会法三个方面展开中世纪房屋租赁合同立法文本和房屋租赁市场实践的对比性分析。

（一）中世纪日耳曼法中的房屋租赁立法

中世纪，日耳曼人分别建立了西哥特王国、东哥特王国、伦巴第王国、法兰克王国、勃艮第王国等，这些王国在历史上都有进行立法活动。本书仅对其中有关的房屋租赁立法活动进行论述。

1. 西哥特王国的房屋租赁立法

西哥特王国（Visigothie Kingdom）是由西哥特人在西罗马帝国境内高卢西南部和西班牙建立的日耳曼国家，418 年建国，714 年灭亡。

5世纪末，西哥特国王尤列克（Euric）委托罗马法学家和他的主要顾问——利奥（Leo）编纂法典，并要求他们对之前的日耳曼习惯法进行整理汇编，最终形成了《尤列克法典》。该法典在编纂过程中受到了罗马法特别是《狄奥多西法典》（*Codex Theodosianus*）的影响。例如，西哥特的习惯法中没有关于委托与借贷方面的法律规则，为此，《尤列克法典》关于委托与借贷的条款几乎没有改变地借用了罗马法的相关规定。而后来的《萨利克法典》《勃艮第法典》《伦巴第法典》《巴伐利亚法典》等法典，都保留着《尤列克法典》的痕迹。该法典被誉为"5世纪最好的立法杰作"①。

《尤列克法典》大约有350条，保留下来的只有第276—336条，仅占全法典的六分之一。从保留下来的法典条文可以看出，该法典采用了许多罗马法中的规则，这估计是与他们和罗马人长期接触、交流和碰撞密切相关的。②该法典是用拉丁文写成的，在修撰过程中，立法者搜集了大量处理各类案件的习惯法规则。后世的学者们对保留下来的《尤列克法典》残篇进行了系统的梳理。③该法典的部分内容被后来的《西哥特法典》（681年，由伊里维格国王颁布）所吸收。所以，我们可以通过对《西哥特法典》和《尤列克法典》残篇的分析来了解这一时期西哥特王国的房屋租赁合同立法情况。但是在《西哥特法典》中只有关于土地租赁④和动产租赁⑤的规定，并没有关于房

---

① KING P D. Law and Society in the Visigothic Kingdom [M]. Cambridge：Cambridge University Press，1972：7.
② 陈灵海，柴松霞，等. 中世纪欧洲世俗法 [M]. 北京：商务印书馆，2014：87.
③ 梳理后的分类为：关于委托与借贷（第278–285条）；关于动产买卖（第286–304条）；关于赠与（第305–319条）；关于继承权（第320–336条）。最前面的两条法律即第276、277条其中一部分是关于处理边界问题的，其余的全丢失了。见 COLLINS R. A history of Spain–Visigothic Spain 409–711[M]. London：Blackwell Publishing，2004：228.
④ 例如，《西哥特法典》第5卷第1题第11条规定："凡依据固定年租合法契约条款租用土地，必须在每年年底支付租金，不能违反契约。凡承租人没有在年底支付租金，所有者有权收回出租的土地；由于承租人没有遵守契约，他将失去根据上述合同归他的所有利益。"第5卷第1题第12条规定："一份书面文书授予一定期限的土地使用权，在上述期限届满后，根据契约，他应将土地归还土地所有者，不得拖延。"第5卷第1题第15条规定："地主将土地出租给承租人，而后来承租人将上述土地的三分之一转租给另一个当事人，这两人都被当作地主的承租人；他们按照使用的土地总量比例向地主缴纳租金。"
⑤ 例如，根据西哥特法律的规定，当某人租用他人的驮畜（如马或其他动物），当该动物在承租人控制期间死亡时，承租人如果发誓并证明动物之死并不是由自己的错误或疏忽造成的，则可以免责。但是，如果该动物的死亡是由缺乏训练或者过度负荷或滥用造成的，则承租人应向动物的所有人支付另一相同价格的动物。如果在租赁期间动物对他人造成了损害，则应由承租人承担责任。参见李秀清. 日耳曼法研究 [M]. 北京：商务印书馆，2005：279.

屋租赁的规定。既然《西哥特法典》中没有关于房屋租赁的立法，那么基本上可以推断《尤列克法典》中也没有关于房屋租赁合同的立法，但我们又无法否定这一时期存在房屋租赁活动。那么西哥特王国又是如何调整这些房屋租赁活动的呢？可能的路径有二：（1）由习惯法来调整。本书第一章已经对房屋租赁规则产生的原因和生成路径进行了分析，对于日耳曼人的房屋租赁活动同样适用。即，既然存在房屋租赁活动，那么就会出现相应的纠纷，对于纠纷的处理必然会诞生相应的规则。而这些规则既然没有以成文法的形式得到体现，那么很大的可能性就是根据行业习惯来调整。（2）借鉴罗马法规则进行调整。西哥特王国（Visigothie Kingdom，418—714 年）占据的区域是原西罗马帝国境内高卢西南部和西班牙地区。这些地区原来由罗马人统治，适用罗马法。西哥特人占领这些地区后，并没有对这些地区的罗马人进行驱赶。那么，存在的情况很可能就是：罗马人继续根据罗马法的规则进行生活，《尤列克法典》就顺理成章地借鉴了罗马法中包括房屋租赁规则在内的一些规则，只是并没有以成文法的形式体现。

506 年，西哥特第二位国王阿拉里克二世组织了一个法学家委员会对罗马帝国的法律进行专门的梳理，形成了《阿拉里克法律要略》，但只适用于居住在西哥特境内的罗马臣民。在《阿拉里克法律要略》中，整部《狄奥多西法典》被放入其中，同时还参考了《狄奥多西新律》（Theodosius）、《瓦伦提尼安三世新律》、《马里西安新律》（Marcianus）等，还参考了盖尤斯的《法学阶梯》、《格列高法典》（Codex Gregorianus）和《赫尔莫杰尼安法典》（Codex Hermogenianus）中的一些敕令等。[1] 此后，所有其他罗马法均不得使用。该法典在西哥特王国持续生效了将近 150 年。这一时期，尽管官方禁止其他罗马法的适用，但《阿拉里克法律要略》事实上已经将大部分的罗马法规则吸收。[2] 那么可以推断，这一时期西哥特王国完全借鉴了罗马法中关于房屋租

---

① 该法典还有其他的名称，如《罗马法辑要》（Liber Legum Romanarum）、《法律大全》（Corpus Legum）、《狄奥多西法》（Lex Theodosii）、《罗马人法》（Lex Romana）、《西哥特罗马法》（Lex Romana Visgothorum）等。参见梅兰特，等. 欧陆法律史概览：事件、渊源、人物及运动 [M]. 屈文生，等译. 上海：上海人民出版社，2015：15.

② 李栋. 中世纪前期罗马法在西欧的延续与复兴 [J]. 法律科学，2011（5）：28-37.

赁合同规则的立法。

654年，西哥特国王雷克斯文思（Reckessuinth）倡导法律统一运动，废除了《阿拉里克法律要略》，颁布了《西哥特法典》（*Lex Visigothorum*）。该法典除序言外，共有12卷，每卷都有标题，卷下设篇，篇下设章。前面已经说明，《西哥特法典》中并没有关于房屋租赁的内容。废除《阿拉里克法律要略》后，西哥特王国关于房屋租赁合同规则从立法的角度来说又回到了习惯法层面，但《阿拉里克法律要略》毕竟实施了将近150年，很多罗马法规则已经深入了西哥特王国的普通民众中。换言之，尽管《阿拉里克法律要略》被废除了，但罗马法对西哥特王国的影响是不可能消失的。

西哥特王国的立法还对后来中世纪西班牙王国的立法产生重要影响。例如，1215年，阿方索十世组织法学专家起草编成《法律集成》（*Libro de las Leyes*，*or Seven-part Code*，又译为《七章法典》），制定这部法典是为了代替西哥特法律，也为了解决不成文习惯法中的互相矛盾之处。该法典在第五章规定了涉及人们生活的法律活动和契约，其中买卖契约（comparavena）部分遵循罗马法的规则，租赁契约（arrendamiento）也同样如此。[①]

2. 东哥特王国的房屋租赁立法

东哥特王国（The Ostrogothic Kingdom）是由日耳曼民族的一支——东哥特人（Ostrogoths）建立的国家。在西罗马帝国灭亡后，东哥特人迁入意大利，势力约在意大利半岛及附近地区。555年，意大利全境被东罗马帝国征服，东哥特王国灭亡。

东哥特人在6世纪初颁布了《狄奥多里克敕令》（*Edictum Theoderici*），以罗马帝国最后一部官方的成文法典《狄奥多西法典》为参照，旨在成为一部通行于日耳曼人和罗马人之间的法律。该法典用拉丁文写成，共有154条，主要是与刑法和程序法相关，此外还包括序言和结束语。总体来说，该法典相对简单。对于其他普通的重要性问题，正如立法者在序言中所声明

---

① 梅兰特，等. 欧陆法律史概览：事件、渊源、人物及运动 [M]. 屈文生，等译. 上海：上海人民出版社，2015：474-477.

的：其余所有法律问题均用罗马法来调整。① 该法典对日耳曼的部落产生了重要的影响，使得一些原来不熟悉罗马法规则的部落也开始熟悉起来。

东哥特王国存在的时间很短，不足百年，但狄奥多里克（Theodoric）颁布的《狄奥多里克敕令》影响深远。狄奥多里克颁布这一敕令是为了消除日耳曼人和罗马人之间的冲突。由于该敕令规定的法律问题并不多，所以在实际生活中，罗马法的影响力更大。就房屋租赁合同规则而言，则完全适用罗马法的规定。

3. 勃艮第王国的房屋租赁立法

勃艮第王国是由勃艮第人在西罗马帝国境内高卢东南部建立的日耳曼国家。勃艮第人原来居住在波罗的海南岸波恩荷尔姆岛，后移至维斯杜拉河下游。5 世纪初进抵莱茵河，活动中心在沃姆斯一带。大约在 457 年，勃艮第人占据了罗讷河和索恩河流域，以里昂为首都，建立了勃艮第王国。534 年，勃艮第王国为法兰克王国所灭。

5 世纪末至 6 世纪初，勃艮第人的国王贡多巴德（Gondebad）颁布了《勃艮第法典》（Lex Burgundionum），该法仅对勃艮第人具有约束力，包括所有与勃艮第人有法律关系的罗马臣民。② 而对于罗马人之间的法律关系，则适用于《帕比安解答法》（Responsun Papiani）。目前该法典留存有 13 个文稿（全部为 9 世纪后的作品），其中 5 个文稿为 105 条，其他的为 88 条。从这些文稿中可以看出，该法典并不是在同一个时期颁布的，而是在不同的时间段颁布的。③ 这说明了后世的统治者对原先的法典进行了补充、改进和完善。就整部法典来看，可以看到罗马法的某些明确的印记，例如，"正如我们的前辈们所确立的那样，根据罗马法裁决罗马人之间的诉讼"④。而《帕比安解答法》的内容包括了民法、刑法和程序法，总共有 47 篇。该法的渊源有《狄奥

① 梅兰特，等. 欧陆法律史概览：事件、渊源、人物及运动 [M]. 屈文生，等译. 上海：上海人民出版社，2015：12.

② 梅兰特，等. 欧陆法律史概览：事件、渊源、人物及运动 [M]. 屈文生，等译. 上海：上海人民出版社，2015：42.

③ 陈灵海，柴松霞等. 中世纪欧洲世俗法 [M]. 北京：商务印书馆，2014：99-100.

④ The Burgundian Code [Z]. Translated by Katherine F D, Philadelphia：University of Pennsylvania Press，1972：6.

多西法典》、《新律》、盖尤斯和保罗的法学作品等。①

　　勃艮第王国存在的时间也很短，《勃艮第法典》的影响力有限。但从该法典的立法目的可以看出：勃艮第王国实行的是区别治理模式，即勃艮第人适用该法律，罗马人适用《帕比安解答法》。这种治理模式的优点是不容易造成民族冲突，但缺点是不利于民族融合。就房屋租赁合同而言，我们无法找到相应的立法文本。但至少可以从以上论述中推出：罗马法中的房屋租赁合同规则对勃艮第王国的罗马人依旧适用；至于勃艮第人之间的房屋租赁活动，推测适用习惯法规则，或者受到罗马法的影响，直接适用罗马法。

4. 伦巴第王国的房屋租赁立法

　　6 世纪中叶，从欧洲东部迁徙而来的伦巴第人接替东哥特人占据了意大利，并于 568 年建立了伦巴第王国。伦巴第王国疆域大体包括近代的伦巴第以及威尼西亚、利古里亚和托斯卡纳的大部分地区，首都为帕维亚城。774年，伦巴第王国并入法兰克王国。

　　643 年，伦巴第王国洛泰尔在日耳曼法律顾问的努力下（可能还得到了罗马人的帮助）颁布了《洛泰尔敕令》(*Edictum Rothari*)。该法典建立在古老的日耳曼习惯法基础上，内容保持着较为纯粹的日耳曼风格。《洛泰尔敕令》的内容依次为：第一编，刑法（第 1—152 章）；第二编，家庭法（第 153—226 章），包括继承法、婚姻和家庭状况的维持以及奴隶的释放等；第三编，财产法和财产的司法保护（第 227—366 章），包括所有权、合同法、对他人财产的犯罪等；第四编，附录（第 367—388 章）。② 在 713—735 年间颁布了对伦巴第法典的增补的补充法令《利乌特普兰法律》(*Notitia de actoribus regis*，又译作《王室管理人公告》)。该法律受到了罗马法的影响。例如，该法第 127 条规定："一罗马男子与一伦巴第妇女结合，并得到她的监护权之

---

① 梅兰特等. 欧陆法律史概览：事件、渊源、人物及运动 [M]. 屈文生，等译. 上海：上海人民出版社，2015：16.

② 梅兰特等. 欧陆法律史概览：事件、渊源、人物及运动 [M]. 屈文生，等译. 上海：上海人民出版社，2015：27.

后，此妇女就成为罗马人，他们所生的孩子就成为罗马人。"[1] 8 世纪初，伦巴第国王利特布兰德（Liutprand）又对《洛泰尔敕令》进行了修正。利特布兰德之所以要进行修正，是受到教会势力扩张和罗马法的双重影响。为此，他增加了关于教会法的规定，并在妇女继承权、未成年人的监护、权利时效、遗嘱、抵押、债、占有、用益权等方面引进了罗马法的相关规则。[2]

从以上论述中可知，早期的伦巴第立法试图维持日耳曼法的纯粹性。但随着社会的发展，统治者意识到，日耳曼习惯法无法解决某些社会问题。为此，后来的统治者不断对《洛泰尔敕令》进行增加、修正。在这一过程中，罗马法的影响力越来越大。就房屋租赁而言，尽管我们无法找到直接的立法痕迹，但我们也无法否认罗马法对伦巴第法的影响。特别是伦巴第王国占据的地区是意大利，是罗马人生活的地方。在罗马人和伦巴第人的交往中，先进的罗马法潜移默化地影响着伦巴第人的社会生活。

5. 法兰克王国的房屋租赁立法

法兰克人是日耳曼人中一支强大的部落。3 世纪南迁进入高卢（今法国南部）东北，定居于莱茵河下游地区。486 年击溃西罗马在高卢的残余势力，占领高卢地区，建立了墨洛温王朝，以巴黎为都。800 年，查理加冕称帝，史称查理曼帝国。843 年，根据《凡尔登和约》，查理曼帝国分裂为三部分，分别是东法兰克王国、西法兰克王国和中法兰克王国（仍承袭罗马皇帝称号），大体形成了后来德意志第一帝国、法兰西王国、意大利王国三国的雏形。

5 世纪末 6 世纪初，法兰克王国墨洛温王朝的创始人克洛维在统治后期（约 507—511 年）颁布了《萨利克法典》（Lex Salica）。[3]《萨利克法典》是查理曼帝国统治的法律基础。目前流传下来的《萨利克法典》是不完整的，仅

---

[1] Law of King Liutprand 127, the Lombard Laws [Z]. Translated by Katherine F D, Philadelphia : Pennsylvania University Press, 1993.

[2] 参见梅兰特等. 欧陆法律史概览：事件、渊源、人物及运动 [M]. 屈文生，等译. 上海：上海人民出版社，2015：75.

[3] "该法典发源于法兰克人萨利克部族中通行的各种习惯法，并因此得名。它在克洛维的后继人统治时期曾两度被重新颁布，而在加洛林王朝统治时期又经反复修改和系统化。" 参见李秀清.《撒里克法典》若干问题之探析 [J]. 比较法研究，2015，（1）：10-19.

有 29 编、108 条，而且某些条文也是残缺的。该法典主要围绕刑事和程序展开，列举了各种违法犯罪应克处的赔偿金。[①] 尚未在该法典中找到关于房屋租赁问题的立法，很可能是因为这一时期萨利克人之间的房屋租赁问题并不突出，所以未进入法典汇编。

6 世纪末到 7 世纪初，《利普里安法典》（Lex Ripuaria）颁布，流传下来的有 35 个原稿和若干内容不完整的文本。该法典受到了《萨利克法典》的影响。[②] 该法典的若干条款明确接受了罗马法。[③] 在合同法方面，该法典尊重当事人之间的协议。

802 年，加洛林时代的查理曼颁布了《萨克森法典》、《图林根法典》（Lex Thuringorum）、《卡马维法典》（Lex Chamavorum）、《弗里森法典》（Lex Frisonum）四部日耳曼习惯法汇编。《萨克森法典》总共 418 个条文，其中有 343 条是关于禁止犯罪的。偷盗、杀人放火和侵犯地界都要受到制裁。[④] 该法中有关于动产租赁的规定。例如，某人把自己的财物出租给他人，而承租人到期不归还该物，则出租人应与证人一起到承租人家里传唤，并正式为其制定归还所借财物的日期。假如经过 3 次这样的传唤后，承租人仍不归还所借财物又没有提供保证的，则可以实行强制归还，并需支付每一次传唤所应赔偿的 3 索尔第。[⑤] 但该法中并未找到关于房屋租赁的直接规定。

由此，我们推断：法兰克王国的立法中尽管不存在房屋租赁立法的直接性规定，但我们不能否定这一时期法兰克王国不存在房屋租赁活动。因为法兰克王国所统治的区域是曾经由罗马帝国统治的高卢地区，在罗马帝国统治时期，这一地区形成了近 1200 座城市。[⑥] 法兰克王国统治高卢后，并未驱逐

---

① 由嵘，张雅利，等 . 外国法制史参考资料汇编 [Z]. 北京：北京大学出版社，2004：153-161.

② Law of the Salian and Ripuarian Franks [Z]. Translated and with an Introduction by Theodore J R，New York：AMS Press，1986：8.

③ 例如，该法典第 61 章第 1 款规定："任何人解放自己的奴隶并且公开地授予他一罗马人的法律地位和自由，假如该解放奴隶死亡时没有继承人，则他的遗产归国库所有。"见 Law of the Salian and Ripuarian Franks [M]. Translated and with an Introduction by Theodore J R，New York：AMS Press，1986：200.

④ The Laws of Salian Franks [Z]. Translated and with an Introduction by Katherine F D，hiladelphia：University of Pennsylvania Press，1991：59-61.

⑤ Lex Salica Karolina，XXX；转引自李秀清 . 日耳曼法研究 [M]. 北京：商务印书馆，2005：280.

⑥ 杨共乐 . 罗马社会经济研究 [M]. 北京：北京师范大学出版社，2010：100.

当地的罗马人，那么罗马法规则自然会继续存在并适用。而且，前面提到的《利普里安法典》中的某些条文就直接源自罗马法中的规则。根据这两点，我们可以认为，罗马法对法兰克王国的立法和实践依然发挥着重要的影响力。那么，对于房屋租赁活动来说，运用罗马法规则进行裁判的可能性是相当高的。

6. 盎格鲁—撒克逊王国的房屋租赁立法

盎格鲁—撒克逊（Anglo-Saxon）的本意就是日耳曼民族中盎格鲁（Anglos）和撒克逊（Saxons）两个民族结合而成的民族。5—6世纪之间，盎格鲁、撒克逊两部落都有人群南渡北海移民大不列颠岛，在此后的几百年间，两部落逐渐融合为盎格鲁—撒克逊人。盎格鲁—撒克逊人生活于大不列颠东部和南部地区。7世纪初，大不列颠岛上形成了7个王国。[①] 829年，韦塞克斯（Wessex）国王爱格伯特统一了其他王国，从此这一统一国家被称为英格兰。[②]

688—694年，西撒克逊国王伊尼颁布了《伊尼法典》，作为《阿尔弗雷德法典》的补充。[③] 该法典共有76条。其中关于房屋租赁的条款有：

第45条：强力进入国王的或主教在自己辖区内的住宅，其人必须支付赔偿金120先令；进入一个官员的住宅，支付80先令；进入国王的塞恩的住宅，支付60先令；进入一个有土地的出身哥赛特的住宅，支付35先令；拒绝这些，则受相应的惩罚。

第63条：假如一个哥赛特出身的人搬住别处，他可以带走其管家、铁匠和孩子们的保姆。

第67条：假如某人按固定的租金签订了一份土地契约，并且耕种了土地，然后领主要求（承租人）作劳役或者提高租金，如果没有给承租人提供

---

① 七个王国分别是：肯特王国、萨塞克斯王国（南撒克逊）、韦塞克斯王国（西撒克逊）、埃塞克斯王国（东撒克逊）、诺森布里亚王国、东盎格利亚王国和默西亚王国。

② 关于盎格鲁—撒克逊人的历史，可参见盎格鲁—撒克逊编年史 [M]. 寿纪瑜，译. 北京：商务印书馆，2004.

③ 徐良利 .《伊尼法典》与英国社会变迁 [J]. 湖南师范大学社会科学学报，2006（1）：124-128.

住房，则他可以不接受，而出租人则要失去收获物。

第 68 条：假如一个哥赛特出身的人被驱逐，只能从其住处被逐出，而一定不能没收其耕地。①

上述条文中，第 45 条是关于强力进入他人房屋的惩罚性规定，身份不同，处罚不同；第 63 条是关于某人从某处迁居到另一处后，其家庭成员也可以居住在新住处的规定，这一点与罗马法中房屋使用权中的"夫妻人格一体主义"类似；第 67 条则是关于土地租赁的规定，其中如果出租人要提高租金，却没有给承租人提供住房，则承租人可以拒绝；第 68 条紧跟第 67 条，出租人为承租人提供房子后，可以在某些条件下将其驱逐，但不能没收其耕地。该法典中上述关于房屋、土地租赁的立法，是否受到罗马法的影响，我们从文本中无法看出。但后来的英国法的发展受到了罗马法的影响，是学界的共识。② 因此，基于影响的历史传承性这一特点，这一时期大不列颠岛上的房屋租赁立法和实践应当或多或少受到了罗马法的影响。

（二）中世纪城市法中的房屋租赁立法

城市法是指中世纪的西欧城市所适用的法律。这种法律制度伴随着欧洲中世纪后期城市商业的兴起而逐步形成并发展，主要的法律渊源有城市特许状、城市立法和行会章程等，内容涉及城市自治、市民的法律地位、民事权益和司法诉讼等方面。③

476 年，西罗马帝国灭亡后，欧洲的城市文明迅速衰败，整个欧洲处于动荡之中。自 11 世纪开始，欧洲的农业生产趋于稳定，工商业阶层也随之兴起，社会生活产生了大量的剩余产品，跨地域的商业贸易也重新频繁起来。在原罗马帝国疆域内的原先的重要港口城市和交通枢纽，城市作为集合体又

---

① 由嵘，张雅利，等 . 外国法制史参考资料汇编 [Z]. 北京：北京大学出版社，2004：163-170.
② 庞朝骥 . 罗马法对英国法影响的几个问题 [J]. 法学家，2007（6）：135-140；梁治平 . 英国普通法中的罗马法因素 [J]. 比较法研究，1990（1）：41-54；李红海 . 早期英国法与古典罗马法发展中的相似性 [C]// 高鸿钧 . 清华法治论衡（第四辑）. 清华大学出版社，2004：24-64；等等.
③ 高鸿钧，李红海 . 新编外国法制史（上册）[M]. 北京：清华大学出版社，2015：260.

开始重新发展壮大。而且某些地区还出现了一些新兴的城市，但这些新兴城市或者濒临港口，或者处于交通要道，或者属于某手工业基地，或者附近有矿产等。12 世纪晚期，西欧的城市初具规模。这一时期西欧的总人口大概是4000 万，大约有十分之一，即 400 多万人生活在城市中。14 世纪早期，威尼斯、佛罗伦萨、巴勒莫（Palermo）、巴黎等城市的人口超过了 10 万。[1] 由于城市人口的增加，购买土地进行出租或者在土地上建筑房屋再出租成为地主和商人的一大选择。在 12 世纪初，《基督教库藏大事记》就记载了历史上有名的尼德兰最大的商人威林姆波尔德出租土地和房屋，获得了大量的收益。此时，房租成为中世纪最普遍、最常见的信用形态。[2]

根据史料记载，1183 年，神圣罗马帝国皇帝腓特烈一世在《康斯坦茨条约》（*Peace of Constance*）中承认了意大利地区自治城邦和城市的立法权，皇帝可以任命总督常驻各城市，总督负责批准各城市所提交的城市立法。然而，实际的中世纪城市立法早于 1183 年，例如 9 世纪的伦巴城（Lombard）的《伦巴法汇编》、10 世纪的《热那亚（Genoa）城市法》《比萨城市法》等，都属于早期的城市立法。比萨的《习惯法》（*Constitutum Usus*）中规定了不动产法、市场法、合伙法等内容。[3] 城市立法的成熟时期是在 13 世纪以后，如这一时期的《米兰城市法》、德国的《萨克森城市管辖法》（该法借鉴了罗马法和教会法中的许多内容）[4] 等。

中世纪的城市立法主要分为三种类型：法典立法、专门立法和协定立法。法典立法又分为法典编纂和习惯法汇编。法典编纂的典型代表是《德意志布雷斯劳（Breslau）法》，该法有 5 卷，共 465 条，但该法中并没有关于房屋租赁的专门规定。习惯法汇编的代表是《比萨习惯法》。专门立法是由不同的城市机构根据职权所立的单一法。海商立法就属于专门立法。颁布于 7 世纪的《罗得海商法》便是这一时期海商规则的范本，并对后世的海商法规则产

---

① 伯尔曼.法律与革命（第一卷）（中文修订版）[M].贺卫方，等译.北京：法律出版社，2008：356.
② 皮朗.中世纪欧洲经济社会史 [M].乐文，译.上海：上海人民出版社，2001：125.
③ 韦伯.中世纪商业合伙法 [M].陶永新，译.上海：东方出版中心，2010：73.
④ 梅兰特等.欧陆法律史概览：事件、渊源、人物及运动 [M].屈文生，等译.上海：上海人民出版社，2015：255.

生重要影响。[1] 协定立法一般来自城市执政官宣誓或者民众宣誓，内容往往涉及执政官和市民之间的权利义务协定，仅对市民行为有效。[2]

城市是房屋租赁市场最为重要的场所，中世纪的城市对于房屋租赁市场的立法或者遵循习惯法，或者遵循城市行会章程。由于城市市民享有比较完整的不动产所有权，所以他们可以将土地买卖、抵押或转让，也可以在其上建造房屋，然后将房屋用于出租。例如，1120 年，德意志康拉德公爵在授予弗赖堡（Freiburg im Breisgau）居民的特许状中规定："每一个市民必须有一块宽 50 英尺，长 100 英尺的土地，他只需为此每年支付 1 先令的租金，居民可以附带自由出卖或遗赠特权的继承权利来拥有土地。"[3] 这样，城市的房屋租赁市场在外来人口大量涌入并产生纠纷时，一般会根据习惯法进行裁判。

（三）中世纪教会法中的房屋租赁立法

教会法（ius canonicum）是规定和调整罗马天主教会内部组织结构和宗教生活的规则，传统上称之为"圣规"（sacri canones）。[4]《旧约》和《新约》是教会法的重要渊源，但它们的内容并不直接构成教会法的文本。教会法编纂的典范是 380 年前后在安条克出现的《教规集成》（*Corpus Canonum*）。该律法书此后经过不断的扩充和修订，收录了包括尼西亚大会会议（325 年）在内的多次重要地方主教会议和大公会议的法令以及教父的书信、著作中的有关片段，并按照年代顺序进行编排，在拜占庭的教会中还将皇帝颁布的宗教法规作为附录收入其中。

11 世纪初至 12 世纪中叶是中世纪西欧教会的一个重要改革时期，标志性人物是教宗格列高七世（1073—1085 年在任）。1008—1012 年，沃尔姆斯主教布尔夏德及合作者编辑了《布尔夏德教会法汇要》（*Decretum Burchardi*）。

---

① 国内关于该法的研究可参见王小波.《罗得海商法》研究 [M]. 北京: 中国政法大学出版社，2011.
② 高鸿钧，李红海. 新编外国法制史（上册）[M]. 北京: 清华大学出版社，2015：265.
③ STEPHENSON C. Borough and Town: A Study of Urban Ordins in England [M]. Massachusetts: Medieval Academy of America，1933：34.
④ 高鸿钧，李红海. 新编外国法制史（上册）[M]. 北京: 清华大学出版社，2015：333.

该汇要共有 20 卷、1785 条教规。1140 年左右，格拉蒂安（又译为"格兰西"，约 1090—1159 年，被称为"教会法之父"）完成了《教会法汇要》。该汇要有 3823 条教规，在第二部收录了 36 个案例，涉及程序法、婚姻法、修道院生活、教会对异教徒和异端分子的处分等。每一个案例都包含了一些问题，并答以会议法规或教宗手谕，是全书最出众之处。① 该部汇要重述了基督教早期的观点。②

1230 年，额我略九世指派其专职司铎赖孟多（Raymond of Pennaforte）系统地制定新的手谕汇编，最终形成了《额我略九世手谕集》（*Decretalium Gregorii IX. Compilatio*）。该部手谕集共有 5 卷。第 1 卷探讨教会法规的权威性、主教的选举、调职和辞职、总执事的职务、教会法官、代理人和仲裁人等问题；第 2 卷则主要探讨民事诉讼、法庭、证人、时效等问题；第 3 卷探讨圣职人员的职责、俸禄，圣职的委任，什一税及誓言、隐修士、主保、圣事的举行等问题；第 4 卷探讨订婚和婚配问题；第 5 卷则探讨刑事诉讼、指控、审讯、杀人行为、绝罚等问题。③

教会法在编纂过程中除了运用经院神学的方法来处理大量教规外，还大量借鉴了罗马法中的概念和规则。这种借鉴的背景有二：一是调整教会、社团以及教会人员之间的经济往来活动，需要完善的契约法；二是 11 世纪在意大利的艾莫费（Amalfi）发现了优士丁尼的《学说汇纂》的遗稿，该遗稿被送到比萨城后，引起了中世纪法学家的重视。由此，罗马法的复兴运动在西欧开始兴起。教会法也开始大量使用和借鉴罗马法中的概念和规则，尤其是财产、继承和契约方面。④ 对此，有学者认为教会法是罗马法的"后裔"，或者说《教会法大全》（*Corpus Juris Canonici*）直接或间接来源于《国法大全》（*Corpus Juris Civilis*）。⑤ 同时，教会法对合同制度的体系化也做出了重要的

---

① 莱舍尔 . 教会法原理 [M]. 李秀清，赵博阳，译 . 北京：法律出版社，2014：29.
② 基督教早期观点为：尘世的财富在本质上是人类共同的财产，私有财产是有罪的堕落导致的结果之一。参见凯利 . 西方法律思想简史 [M]. 王笑红，译 . 北京：法律出版社，2010：129.
③ 莱舍尔 . 教会法原理 [M]. 李秀清，赵博阳，译 . 北京：法律出版社，2014：31.
④ Stephan K，Some Considerations on the Role of Secular Law and Institutions in the History of Canon Law[J]. Studies in the History of Medieval Canon Law，VI. 351−362.
⑤ Sherman C P，A Brief History of Medieval Roman Canon Law[J]. Canadian Law Times，1919（39）：638.

贡献，体现在以下三个方面：（1）从赎罪戒律出发，认为承诺是一个良心问题（本身就具有拘束力，而无需特别的形式），是契约的基础和效力的来源，由此扩张了合意契约的范围；（2）教会法并不认为所有的承诺都具有法律约束力，由此重构了合同的原因理论，即认为必须能够得到适当原因（目的的合理性）支持的承诺才具有法律约束力；（3）将罗马法中的诚信原则上升为合同法的一般原则，所有的合同应受到该原则的约束。①

就房屋租赁规则来说，由于教会契约法完全借鉴了罗马法中的契约类型，我们可以推出：罗马法中关于房屋租赁合同规则的内容也被吸收进教会法中，只不过这种吸收并不是以成文法的形式体现的，而是确立了一个总的原则，然后在具体生活中得到体现。

二、中世纪关于房屋租赁合同的学说

我们再来看看 18 世纪之前法学家关于房屋租赁合同的相关论述。例如，世界近代国际法学的奠基人格劳秀斯（Hugo Grotius，1583—1645 年）就在《战争与和平法》一书中的第十二章专门论述了"契约"：（1）运用了亚里士多德的"事物的普遍需求构成该事物真正的价值尺度"原理，认为在买卖、租赁等契约活动中，物品的估价应与对该物的出价和还价成比例。（2）平等是所有契约的基本要求。要维护平等，就应允许因缺陷或错误而受损的一方得到另一方的赔偿。（3）契约的发明是为了促进人与人之间的有益交流，它要求一种更加紧密的规则，而不是光靠当事人的善意来履行他们的义务。② 通过对盖尤斯有关租赁问题的论述的分析他认为：租赁与买卖一样，受相同的原则规制，租金就相当于买卖中的价格，而事物的使用权就相当于使用的自由。同时，他还进一步论述道："如果第一个承租人使用某物受阻，而所有人又将该物出租给了另一个人，那么，由此产生的利润应归属于第一个承租

---

① 黄名述，张玉敏. 罗马契约制度与现代合同法研究 [M]. 北京：中国检察出版社，2006：38—40；伯尔曼. 法律与革命（第一卷）（中文修订版）[M]. 贺卫方，等译. 北京：法律出版社，2008：242—245.
② 格劳秀斯. 战争与和平法 [M]. 何勤华，等译. 上海：上海人民出版社，2013：141—152.

人，因为所有人利用他人拥有之物获利是不公正的。"①

再如，1672 年，德国学者塞缪尔·冯·普芬道夫在隆德用拉丁文出版了他的代表作《自然法与国际法》（8 卷本）。其中在第 5 卷第 6 章中专门谈论了租赁契约。在《人和公民的自然法义务》中，他写道："租赁是指有偿使用他人的服务或财物。在这种合同中，一般来说首先要议定价格。然而，如果某人在价款没有议定之前就已经向他人提供了服务或者财物，就假定他希望依据一般习惯或租用人的良心获得价款。……如果出租物完全灭失了，租用人自那时起就不用支付租金了。如果出租物遭到了毁损，租用人可以从租金中扣除他因此遭受的损失，因为所有者有义务确保出租物适合该用途。……就像财产出租人有义务确保出租物处于适用状态并应承担所有必需的支出一样，承租人也应当像善良家父一样使用承租物，并赔偿因其过错造成的任何损失。"②

通过以上两个例子我们发现，18 世纪之前的法学家在论述租赁契约时并未超越罗马法中的租赁契约理论，对于房屋租赁合同规则更是不着笔墨。两位 18 世纪之前的伟大法学家的著作中呈现的是一种"忽略"的态度。学说上的不重视，自然无法实现立法理念和制度上的创新。从某种程度上可以说，房屋租赁合同规则在中世纪依然保留着罗马法时代的痕迹。

上文分析了中世纪立法和学说中的房屋租赁合同规则，得出的一个基本结论是：法律在中世纪的思想家看来，本质上仍然是习惯与传统，而不是立法创新。③中世纪的房屋租赁合同规则更多的是以习惯法的形式存在；或者在立法中直接规定适用罗马法规则，而后在实践中，法官直接运用罗马法房屋租赁合同规则进行裁判。换言之，中世纪的房屋租赁合同规则，存在规则的继受性，缺乏规则的发展和创新性。

---

① 格劳秀斯.战争与和平法 [M].何勤华，等译.上海：上海人民出版社，2013：148.
② 普芬道夫.人和公民的自然法义务 [M].鞠成伟，译.北京：商务印书馆，2009：118-119.
③ 对此，卡莱尔斯（Carlyles）在评价 12 世纪的《耶路撒冷法典》（*Assizes of Jerusalem*）时写道："整个法典非常生动地说明了中世纪的主要法律概念是习惯，因为即使在法学家认为十字军必须为一个全新的政治社会进行立法的时候，他们也是通过……整理现有的习惯来完成这一工作的。"见 Robert Warrand and A. J. Carltle，A History of Medieval Political Theory in the West，6 vols. London and Edinburgh，1903-1936，iii，44.转引自凯利.西方法律思想简史 [M].王笑红，译.北京：法律出版社，2010：87.

第二节　近现代法国法中的房屋租赁合同

近现代法国法关于房屋租赁合同的立法体例，采取"一般租赁规则 + 特殊规则"模式，体现在《法国民法典》第八篇第二章第一节（"房屋租赁和农产租赁的共同规则"）和第二节（"有关房屋租赁的特别规则"）。后来的德国法也采取了这一立法体例。为何《法国民法典》会采用这样的立法体例？本书认为，多马（Domat，1625—1696 年）和波蒂埃（Pothier，1699—1772 年）等法国法学家深刻影响了《法国民法典》的立法体例、立法理念、立法技术和立法语言。1689 年，多马完成了《按照自然秩序编写的市民法》，该作品一方面借鉴了格劳秀斯的理论，另一方面按照时代的需求，对罗马法规则进行了重新编订，试图发展出一个清晰而透明的体系（准数学体系或准几何体系）。[①] 具体到债法，多马的债法内在体系为：债法总论—债法分论（买卖—其他合同）。因为买卖合同的内容最为全面且对其他合同具有参照效力。这一观点是与罗马法一脉相承的，罗马法时期对于租赁的论述就是与买卖合同进行类比适用的。而波蒂埃被公认为《法国民法典》的奠基人，他一生致力于将罗马法、法国习惯法与自然的精神融为一体。他的代表作品有：《新编优士丁尼学说汇纂》（1748 年）、《债权论》（两卷本，1761 年）、《买卖契约论》（1762 年）、《租赁契约论》（1764 年）等。[②] 1804 年，在拿破仑支持下颁布的《法国民法典》全面吸收了前述 16—18 世纪法国法学家多马、波蒂埃等的著作，[③] 房屋租赁合同规则则直接采纳了两位学者著作中所呈现的体系。

---

① 李中原 . 欧陆民法传统的历史解读——以罗马法与自然法的演进为主线 [M]. 北京：法律出版社，2009：277-285.

② 麦克唐奈，等 . 世界上最伟大的法学家 [M]. 何勤华，等译 . 上海：上海人民出版社，2013：363-367.

③ 高德利（James Gordley）. 法国民法典的奥秘 [C]. 张晓军，译 . // 梁慧星 . 民商法论丛（第 5 卷）. 北京：法律出版社，1996：576-577.

一、法国房屋租赁合同的立法变迁

近现代法国房屋租赁合同的立法变迁区分为三个阶段：第二次世界大战前的法国房屋租赁合同立法、1945—2006 年间的房屋租赁合同立法、《可抗辩居住权法案》时期的房屋租赁合同立法。

（一）二战前的法国房屋租赁合同立法

1804 年《法国民法典》出台至第二次世界大战前，房屋租赁合同立法以《法国民法典》为主，民法典中所确立的房屋租赁合同规则足以解决这一时期的司法实践问题。同时，为了解决工业革命后人口快速膨胀和居住环境严重恶化等问题，法国政府颁布了一些干预房屋租赁市场的法律。

这一时期的房屋租赁立法有：1850 年，法国政府颁布了有关住房卫生标准的法案，用以规范住房质量和居住卫生，对于房屋租赁市场的良性发展意义重大；1894 年，法国政府通过了《施格弗莱德法》（ *La Loi Siegfried* ）并创建了"廉价住房委员"（LCHBM），该法案鼓励通过工人集资和企业参与建设等方式来解决住房短缺问题；1912 年，法国政府颁布了《保诺维法》，要求地方政府建立"廉价房机构"（HBM），用于改善工人的住房条件[①]；1928 年，法国政府颁布了《卢舍尔法案》（ *La Loi Loucheur* ），该法案计划在 5 年内建设 26 万套廉价住宅，其中包含 6 万套用于出租的低租金住宅。

这些法案与《法国民法典》一起共同作用于法国的房屋租赁市场，改善了法国民众的居住条件，推动了法国社会的城市化进程。

（二）1945—2006 年间的房屋租赁合同立法

第二次世界大战中，法国深受其害，面对居住难问题，法国在战后进行了各种立法。1948 年法国政府颁布了《关于居住及营业用租赁的法律》，规定：承租人在租赁期届满后依据之前的合同条款取得继续占有的权利，即转化为法定租赁关系；在法定租赁关系之下，出租人的收回房屋的权利受到限

[①]　廖了，章冲.法国公共住房政策演变及其启示 [J].城市学刊，2018（3）：36-41.

制，只有在法定情形下（比如自己使用）才能行使合同解除权。[①]1956年，法国政府颁布《低租金住房法案》，规定：凡新开工的住宅项目应配建20%的廉租房，廉租房的租金为市场租金的三分之一，甚至六分之一。同时规定了申请廉租房的个人条件和家庭条件。此外，对于不配备家具的房屋出租，规定租期不得少于3年，且合同租期内房东不得任意提高租金，只能按照政府每年发布的价格指数进行微调；且合同到期后，如果房东没有"充分且正当的理由"，则禁止驱赶承租人，房屋租赁合同自动续期。同时，在行使"正当理由"时，应提前3个月通知承租人，并且禁止在寒冷季（每年11月至次年的3月）驱逐承租人。[②]

经过战后30年的建设与发展，至1975年，法国国内的住房短缺问题基本得到了解决，民众开始更关注住房的生活环境质量。在这一背景下，法国政府于1977年实行住房政策改革，将政策的重心转向个体在住房市场上偿债能力的支持，支持从居住向所有的转变。1982年，法国出台了"街区社会发展计划"，希望通过各方面的整治改善居民的住房环境，提升城市整体竞争力。1990年，法国政府颁布了《博松法》，第一次提出了"居住权"（le droit au logement）概念。[③]2000年，法国政府颁布了《社会团结与城市更新法》（SRU：La Loi Solidarité et Renouvellement Urbains），强制规定："每个人口超过3.5万的市镇都必须拥有不少于20%的社会住宅。"[④]

这一时期的房屋租赁合同立法的变化说明了一点：法国的房屋租赁市场已经从住房数量问题转向住房质量问题，乃至基本人权问题。

（三）《可抗辩居住权法案》时期的房屋租赁合同立法

2007年，法国政府颁布了2007—290号法案——《可抗辩住房权法案》（La loi DALO），正式确立了法国版本的"居住权作为一项基本权利"的原则。

---

① 我妻荣.债法各论（中卷一）[M].徐进，李又又，译.北京：中国法制出版社，2008：164-165.
② 刘波.国外大城市稳房租的经验及启示[J].城市观察，2018（6）：82-89.
③ 强调"所有在生活上有困难的个人或家庭，都有权利通过政府的帮助而获得或使用一套符合各项基本生活标准的住宅"。
④ 孙莹.法国社会住房的政策演变和建设发展[J].城市研究，2016（6）：81-88.

该法案之所以能颁布，最为直接的原因是：2006 年 11 月 2 日，欧盟无家可归者工作组织联合会（以下简称"FEANTSA"）向社会权利委员会起诉法国政府，认为法国对个人和家庭住房的侵害违反了《欧洲社会宪章》第 31 条的义务。在递交的起诉书中，FEANTSA 一方面肯定了法国在改善法国人的住房条件领域所做出的贡献，另一方面详细列举了法国国内相关住房立法、政府政策运转等方面未能有效实现居住权。迫于 FEANTSA 国际诉讼的舆论和压力，法国政府紧急制定了《可抗辩住房权法案》，并采取多种行政措施加大对低收入群体、无家可归者的救济援助。

该法案规定，政府有义务大力支持和发展低租金住房制度，保障符合条件的公民可以通过申请，实现居住需求的满足；如果公民对住房申请有异议，法案赋予了公民通过调节诉讼和司法诉讼进行救济的权利。该法案的颁布对于欧洲乃至世界的房屋租赁市场产生了深远的影响。

2016 年 2 月 10 日，法国政府出台了《关于合同法、债法一般规则与证明的改革法令》，该法令对法国的债法部分进行了全面修订，但不涉及房屋租赁合同领域。[①]

总体来说，法国的房屋租赁合同规则是以《法国民法典》所确立的基本规则为主，辅之以其他房屋租赁相关的法案来共同规制房屋租赁市场中的相关利益主体。

二、法国房屋租赁合同的内容

《法国民法典》第三卷第八编第 2 章第 1 节规定了房屋租赁和农产租赁的共同规则，第 2 节规定了有关房屋租赁的共同规则。结合第 1707 条和第 1711 条可知，房屋租赁属于物的租赁的一种类型，与罗马法以降对房屋租赁合同的体系性定位一脉相承。

纵观近现代法国法中的房屋租赁合同规则，特别是《法国民法典》中呈现的内容，可以发现，成立规则、权利义务规则、合同变更和终止的基本规

---

① 李贝 . 法国债法改革对我国民法典制定的启示意义 [J]. 交大法学，2017（2）：51-66.

则方面全面继受了罗马法中的房屋租赁合同规则。基于论述的需要，本部分主要从"限制出租人的权利""对承租人的特别保护""可抗辩居住权"三个方面来论述近现代法国法对罗马法时期房屋租赁合同规则的继受与发展。

（一）限制出租人的权利

一般而言，权利的对立面是义务。限制出租人的权利，一方面，需要细化出租人义务的内容，如《法国民法典》第 1719 条规定的出租人的三大义务，第 1720 条规定的出租人对租赁物的修缮义务；另一方面，则要对出租人本身享有的权利进行特别限制，如出租人解约权的限制。

1. 出租人的瑕疵担保责任

《法国民法典》在第 1721 条所规定的出租人的瑕疵担保义务也完全继受自罗马法中的类似规则（D.19,2,25,2），该条规定："出租人对其出租物所带有的妨碍使用的瑕疵或缺陷，对承租人负担保责任；即使出租人在订立租约时并不知道存在此种瑕疵或缺陷，亦同。如因出租物的瑕疵或缺陷致承租人受到损失，出租人应负赔偿责任。"但是，如果在出租时，出租人已经明确告知某些瑕疵或缺陷，且承租人知道并认可的，出租人可免除这一承租人明知的瑕疵担保责任（法国最高法院民事庭，1949 年 6 月 10 日）。①

出租人对租赁物的修缮义务也应属于出租人的瑕疵担保责任，这是对这一责任的动态解读。第 1721 条着眼于出租时租赁物的状态，第 1720 条则着眼于整个租约期间。即使订立租约时约定大修与屋顶修缮由承租人承担，但在对屋顶进行全面修缮时，也不能排除出租人应当负担的修缮义务（法国最高法院第三民事庭，1991 年 5 月 10 日）。

当然，如果出租人拒绝承担重大的瑕疵担保义务或不履行重大的修缮义务，出租人可以行使单方解约权。

2. 出租人解约权的限制

一方面，出租人和承租人在租约中未约定出租人可以在将房屋收回自

---

① 本节对法条和判例的引用，转引自法国民法典（上、下册）[Z]. 罗结珍，译. 北京：法律出版社，2005.

用的情况下解除租约，则即使嗣后申明收回自用，也不因此而解除租赁关系（第 1761 条）；另一方面，如果在租约中进行了自用可以收回房屋的约定，也需要按照当地习惯对承租人进行通知，给予合理期限后才能正式解除租赁关系（第 1762 条）。这两条规则是《法国民法典》对出租人解约权进行限制的基本规则。

另外，散落在其他条文中关于出租人解约权限制的内容还包括：（1）承租人在其所租的房屋内留宿亲属，并不构成对承租人权利的违反，出租人不得以此为由行使解约权（法国最高法院第三民事庭，1996 年 3 月 6 日）。（2）同时，承租人在其承租的房屋内接收委托其照看的孩子，被给予工资，法院认定这种照看孩子的活动并不引起承租场所用途的改变，出租人不得以此解除租约（法国最高法院第三民事庭，1997 年 5 月 14 日）。（3）出租人依据双方的租约行使解除权时，应当证明承租人在收到催告的期间经过后仍然一直违反租约（法国最高法院第三民事庭，1997 年 11 月 13 日）。

（二）对承租人的特别保护

近现代法国法在合同法领域奉行自由主义原则，在房屋租赁领域也是如此。对承租人的特别保护体现在承租人享有转租权（第 1717 条）、承租人享有租金酌减权或解约权（第 1722 条和第 1724 条）、默示延展租约规则（第 1738 条）等方面。

1. 承租人的转租权

近现代法国房屋租赁规则中的承租人转租权规则，不同于罗马法中承租人的转租权需要事先得到出租人同意或事后得到出租人同意，而是由法律直接赋予承租人转租的权利，除非房屋租赁合同中明确约定禁止转租。

1974 年 4 月 24 日，法国最高法院第三民事庭确立以下规则：转租合同是一项有别于主租约的合同，适用其自有的、独立于不动产所有权人与主承租人之关系的规则。转租并不解除主承租人的义务，即在转租的情况下，对于次承租人不履行相应的租约义务的情况，主承租人需要向所有权人承担责任。这也符合合同相对性原则，所有权人对主承租人（转租人）享有依据双方租约约定的直接诉权（法国最高法院第三民事庭，1997 年 2 月 19 日）。

法国民法典一方面承认承租人享有转租的权利，另一方面，在司法实践中对于主合同终止、转租合同是否终止的问题采取"连带主义"，即主租约终止，转租亦随之终止，并不需要事先通知才能终止转租租约（法国最高法院第三民事庭，1997 年 10 月 10 日）。只有在所有权人和主承租人出现身份混同时，才不会因主租约的消失而导致转租租约终止（法国最高法院第三民事庭，2002 年 10 月 2 日）。次承租人所面临的情况就会是因转租租约的终止，其居住权缺乏契约的保障。20 世纪 70 年代法国司法实践对这一问题的处理，仅仅是交给当事人进行重新约定，如无约定则由法官进行"对占用场所给予补偿金"的自由裁量（法国最高法院第三民事庭，1970 年 6 月 19 日）。

这一司法矛盾体现了承租人特别保护在转租领域的不彻底性。直到 2007 年法国可抗辩居住权确立之后，次承租人随时面临被驱逐的情形才得到了改善。

2. 特殊情况下，承租人享有租金酌减权或解约权

租赁期间，如果房屋因为意外事故全部毁损，承租人自然享有合同解约权。同时，对于承租人提前支付的租金，出租人应计算到房屋毁损日并将此后的租金退还给承租人（法国最高法院第三民事庭，1998 年 4 月 1 日）。

如果以上房屋损毁灭失是因为意外事故，并不能归责于任何一方，那么双方都无需承担额外的责任。但如果房屋的全部毁损是由出租人不履行维修义务导致，则出租人应向承租人承担赔偿责任，同时承租人享有解约权。

在房屋部分灭失的情况下，需要具体分析：（1）租赁期间，由于长时间的特别气候条件，出租的不动产内停止供应自来水，此种情形构成出租物因偶然事件而部分灭失，承租人有理由减少租金（法国最高法院第三民事庭，1980 年 6 月 17 日）；（2）由于行政部门的决定，承租人不能按照承租场所的主要用途进行使用的，承租人也可以要求减少租金（巴黎大审法院，1971 年 1 月 20 日）。以上举例来源于法国法院的具体判例，所依据的请求权基础就是《法国民法典》第 1722 条所确立的规则。同时，该条也赋予了出租物部分灭失情况下承租人享有单方解约的权利。

出租人在租约期间，对承租人负有瑕疵担保义务，即应履行出租物的紧急修缮义务，在修缮延续时间超过 40 天时，承租人可以按照被剥夺租赁物时间的长短与被剥夺的部分所占的比例相应减少租金（第 1724 条第 2 款）；如因出租人进行修缮致使承租人及其家庭居住所必要的场所不能用于居住的，承租人可以请求解除租约（第 1724 条第 3 款）。

3. 默示延展租约规则

默示延展租约规则是建立在已经到期的书面租约的基础上的。这一规则的理论基础就是以各方当事人的行为推定其共同延展租约的意思表示（法国最高法院第三民事庭，1973 年 5 月 16 日）。

出租人明确表示租约到期后要收回房屋的，即使承租人继续居住并支付租金，也不能适用默示延展租约规则，因为其违反了共同意思一致原则。

如双方未进行特别约定，则默示延展所形成的租约推定适用原租约中的相同条款与条件（法国最高法院商事庭，1953 年 5 月 6 日）。但是，原租约中所确定的期限对经默示延展的租约的期限则不产生影响，延展后的租约依照当地的习惯确定；在当地习惯确定的延展租期内，出租人只有在这一期限内进行预先通知后，才能让承租人搬离（第 1759 条）。

在默示延展租约规则中，如具体规定担保范围的文书没有写明担保也随之延展，则保证人不再负有担保责任（法国最高法院第一民事庭，2000 年 10 月 4 日）。

（三）可抗辩居住权——一项基本权利的确立

法国将可抗辩居住权作为一项基本权利并不是一个突然的决定，而是有其立法积淀的。早在 1982 年 6 月 22 日的《基诺特法》第 1 条中就首次规定："居住权是一种基本权利，在决定他的法律的范围中生效。"1989 年 7 月 6 日颁布的法案明确提出住房权是一项基本权利。1990 年颁布的《博松法》使得住房权享有宪法上的保护，即"住房权是国家整体团结责任的组成部分"。1998 年 7 月 29 日颁布的法案将"住房权的获得变成一个反对驱逐的基石，所有被驱逐的人从此以后拥有该权利"。2000 年 12 月 13 日颁布的《城市发展与革新法》中，法国正式开始使用"适足住房"的概念，并在 2005 年 1 月 18 日有关社会住房的法案中再次进行法律确认。2006 年 7 月 13 日颁布的《国家服役法》就住房问题在 1998 年法案的基础上进行修改，同时法国立法者也在社会住房方面采取了相应的积极措施。最终，法国政府部长会议于 2007 年 1 月 17 日通过《可抗辩居住权法案》（*La loi DALO*），在法国正式确立"可抗辩居住权"。①

可抗辩居住权主要面对的是五类住房困难户，即无房户、将被逐出现住房且无法重新安顿者、仅拥有临时住房者、居住在恶劣或危险环境中的人、与未成年子女同住且住房面积不达标的人。将居住权以"可抗辩性"进行立法规定，实际上是政府的一种自我施压，赋予无房者起诉政府的权利，使得保障国民的居住权成为国家的一项强制性义务。②可抗辩居住权的实现有赖于政府的行政保障和司法保障。

在行政保障方面，包括：（1）低租金住房制度。低租金住房制度源于 1956 年，通过政府主导和部分大企业参与建立廉租房来推动，法国政府通过严格的分配和审查规则来执行低租金住房制度，从而使得低租金政策能真正惠及五类住房困难户。（2）综合运用税收、保险、金融、补贴等手段和政策来对可抗辩居住权进行间接保障，从而最大限度地实现公民的居住权。以税收手段为例，法国政府对私人出租房屋的租金收入免征所得税，住房贷款利息可以从所得税税基中扣除等。

在司法保障方面，主要通过行政调解和行政诉讼来实现对公民可抗辩居住权的保护。（1）行政调解救济。《可抗辩居住权法案》第 13 条规定：在法国各大区、省及地方政府的住房部中设立专门委员会——可抗辩住房权调解委员会，以加强可抗辩住房权的实施。方案通过规定调解委员会的职责、地位以及处理程序等来实现调解救济的目的，并从另一方面对政府行政权力进行监督。（2）行政诉讼救济。《可抗辩居住权法案》第 11 条赋予了五类住房困难户可向行政法院提起行政诉讼的权利，以保障自身的可抗辩居住权。如

---

① 潘丽霞.法国可抗辩住房权法律保障研究 [D].湘潭：湘潭大学，2016.
② 魏文彪.保障公民居住权是政府法定责任 [N].中国改革报，2007-1-24（6）.

果申请者在此类行政诉讼中胜诉，则法官会判决要求行政首长在规定的时间内重新分配社会住房。

法国《可抗辩居住权法案》的颁布和实施，在改善法国公民的住房环境（特别是五类住房困难户）、提高公民居住满意度等方面发挥了积极的作用。该法案不仅对我国的廉租房政策的实施有借鉴价值，对于我国房屋租赁合同立法也有重要的立法参考价值。

三、法国法中的房屋租赁合同对罗马法的继受与发展

在分析罗马法中租赁合同的起源时，本书提出"暂时买卖说"之拓展，说明了租赁和买卖之间的关联性，这一点有罗马法原始文献的支撑。1977 年 2 月 7 日法国最高法院商事庭的一份判决也论证了"租赁—买卖合同"的关联性。[1] 这一现象很有意思，进一步证实了租赁与买卖之间在规则上的关联性。

对罗马法房屋租赁合同规则的继受层面，可以下例为证。《法国民法典》在第 1719 条全面继受了罗马法中房屋出租人的义务规则，规定：出租人，依租约的性质并且无需任何特别条款的规定，负有以下义务，即：（1）向承租人交付出租物；（2）保持出租物处于租赁目的之内能正常使用之状态；（3）保证承租人在承租期间不受妨碍地使用租赁物并享有其利益。这些内容与罗马法房屋租赁合同规则重构后几乎一样。事实上，除对于出租人义务规则的立法继受之外，司法实践还发展了一些更为细致的内容，如：（1）当出租人不履行出租物之交付义务时，承租人可以请求法院批准对承租物实行占用或解除租约（法国最高法院社会事务庭，1956 年 6 月 8 日）；（2）噪声污染并不以法律规定的标准为限，而是以是否对承租人造成损害为原则，如有损害，则承租人可以请求损害赔偿（法国最高法院第三民事庭，1991 年 12 月 4 日）；（3）在共同承租关系中，如某一承租人对其他承租人享用承租物造成干扰或侵害，赋予其他承租人诉权以针对其共同出租人，出租人则可以将造成干扰的承租人牵连进诉讼（法国最高法院第一民事庭，1960 年 11 月 3 日）。

---

① 　罗结珍，译 . 法国民法典（下册）[Z]. 北京：法律出版社，2005：1284.

近现代法国法中的房屋租赁合同在立法体例、核心内容上全面继受自罗马法，在立法语言、立法体系和规则内容的组织上则受到了近现代自然法和启蒙思想的影响。特别是2007年《可抗辩居住权法案》的颁布，是法国房屋租赁合同领域的重大发展。

第三节　近现代德国法中的房屋租赁合同

德国法中的房屋租赁合同对后来各国的房屋租赁合同立法影响巨大。德国法采用的是"一般租赁规则＋特殊规则"模式，这一立法模式相比于罗马法来说，在立法体系上更为严谨和科学；在房屋租赁合同的很多具体规则上，德国法都属于开创者，例如，"买卖不破租赁规则"的确立、"租金控制"的具体规则等。

一、德国房屋租赁合同的立法变迁

本部分主要论述工业革命后德国住房租赁市场的发展变化，同时会提及房屋租赁市场发展过程中德国政府颁布的一系列涉及房屋租赁的法律法规对房屋租赁市场的影响。

工业革命后，德国的房屋租赁市场经历了三个阶段。

第一阶段：从工业革命到第二次世界大战前，伴随着工业化的进程，大量农村人口涌入城市，房屋租赁市场开始规模化地扩张，住房合作社开始出现。但在这一时期颁布的《德国民法典》（1900年实施）并没有对房屋租赁作出特别的规定，仅将房屋租赁视为"使用租赁"之一种，通过使用租赁规则来规范房屋租赁市场。第一次世界大战期间，德国房屋租赁市场出现了房屋短缺现象，导致房租快速上涨。德国政府为了保证国家的稳定，以支撑战争的需要，相继出台了《房屋承租人保护令》《住宅缺乏救济令》《租房紧缺时期保护法》等法令。① 通过颁布这些战时法令来控制租金、强制出租人将空房屋进行出租以及限制出租人的合同解除权等，维护承租人的利益，并解决大部分民众的居住问题，却牺牲了出租人的利益。

第二阶段：第二次世界大战以后到 20 世纪 90 年代末，由于战争中德国大量的住房被毁或者严重受损，而战后又有大量移民涌入，进一步加剧了德国住房的紧张状况。为此，德国在这一时期实施了一系列促进住房投资和房地产市场的政策，比如房租管制制度、社会福利房制度、住房金制度等。例如，1950 年德国颁布了《住房建设法》(*Wohnungsbaugesetz*)，1956 年对该法进行修订，颁布了第二部《住房建设法》，该部法典涉及住房建设和保障、公共租赁住房、合作社住房等方面；1951 年颁布了《住宅所有权与长期居住权法》(2007 年 3 月 26 日进行了修订)，该法细化了《德国民法典》第 1093 条关于"居住权"的规定，创设了"长期居住权制度"，赋予长期居住权人以法定的补偿请求权；②1970 年颁布了《新建筑租金法令》，该法涉及租金的国家控制；1974 年颁布的《租金调整法》对租金的政府调控这一问题更加细化、具体化；1974 年底又颁布了房屋租赁合同中对出租人的解约权进行限制的专门法律，即《房屋使用租赁关系预告通知解约法》③；此外，还制定了《建筑法》《住房金法》《自用房补贴法》等。④ 除了立法与房屋租赁市场的互动外，司法在其中也发挥着重要的作用。例如，1993 年，德国联邦法院在一个判决中，从《德国基本法》第 14 条出发，认为住宅是私人生存的中心，能够满足基本的需求，也有助于确保自由和人格的展开，因而承租人应有权独占地使用住宅。据此赋予了住宅承租人对住宅的占用权以所有权的资格，使住宅租赁关系成为两种"所有权地位"之间的竞争。⑤

第三阶段：21 世纪以来，德国国内的人口增长速度放缓，住房供需趋于

① 赵薇 . 中德房屋租赁法律制度比较研究 [D]. 哈尔滨：哈尔滨工程大学，2011：11–12.
② 杨代雄 .《德国住宅所有权与长期居住权法》简要评注 [C]// 张双根，田士永，王洪亮主编 . 中德私法研究（第五卷）. 2009：163–194.
③ 赵薇 . 中德房屋租赁法律制度比较研究 [D]. 哈尔滨：哈尔滨工程大学，2011：12.
④ 陈默 . 前联邦德国的住宅立法与住宅建设 [J]. 中外房地产导报，1995（19）：27–28.
⑤ 克尼佩尔 . 法律与历史——论德国民法典的形成与变迁 [M]. 朱岩，译 . 北京：法律出版社，2003：272.

平衡。此时的房屋租赁市场上承租人的话语权得到了提升。^① 就住房租赁来说，德国于 2001 年通过了《使用租赁法改革法》，对民法典中有关使用租赁合同部分进行了大幅度的增加、删减和修改，其重心就是对房屋租赁予以专门规制，以切实保障承租人的合法权益，并平衡出租人和承租人之间的法律关系。2013 年 3 月 11 日，德国还在《德国民法典》第 555a 条下增加了一个分目，内容是关于"维持及现代化措施"的规定。增加这一分目的目的是从体系上区分维持措施和现代化措施，并且同时区分了承租人的容忍义务和出租人因采取措施而获得提高租金的权利。^② 为此，本书对德国房屋租赁合同规则的分析将以《使用租赁法改革法》中的内容为样本。

二、德国房屋租赁合同的内容

关于德国住房租赁法的性质，《德国民法典》中并没有就这一问题作出明确规定，但通过对德国房屋租赁合同规则的解读，我们可以得出这一结论：德国的住房租赁法属于强行法规定。例如，《德国民法典》的房屋租赁合同规范都规定"使承租人受不利益的不同的约定不生效力"^③，这一限制性规定说明了房屋租赁合同双方不得通过约定排除某些会使承租人陷入不利益状态的条款。

《德国民法典》在第二编第 8 章第 5 节第 1 目确立了使用租赁合同的一般规则，即适用于房屋租赁合同。这些内容包括使用租赁合同的概念（第 535条）、物之瑕疵和权利瑕疵情形下的租金减少制度（第 536 条）、承租人因瑕疵而享有损害赔偿请求权和费用偿还请求权（第 536a 条）、租赁期间出现瑕疵时承租人具有通知义务（第 536c 条）、因重大事由而无期限地特别终止制度（第 543 条）、承租人的返还义务（第 546 条）等。而《使用租赁法改革法》最为核心的内容就是限制出租人终止合同的权利，以维护租赁关系的稳

① 上海社会科学院房地产研究中心，上海市房产经济学会. 中外住房保障法规比较研究 [M]. 上海：上海社会科学院出版社，2011：1-2.
② 杜景林，卢谌. 德国民法典——全条文注释 [M]. 北京：中国政法大学出版社，2015：417.
③ 德国民法典（第 3 版）[Z]. 陈卫佐，译注. 北京：法律出版社，2010：186.

定性。① 整体来看，还包括押金规则、转租规则、租金管制规则、买卖不破租赁规则、承租人的单方终止权等方面的内容。这些内容规定在《德国民法典》第551—577条。基于论述的需要，本部分主要论述德国房屋租赁合同对罗马法的发展部分，对于直接继受的部分（特别是成立规则、权利义务规则等内容）将不再论述。

（一）限制出租人的权利

为了更好地保护承租人的合法权益，平衡出租人和承租人因地位差异所导致的信息不对称等，德国法在房屋租赁合同规则的发展过程中，逐渐形成了以"租金管制、押金规制、出租人质权的限制性以及出租人合同解除权的限制"为核心的限制出租人权利的制度。

1. 租金的管制

德国的租金管制制度包括两个方面内容：（1）租金指导制度，即通过立法对各类出租房的租金加以限制，特别是公益性住宅和低档住宅。该制度产生的背景是第二次世界大战后，德国住房供应不足导致房租大幅上涨，从而对社会稳定造成不良影响。该制度要求地方政府按照房屋的不同区位、结构和质量，提出相应的指导租金。② （2）房租透明制度。制度的落实如果是透明的，那么其对社会治理的积极影响也会呈现正相关。在房屋租赁领域，房租是影响这一市场健康发展的重要因素之一。基于城市之间的差异性，由各个城市来指定专属于该城市本身的房租价目表，是比较科学的做法。这体现了一般原则下的差异性。德国的很多城市正是这么做的。这份价目表一般由各城市的住房管理机构、租房者协会和住房中介商协会等机构根据该城市的住房情况综合考虑后共同制定。这份价目表具有权威性，出租人和承租人最终确定的租金应限定在该价目表所规定的浮动范围内，而社会福利房的租金则依据市场平均租金的一定比例（一般为50%～60%）来确定。③

① 拉伦茨.德国民法通论（上册）[M].王晓晔，等译.北京：法律出版社，2003：75-76.
② 周珂.住宅立法研究[M].北京：法律出版社，2008：154.
③ 上海社会科学院房地产研究中心，上海市房产经济学会.中外住房保障法规比较研究[M].上海：上海社会科学院出版社，2011：25.

具体而言，租金管制制度又包括以下规则：

（1）分级租金规则（第557a条），即出租人和承租人可以就租金在一个规定的期限关于不同的数额进行书面约定。在约定中，应当以一个金额为标准列出其时的租金和租金的提高数额；并且租金的期限应至少保持一年不变，承租人享有特别终止权。学者认为：这一规则的好处是可以为双方当事人提供核算上的安全和方便，有利于出租人的投资决策以及承租人提前预计未来的租金涨幅。①

（2）指数租金规则（第557b条），即房屋租赁合同的当事人可以通过书面方式约定，租金通过联邦统计署确定的德国全部私人家庭的生活费用指数确定。在指数租金适用期间，租金同样必须至少保持一年不变；并且仅在出租人实施建筑措施的情况属于不可归责于出租人的情形时，才可以按照第559条的规定提高租金。分级租金规则和指数租金规则在订立时，都不得损害承租人的利益，否则协议不发生效力。这两项规则赋予了合同双方通过约定来确定租金数额的将来变动的权利，属于私法自治层面的租金管制制度。

（3）出租人提高租金直至当地惯常之对比租金规则（第558条）。前面两项规则属于合意变更租金数额，该项规则则是赋予出租人在符合特定条件的前提下可以单方提出提高租金的权利，但这一权利不是任意的，而是受到一定的限制。该项规则的核心是既保障出租人可以获得市场价格的租金，也保护了承租人免于承受出租人过高的租金债权。②第558条第1款规定的是出租人提出提高租金请求权的时间限制，第2款规定了当地惯常之对比租金的构成，第3款是封顶数额的限制，第4款是关于封顶界限不适用的两种情形，第5款则规定了第三人资金的折抵规则。接着在第558a条规定了租金提高的方式和理由，并规定了说明理由时可以参考的资料。在第558b条规定了出租人提高租金需要得到承租人同意的规则，规定了承租人同意的期限要求（通常为2—3个月）以及出租人的诉讼期限。第558c条规定了租金参考表的定义和编制的要件。由于第558c条的规定属于一般性规定，在涉及租金

---

① 杜景林，卢谌.德国民法典——全条文注释 [M].北京：中国政法大学出版社，2015：425.

② 杜景林，卢谌.德国民法典——全条文注释 [M].北京：中国政法大学出版社，2015：427.

增加诉讼时会产生争议，为此，《使用租赁法改革法》增加了第 558d 条和第 558e 条的规定。第 558d 规定了公认的租金参考表，该参考表在租金增加诉讼中具有推定效力；第 558e 条规定了租金的数据库，租金数据库能够有代表性地反映当地惯常之对比租金的变化，从而适用于出租人提出提高租金请求时进行理由说明。

（4）现代化措施之后提高租金的限制（第 559 条、第 561 条）。出租人在实施了第 555b 条第 1 项、第 3 项、第 4 项、第 5 项或第 6 项所称的现代化措施后，可以单方提高租金。但此项租金的提高不适用于因环境政策原因而采取的现代化措施（第 555b 条第 2 项）。针对第 558 条和第 559 条规定的出租人增加租金的情形，在第 561 条中法律赋予了承租人特别终止权。这是因为这两种情形之租金变动来源于出租人一方，基于承租人优位主义的考虑，有必要赋予承租人特别终止权，以对抗出租人单方提高租金的要求。

2. 押金的规制

租赁押金，又称租赁保证金。在现代房屋租赁市场上，为了保障出租人在出租时面临的经济风险，赋予了出租人向承租人收取一定数额押金的权利。[1] 押金的法律性质有：附解除条件的消费寄托说、附停止条件的债权说、抵消预约说、债权质说和让与担保说。我国所采纳的通说为让与担保说。[2] 理由是：押金以担保承租人的租赁债务为目的，从而将一定数额的金钱的所有权转移给出租人；在租赁合同终止后，出租人负有返还押金及其收益的义务。[3] 押金的收取在保障出租人利益的同时增加了承租人的负担，因而需要对此进行规制。

《德国民法典》在第 551 条规定了押金的数额限制和存放要求：（1）押金的数额限制。第 551 条第 1 款规定，承租人为了保证履行自己的义务而向出租人提供担保的，押金不得超过月租金的 3 倍，且承租人有权选择分期支付押金；（2）出租人应将承租人交付的押金存放在一个金融机构，而合同当事

---

① 吴晓萍. 论房屋租赁押金数额的立法规制 [J]. 政法学刊，2013（6）：21-24.

② 周珺. 住房租赁法的立法宗旨与制度建构 [M]. 北京：中国政法大学出版社，2013：125.

③ 邱聪智. 新订债法各论（上）[M]. 北京：中国人民大学出版社，2006：272-273.

人也可以约定其他的存放方法。但无论何种方式，都需要确保押金与出租人的财产相分离，且押金的收益归属于承租人。

此外，当原所有权人转让房屋所有权时，承租人所交付的押金如何处理？在 2001 年德国颁布《使用租赁法改革法》后，民法典中增加了第 566a 条的规定。该条规定：受让人取得住房之所有权后，依法加入由承租人所提供之担保所产生的全部权利之中。但在房屋租赁关系终止后，如果承租人无法从受让人处获得担保，应当由原出租人负担返还押金的义务。

3. 出租人的留置权及其限制

房屋租赁合同中的出租人的留置权是指，出租人就租赁合同所产生的债权，对于承租人置于出租房内的物品享有优先受偿权。[①] 出租人的留置权起源于罗马法中的恶意诈欺抗辩权。古罗马法中的恶意诈欺抗辩权，是指权利人拒绝进行给付的债权性权利，不具有物权的效力。[②] 德国在立法过程中，对于是否需要规定"出租人的留置权"，受到了德国社会民主党的激烈批评[③]，但最终还是在《德国民法典》第 562 条中规定了出租人的留置权。

出租人只有在承租人未履行租赁合同所规定的义务时才能行使质权，所针对的通常只能是承租人所有的物，且对于一些不可扣押之物则不能行使这一权利。而如果物在出租人知情且没有异议的情况下被去除，那么留置权消灭（第 562a 条）。此外，还规定承租人可以提供担保，使得出租人免于行使留置权（第 562c 条）；对于第三人扣押的物，此物受到出租人知情约束的，出租人不得就扣押前最后一年之前的租金主张债权（第 562d 条）。

对于出租人的留置权制度是否有必要引入中国的问题，本书认为，基于承租人优位主义，出租人在房屋租赁关系中处于优势地位，出租人留置权的担保功能完全可以通过押金制度来实现，中国对该制度的引入应持谨慎态度。即使需要引入，也应对出租人的质权进行限制性规定。

---

① 梅迪库斯. 德国债法分论 [M]. 杜景林，卢谌，译. 北京：法律出版社，2007：186.
② 文奇. 论留置权制度的历史发展——罗马法、意大利法与中国法之比较 [J]. 李云霞，译. 厦门大学学报（哲学社会科学版），2013（2）：97-104.
③ 梅迪库斯. 德国债法分论 [M]. 杜景林，卢谌，译. 北京：法律出版社，2007：187.

4. 出租人合同解除权的限制

房屋租赁合同分为定期租赁和不定期租赁。在这两种不同类型的房屋租赁合同中，出租人合同解除权的限制有所不同。

在定期房屋租赁合同中，出租人一般不得提前解除合同，只有在具备法定或约定的事由时才可以。法定的事由有：（1）承租人死亡时不曾存在共同居住的人时，出租人可以在知悉承租人死亡后一个月内行使特别终止权（第564条）；（2）承租人因过错而非为显著地违反了自己的合同义务，即承租人构成实质性违约（第573条第2款第1项）；（3）出租人需要将房屋用于自己、自己亲属或者自己家室的成员居住（第573条第2款第2项）；（4）出租人因租赁关系的继续，将使得土地在经济上的适当利用方面受到妨碍，并且因此将会遭受显著之不利益时（第573条第2款第3项）；等等。出租人在行使提前解除权时应在一定的期间内通知承租人，且应在终止函中注明理由（第573条第3款）。

在不定期房屋租赁合同中，出租人一般也不得解除合同，除非出现《德国民法典》第573条所规定的"正当利益"情形。其他的法定事由（重大事由[①]）包括：（1）承租人因疏忽而显著地危害自己应尽的注意义务，或者擅自将租赁物交付于第三人使用，以至于显著地侵害了出租人的权利（第543条第2款第2项）；（2）承租人连续两期延迟支付租金或租金之并非不显著之部分；或者迟延支付的租金，在超过两个期日内金额达到2个月的数额（第543条第2款第3项）。这两大事由同时也适用于定期房屋租赁合同。（3）对于非用于居住的附属房间，出租人可以在没有第573条所称的正当利益情况下提前解除合同。但其解除的目的应为出租而设置房屋，或者准备新增设的住房和为现有住房配备附属房间（第573b条第1款）。出租人在行使解除权时应符合法律规定的通知期限要求（第573c条和第573d条）。而承租人对出租人的提前解约权具有提出异议的权利（第574条）；如果异议成立，则租赁关

---

① 重大事由是指：在考虑个案的所有情事，特别是考虑合同当事人的过错，并且在衡量双方利益的情况下，不能苛求将租赁关系至终止期限届满，或者继续至租赁关系以其他方式终结。在重大事由出现时，合同当事人的任何一方都可以行使特别终止权（《德国民法典》第543条第1款）。

系继续（第 574a 条）。为了更好地保护承租人的租赁利益，《德国民法典》还规定了限制出租人合同解除的社会化条款，即当承租人对租赁合同的利益大于出租人，出租人解除合同对承租人及共同生活的家庭成员而言过于严苛，即便出租人有正当理由解除合同，承租人仍可拒绝（第 574a 条第 2 款）。

（二）对承租人的特别保护

对出租人权利的限制的反面就是对承租人权利的扩张。这些内容有些是继受自罗马法（例如，承租人死亡后，原共同居住人享有继续居住的权利），而有些内容则是对罗马法的突破（例如，"买卖不破租赁"规则）。

1. "买卖不破租赁"规则

"买卖不破租赁"是指，在租赁期间，租赁物的所有权发生变动，新的所有权人依旧受到租赁合同的约束，即租赁物所有权的变化并不导致租赁关系的消灭。[①] 这一规则首先是在《德国民法典》第 566 条得以确立，后来影响到其他国家的立法。比如，意大利（《意大利民法典》第 1599 条）、奥地利（《奥地利普通民法典》第 1095 条）、俄罗斯（《俄罗斯民法典》第 675 条）和中国（1999 年的《合同法》第二百二十九条，对应《民法典》第七百二十五条）等国家继受了德国民法中的这一立法创新。

根据《德国民法典》第 566 条的规定，"买卖不破租赁"规则的构成要件包括：（1）租赁房屋已经交付给承租人并由承租人占有。以承租人占有作为要件，是基于公示的需要。[②]（2）出租人将房屋之所有权让与第三人。此处需要区分出租人是否为房屋的所有权人：对于出租人就是房屋的所有权人，那么自然适用这一规则；对于出租人并非所有权人而转让房屋的所有权时，如果出租人在事后取得所有权或者承租人得到了出租人的同意，则可以类推适用这一规则；如果出租人的转让行为是无效的，那么自然不能适用这一规

---

① 张双根. 谈"买卖不破租赁"规则的客体适用范围问题 [C]// 王洪亮，等. 中德私法研究（第 1 卷）. 北京：北京大学出版社，2006：3.

② 对此，梅迪库斯论述道："事先交付于承租人这一要件是要保护受让人：使用租赁合同是不能够从土地簿册上被认识到的；因此，受让人至少因通过承租人的（有形）占有而受到警告。"梅迪库斯. 德国债法分论 [M]. 杜景林，卢谌，译. 北京：法律出版社，2007：191.

则。适用这一规则的法律后果是：受让人取代出租人，从而加入房屋租赁合同所产生的权利义务关系之中。我国《民法典》在第七百二十五条将这一法律后果表述为"不影响租赁合同的效力"，其核心还是房屋租赁合同关系依然存在，只不过发生了法定的债权转移，从而使得受让人取得了原出租人的地位而成为新的出租人。

此外，我们需要注意的是，"买卖不破租赁"规则不仅适用于房屋的买卖行为，同样适用于赠与、互换、继承等使得租赁房屋的所有权发生变动的情形。之所以称为"买卖不破租赁"规则，而不是更为合适的"让与不破租赁"规则，仅仅是基于使用习惯以及揭示该规则的历史脉络的需要。

2. 承租人的优先购买权

房屋承租人的优先购买权是指，在房屋租赁合同履行过程中，当出租人出卖房屋时，承租人享有先买的权利。但该规则不适用于出租人将房屋出卖给出租人亲属或家室之人的情形（在实践中，德国法院对亲属作了扩大解释，即包括一切通过婚姻、血亲或者姻亲相联系的人，以及登记制生活伙伴关系中的伙伴[①]）。《德国民法典》在第 577 条规定了这一规则，并规定对于承租人的先买权，该条未规定的适用于《德国民法典》第 1094 条至第 1104 条关于"先买权"的规定。《德国民法典》中规定承租人先买权的立法背景是：立法中已经有大量关于限制出租人权利、提高承租人法律地位的规定，特别是关于租金管制的规定，这使得实践中出租房屋的利润并不高。对此，一些出租人将房屋进行改造，以区分所有权的方式进行出租（多人合租）。在这一情况下，为了对承租人的利益进行一定程度上的保护，才规定了承租人的优先购买权。[②]

根据《德国民法典》第 577 条的规定，房屋承租人优先购买权的行使条件包括：（1）主体适合，即必须是房屋的承租人，且房屋租赁关系合法有效。但对于两个及以上的承租人都主张优先购买权时，如何处理？原则上承租人之间可以通过协议确定，如果无法确定则适用于价高者得原则。（2）出租人

---

① 杜景林，卢谌. 德国民法典——全条文注释 [M]. 北京：中国政法大学出版社，2015：461.
② 鲍尔，施蒂尔纳. 德国物权法 [M]. 张双根，译. 北京：法律出版社，2004：635-636.

与第三人签订了买卖合同。承租人的优先购买权是相对于第三人的，如果不存在第三人，则该规则就不适用。当出租人或者第三人就买卖合同的内容向承租人作出通知后，承租人应在合理期限内以书面形式向出卖人行使优先购买权。只有在第三人和承租人处于同等条件时，承租人才享有优先购买权。

在德国，学者通常认为承租人的优先购买权为附条件的形成权，并在体系上区分为债权性先买权和物权性先买权。① 之所以立法规定承租人的优先购买权，是因为立法者考虑到了承租人的"居住权益"，以"形成权"这一私法工具来规制房屋租赁过程中房屋所有权人的处分行为，这是一种具有单方选择权（承租人的权利）的资源配置方式。该说认为，房屋承租人的优先购买权是一种附条件的形成权，即房屋承租人的优先购买权依承租人一方之意思表示就可以在出卖人和承租人之间形成，而无需得到相对人的同意。当承租人的优先购买权受到侵害时（例如，出租人没有履行通知义务且受让人已经取得了房屋的所有权），出租人负有损害赔偿责任。

3. 承租人死亡后，原共同居住人的租赁权

该规则继受自罗马法上关于房屋租赁合同中房屋使用权"夫妻人格一体主义"的规定。《法国民法典》第1742条规定："租赁契约，不因出租人或承租人死亡而解除。"《德国民法典》第563条也确立了这一规则，称为"承租人死亡情形的加入权"。根据该条规定，当原承租人死亡后，与其共同居住的人有权按照原租赁合同继续居住。该条立法目的是保障承租人的共同居住人的居住权益。

对于这一规则的理解需要注意以下几点：（1）共同居住人的范围。第563条第1款认为这一规则适用于一起维持共同家庭生活的配偶和生活伴侣；第2款则认为共同居住人包括承租人的子女（但要求是一起生活的），其他共同生活的家属和非亲属则是以配偶或同性生活伴侣不加入作为限制性条件。（2）共同居住关系的证明。其核心是"一起维持共同家庭生活"，可以通过婚姻登记、伴侣登记、周边邻居的证人证言等来证明。（3）共同居住人可

---

① 孙宪忠. 德国当代物权法 [M]. 北京：法律出版社，1997：169-172.

以放弃这一权利，但需要在承租人死亡1个月之内向出租人做出不再继续租赁关系的意思表示（第563条第3款）。（4）如果在加入人的身上存在重大事由的，出租人享有特别的附期限终止权，期限是1个月的考虑时间（第563条第4款）；（5）如果承租人死亡时不存在共同居住人，则租赁关系适用于承租人的继承人。在这种情况下，无论是出租人还是继承人都享有特别终止权，期限都为1个月（第564条）。

（三）维持措施和现代化措施的区分

维持措施（第555a条）和现代化措施（第555b条）的区分是2013年新加入《德国民法典》中的内容，之所以要增加这一内容，其立法目的是从租赁法的角度保障在建筑物之内采取受公共支持的措施，以此实现不可再生能源的节省。①

根据第555a条的规定，维持措施是指采取措施阻止损害或者去除损害，可以包括租赁物自身或者建筑物。出租人在采取必要的维持措施时，承租人负有容忍义务（包括一定程度的协助，例如，腾空工作面或暂时迁出房屋等）。但出租人在采取维持措施时，应提前通知承租人；对于承租人因维持措施而支出的必要费用，应由出租人在适当的范围内进行偿还。

根据第555b条的规定，现代化措施是指因下列行为而引起的建筑上的变更：（1）持续地节省租赁物方面的最终能源（能源性现代化）；（2）持续地节省不可以更新的原始能源，或者持续地保护气候，但已经构成第1项之能源性现代化的不在此限；（3）持续地减少水消耗；（4）持续地提高租赁物的使用价值；（5）永久地改善一般性的居住情况；（6）因不可归责于出租人的事由而采取的措施，以及构成第555a条所称的小规模的维持措施；（7）创设新的居住场所。②出租人在开始现代化措施前的3个月，应当以书面形式向承租人作出通知（现代化通知，第555b条第1项）；承租人在收到现代化通知后，可以选择容忍（第555d条）或者终止合同（第555e条）；但如果出租

---

① 杜景林，卢谌.德国民法典——全条文注释[M].北京：中国政法大学出版社，2015：417.

② 杜景林，卢谌.德国民法典——全条文注释[M].北京：中国政法大学出版社，2015：418.

人没有进行通知，那么承租人就无需负担容忍义务。

为了提醒那些经验不足的出租人，《德国民法典》在第555f条规定，当事人在订立房屋租赁合同的同时，可以就维持措施或者现代化措施的事由进行特别约定，比如：（1）措施在时间或技术上的实施；（2）承租人的瑕疵担保权利和费用偿还请求权；（3）将来的租金数额；等。

事实上，德国的房屋租赁合同规则除了以上内容外，还有一些更为特别的规定。例如，《德国民法典》在第481条及以下规定了部分时间居住权合同、长期度假产品合同、媒介合同和交换系统合同等内容，这些规定是《欧盟分时居住指令》扩展的结果，其目的是规范分时度假市场。①

总体来说，德国的房屋租赁合同规则是以保护承租人利益为立法宗旨的，同时兼顾出租人的合法权益，构建了具体体系化的房屋租赁合同的具体规则。

三、德国法中的房屋租赁合同对罗马法的继受与发展

德意志帝国建立之前，诸如《萨克森法典》《图林根法典》《卡马维法典》《弗里森法典》等日耳曼习惯法影响着日耳曼人的生活。13世纪，罗马法适用于德意志第一帝国（又称为"神圣罗马帝国"，是962—1806年在西欧和中欧建立的封建君主制帝国，前身是"东法兰克王国"），通过教会这一媒介进行，一直到15世纪德国才开始大规模采用罗马法中的制度。德国的学者也开始大规模研究罗马法，将罗马法的基本原理和制度与德国固有法相结合，形成了"潘德克吞法学"（Pandektenwissenschaft），为后来《德国民法典》的制定提供了理论学说基础。②1756年，德国的一个邦编纂了《巴伐利亚法典》［又称为《巴伐利亚马克西米里安民法典》（*Codex Maximilianeus Bavaricus Civilis*）］，该法典以《法学阶梯》为蓝本，分为人法、物权法、继承法和

---

① 汪传才.欧盟《分时度假指令》研究[J].河北法学，2006（2）：131-134.
② 具体内容可参见维亚克尔.近代私法史——以德意志的发展为观察重点(上)[M].陈爱娥，黄建辉，译.上海：上海三联书店，2006.

债法四编，在债法部分全面继受了罗马法中的房屋租赁合同规则。1794 年
2 月 5 日，德意志境内的普鲁士邦国公布了《普鲁士普通邦法》（*Allgemeines
Landrecht für die Preußischen Staaten*，ALR），该法典集宪法、行政法、民法、
刑法、商法等规定为一体，法典包括导论和其余 2 个部分，共有 43 章，有
17000 条之多。该法被称为体现"普鲁士的自然法"精神的法典，一直施行到
《德国民法典》颁布[①]，与《巴伐利亚法典》一起，为《德国民法典》的形成提
供了法典编纂经验。在民法部分，该法全面接受了罗马法中有关房屋租赁合
同的规则。因为"买卖不破租赁"这一规则在立法过程中存在争议，所以该
法最终没有采纳这一规则。值得注意的是，依据《普鲁士普通邦法》的规定，
新的所有权人在解除房屋租赁关系时，应当给承租人一个期限进行搬离，这
是该法的进步。[②]

　　1900 年 1 月 1 日开始实施的《德国民法典》，从根本上说，是沿袭了
罗马法《学说汇纂》的产物。[③] 这一点从温得莎伊德（Bernhard Windscheid，
1817—1892 年）负责《德国民法典》初稿的起草工作可以看出，他在起草中
就法典的编制、结构、概念和语言等都借鉴了罗马法。就房屋租赁合同而
言，该法典将房屋租赁合同放在"使用租赁合同"部分，房屋租赁合同的成
立规则、权利义务规则、变更和终止规则等内容[④] 从实质上来说是差不多的，
只不过《德国民法典》中规定的房屋租赁合同规则的概念和内容更为精练，
法典安排更为体系化。当然，《德国民法典》也对罗马法中有关房屋租赁合同
规则的某些内容进行了扩展，比如"买卖破除租赁"规则。在《德国民法典》
立法过程中，第一草案采取的是罗马法的"买卖破除租赁"规则，理由是"基
于租赁合同产生的承租人权利是一种债权，而非物权，因此，出租人的受让
人不应受租赁合同的约束，在任何时候他都可以依据其物权请求承租人返还

---

① 何勤华. 外国法制史（第五版）[M]. 北京：法律出版社，2011：314.
② 王利明. 论"买卖不破租赁"[J]. 中州学刊，2013（9）：48.
③ 法学教材编辑部民法原理资料组. 外国民法资料选编 [Z]. 北京：法律出版社，1983：74.
④ 梅迪库斯. 德国债法分论 [M]. 杜景林，卢谌，译. 北京：法律出版社，2007：166-184.

租赁物"①。但受到了基尔克等学者的批评，最终立法者采纳了基尔克的意见，在《德国民法典》第 566 条确立了"买卖不破租赁"这一规则。②此后，基于社会发展变化和观念变迁的需要，德国又颁布了一系列涉及房屋租赁合同的法律，从而不断发展房屋租赁合同规则。

以德国法中的租金管制立法为例来说明近现代德国法中房屋租赁合同的具体规则对罗马法时期房屋租赁合同规则的继受与发展。我们知道，在罗马法中就已经出现了关于租金管制的立法，但那一时期的立法过于简单，仅仅规定了免除租金以及最高租金的限制，而且实施效果并不好。德国房屋租赁合同立法接受了"租金管制"的立法理念，但进一步论证了租金管制制度的理论基础是"租金价差危机"，即当房屋租赁的成本与收益之间的价格差别大到大部分承租人无法承受时政府必须作出反应的程度。③为此，德国法中的该制度立足于承租人优位主义，同时兼顾出租人的合法利益，非常细致地规定了出租人提高租金的情形、提高租金的数额限制、租金参考表的编制、租金数据库的建立、合同当事人可协议确定租金的增加、承租人面对出租人单方面提高租金的情形时享有特别请求权等内容，这就是德国法对罗马法房屋租赁合同规则的内容在更为精细层面的发展。

第四节　近现代日本法中的房屋租赁合同

日本法中的房屋租赁合同规则融合了《法国民法典》和《德国民法典》中的相关内容。在发展过程中，日本法限于民法典中将房屋租赁合同置于租赁

---

① Motiv zum Entwurfe eines Buergerlichen Gesetzbuches fuer das Deutsche Reich, Bd.1, Berlin und Leipzig, 1888. 381. 转引自王利明. 论"买卖不破租赁" [J]. 中州学刊，2013（9）：49.

② Streyl, Kauf bricht nicht Miete—Grundlagen und Regelungszusammenhang der §§ 566 his 566c BGB, NZM（2010），343，345f. 转引自黄凤龙. "买卖不破租赁"与承租人保护——以对《合同法》第 229 条的理解为中心 [J]. 中外法学，2013（3）：619.

③ 凯梅尼. 从公共住房到社会市场——租赁住房政策的比较研究 [M]. 王韬，译. 北京：中国建筑工业出版社，2010：40.

合同之中进行规制，是不区分租赁合同类型的典型立法例。后来，日本政府又专门制定了《借地借家法》来规制房屋租赁合同中的特殊问题。

一、日本房屋租赁合同的立法变迁

（一）《日本民法典》中的房屋租赁合同

日本最初是以《法国民法典》为蓝本编纂民法典的，并于 1890 年公布了民法典草案，共有 1800 余条，史称"旧民法"。但该法典过于法国化而受到了社会舆论的强烈反对，使得该法典夭折。为此，1893 年，日本明治政府成立了以首相伊藤博文为首的民法调查委员会，包括当时日本知名法学家穗积陈重、富井政章、梅谦次郎等，参照《德国民法典（草案）》，并结合日本国情，于 1896 年颁布了总则、物权和债权三编，于 1898 年公布了亲属、继承二编，并同时颁布《民法施行法》，从而确立了《日本民法典》的五编制结构。[①] 就房屋租赁合同而言，日本民法典将其规定于"第三编（债权）第二章（契约）第七节（租赁，第 601 条至第 621 条）"之中，并未对房屋租赁合同作出特别的规定，其适用租赁合同的一般规则。[②]

在民法典施行初期，日本的房屋租赁问题并不突出，所以民法典所确立的房屋租赁合同规则基本上能够适应当时的时代需求。1921 年以后，日本的城市化进程加速，人口大量涌入城市，城市的房屋租赁市场快速发展。伴随着房屋租赁市场的发展，各种住房问题和房屋租赁合同纠纷也开始大量出现，使得政府不得不面对这些问题。产生的住房问题有：（1）高度拥挤，人均面积很小。据统计，1921 年东京穷人家庭的住房面积人均为 4.5 个榻榻米（一个榻榻米约为 1.67 平方米），1929 年为 7.7 个榻榻米（约 12.86 平方米）。穷人家庭一般为 4 口之家，挤在总面积为 50 平方米左右的房间里，非常拥

[①]　何勤华. 外国法制史（第五版）[M]. 北京：法律出版社，2011：355；渠涛. 日本民法编纂及学说继受的历史回顾 [J]. 环球法律评论，2001（3）：273-295.

[②]　铃木禄弥. 日本私有不动产使用关系法的修改趋势 [J]. 刘得宽，译. 环球法律评论，1991（4）：61-65.

挤。① （2）住房的安全问题和卫生问题也比较严峻。这一时期很多住房都是木质结构，而居住的人又很多，极易发生火灾；② 居住环境也相当差，用水问题、厕所问题都相当突出，导致流行病频发，婴儿死亡率处于较高水平。③（3）房租缺乏控制，出租人想上涨多少就多少。据统计，1921—1929 年东京的承租人在月收入下降了 26.60% 的同时，房租却上升了 339.76%。④ 有学者根据日本国内情况的变化，将日本的城市化运动分为四个阶段：早期城市化（1868—1920 年）、中期城市化（1921—1945 年）、晚期城市化（1946—1970年）以及后城市化（1971 年至今）。⑤ 每一个时期的背景都有所不同，但以上三大住房问题是共同问题。为此，日本政府针对每一个时期的重点问题，出台了一些有针对性的政策和法律。

1921 年，日本政府出台了《住房协会法》，该法向拥有 7 个以上会员的住房协会提供低利率贷款，用于住房协会购买或租赁土地建造房屋，或者直接购买房屋以解决协会成员的租房问题。⑥ 第二次世界大战后，日本的住房短缺问题更为严重，为此，日本政府于 1950 年出台了《住宅金融公库法》，1951 年出台了《公营住宅法》，1955 年出台了《公团住房法》。根据以上三大法律，日本政府成立了住宅金融公库、公营住宅机构和公团住房机构。住宅金融公库的职能是对银行和其他金融机构提供长期的低息贷款，以促进住宅建设和增加住房供给；公营住宅机构作为享受政府财政拨款补贴的地方性行政主体，其职能是建造可以以较低租金向本地区低收入群体出租的公共住宅；而公团住房机构瞄准的是城市的中等收入家庭，这一结构能为中等收入

① TAIRAK. Urban Poverty, Ragpickers, and the "Ants' Villa" in Tokyo[J]. Economic Development and Cultural Change, 1969, 17（2）: 155-177.
② 1923 年 9 月，关东地区发生 7.9 级大地震，许多城市大火蔓延，东京下町大火连续烧了三天，横滨市几乎化为灰烬。这次大地震房屋损毁约 69 万余户，受害者总数达 340 万人。之所以会造成那么大的损失，跟住房的木质构造以及密度有很大的关系。
③ 邓宁华. 城市化背景下的日本住房问题 [J]. 外国问题研究，2013（3）: 55-61.
④ TAIRAK. Urban Poverty, Ragpickers, and the "Ants' Villa" in Tokyo[J]. Economic Development and Cultural Change, 1969, 17（2）: 155-177.
⑤ 邓宁华. 城市化背景下的日本住房问题 [J]. 外国问题研究，2013（3）: 55-61.
⑥ SSND J. House and Home in Modern Japan : Architecture, Domestic Space, and Bourgeois Culture, 1880—1930[M].Cambridge（Mass.）: Harvard Univ Asia Center, 2005 : 223.

群体提供购房和租房方面的优惠。① 根据《公营住宅法》的要求，日本从 1952 年开始实施公营住房建设计划，总共实施了 5 个三年计划。到了 1975 年，日本的房屋租赁市场处于基本平衡状态。②

（二）《借地借家法》时期的房屋租赁合同

1909 年，日本政府为了缓和"地震买卖（因土地买卖强制要求承租人拆除房屋的情况）"产生的社会纠纷，颁布了《建筑物保护法》，强化了对承租人的保护。③ 但该法针对的是土地租赁问题，并不是房屋租赁问题。

为了更好地保护房屋承租人的权益，1921 年，日本政府出台了《借地法》和《借家法》。其立法目的是限制出租人的合同解除权，实现承租人的居住稳定。《借地法》针对的是土地租赁④，《借家法》则是关于房屋租赁关系的专门立法。主要内容包括：（1）为了解决房屋租赁市场中的"地震买卖"现象，该法首次确立了房屋租赁合同中的"买卖不破租赁"规则；（2）对于不定期租赁的合同解除问题，《日本民法典》第 617 条规定，将建筑物租赁的解约通知时限从 3 个月延长为 6 个月，使承租人有充足的时间寻找新的住处；（3）承租人就出租人的租金调整事项可提出调整请求；（4）确立了承租人对家具、装饰物等的买取请求权。但 1921 年的《借家法》并未对出租人解除合同时将会严重威胁到承租人的居住生活水平的现象作出限制规定，出租人仍然可以在法定的期限内驱逐承租人。对此，1941 年，日本对《借家法》进行修正，对出租人的合同解除权和拒绝续约权作出了进一步的限制。⑤ 由此，该法首次确立了限制出租人合同解除权的一般性条款，即"正当事由条款"。此后，

---

① 黄修民 . 日本公共住宅制度改革及发展趋势研究 [J]. 日本研究,2010（1）: 83-86；我妻荣 . 债法各论（中卷一）[M]. 徐进，李又又，译 . 北京：中国法制出版社，2008：176-177.

② KORNHAUSER D H. Urbanization and Population Pressure in Japan[J]. Pacific Affairs, 1958, 31（3）: 275-285.

③ 该法案规定：以建筑物所有为目的设立的土地承租权，如果建筑物所有权已经登记，即使土地承租权没有登记，仍然可对抗第三人。参见包振宇 . 日本住宅租赁特别立法研究——以承租人权利保障为中心 [J]. 日本研究，2010（3）: 92-97.

④ 关于日本的借地权制度，可参见谢潇 . 概念体系之嬗变与法意识变迁：日本借地权制度研究 [D]. 重庆：西南政法大学，2013.

⑤ 《借家法》（1941 年）第 1 条第 2 项规定：出租人"非有自用之必要或其他正当理由，不得拒绝契约之更新或终止契约"。

《借地法》和《借家法》又经过多次修正。

　　1991 年 10 月，日本法务省将《借地法》与《借家法》合并，出台了专门的《借地借家法》（1992 年 8 月 1 日起实施）。新出台的《借地借家法》在房屋租赁问题上延续了《借家法》中的规定，在下列问题上作出了局部修正：（1）吸收了相关判例的判决理由，进一步明确了"正当事由"的成立要件；（2）将附期限的建筑物租赁区分为"出租人不在期间"的房屋租赁和"预订毁坏"的房屋租赁。对于前一种情形，排除了第 29 条和第 30 条的适用空间，即租赁期限不满 1 年仍然有效（第 38 条第 1 款）；对于后一种情形，根据法令或契约，建筑物在经过一段时间后将要被拆除，所以当拆除时间到时，租赁合同即刻终止（第 39 条）。①

　　如此，经过 100 多年的发展，日本的房屋租赁合同规则形成了以《日本民法典》为一般规则、以《借地借房法》等法律为补充的立法体例。

二、日本房屋租赁合同的内容

　　与德国法一样，日本法中的房屋租赁合同也是以保护承租人的合法权益为立法宗旨的；在住房租赁法的性质上，也是属于强行法。例如，在《借地借房法》第 30 条有这样的规定："违反本节规定且对建筑物承租人不利的约定无效。"日本学者铃木禄弥认为，法律对住宅所有人权利的限制反射到住宅承租人的法律地位上则事实上成立了居住权，且居住权具有财产权和生存权的双重性质。②而生存权在日本是一个宪法上的概念，它是以《日本宪法》第 25 条为基础发展而来的，被认为是日本社会权重的原则性规定，是社会权的核心。③

　　需要说明的是，基于论述的需要，本书将择其要点来概括日本法中的房

---

① 包振宇. 日本住宅租赁特别立法研究——以承租人权利保障为中心 [J]. 日本研究，2010（3）：92-97.
② 铃木禄弥. 居住权论：借家法序说 [M]. 东京：有斐阁，1981：2. 转引自包振宇. 直面生活世界中的居住需求——整体性权利视野中的住宅租赁权 [J]. 云南大学学报（法学版），2011（3）：42.
③ 凌维慈. 公法视野下的住房保障——以日本为研究对象 [M]. 上海：上海三联书店，2010：10.

屋租赁合同规则，其他未尽内容可参考我妻荣《债法各论（中卷一）》①和星野英一《日本民法概论·Ⅳ·契约》②中关于租赁成立规则、权利义务规则和变更、终止规则等的论述。

（一）限制出租人的权利

日本法在"限制出租人的权利"部分不同于德国法，例如：租金管制措施仅存在了一段时间；合同解除权的限制规则包括宽限期限的延长和"正当事由"规则；等等。而关于出租人留置权的限制性规定（《日本民法典》第312条及第313条）则与德国法中的规则类似。

1. 租金管制规则：从建立到废除 ③

1939年10月，日本政府为了解决战争期间租金大幅上涨所产生的社会问题，基于《国家总动员法》第19条颁布了《租金管制令》。由此，日本正式建立了租金管制制度。

根据《租金管制令》的规定，如果承租人认为租金违反该法令，则可以向地方长官报告，地方长官在必要时进行检查并作出是否减额的命令（第7

---

① 我妻荣. 债法各论（中卷一）[M]. 徐进，李又又，译. 北京：中国法制出版社，2008：194-247.
② 星野英一. 日本民法概论·Ⅳ·契约[M]. 姚荣涛，译. 台北：五南图书出版有限公司，1988：175-216.
③ 以美国为例：美国在历史上曾在第一次世界大战和第二次世界大战期间实行了战时的租金管制政策，但这一政策仅仅属于非常时期的措施，是出于稳定社会秩序，从而服务于战争的需要。战争结束后，这些措施也被逐渐废除。20世纪70年代以来，美国有170多个市、镇出台了新的租金管制措施，主要分布在加利福尼亚州、新泽西州、纽约州、马萨诸塞州等地方。这一时期美国遭遇了严重的经济危机，反映到房屋租赁市场就是租金快速上涨，而承租人的收入并没有增长多少，从而产生了严重的住房危机；同时，这一时期在某些州成立了承租人权益保护组织，比如新泽西州承租人协会、纽约市住房委员会等，这种组织旨在为承租人争取权利，并督促政府对租金进行管制。但到了80年代后，租金管制政策遭到了很多学者的强烈批评，几乎所有的经济学家对这一政策持反对态度。其理由是：这一措施是对房屋租赁市场的自我调整功能的不当干预，不利于该市场的健康发展；租金管制对出租人不公，实质是剥夺了出租人的合法收益权。同时，也遭到了出租人阶层的强烈反对，这是因为这关系到出租人的切身利益；而且80年代后，美国经济有所复苏，房屋租赁市场趋于稳定。当然，少数学者从住房的特殊性、承租人收入和出租人收入的差距、房屋租赁市场的供需失衡性、维护公共秩序的需要等方面来论证该措施的合理性。无论这些学者怎么努力，美国目前的主流观点是对租金管制持反对态度。目前，美国只有5个州的某些地区还存在租金管制，即加利福尼亚州、马里兰州、新泽西州、纽约州和哥伦比亚特区。从以上发展历史中可以看出，美国的租金管制政策具有临时性，或者服务于战时的需要，或者是应对暂时性的经济危机等紧急状况的需要。参见周珺. 美国住房租赁法的转型：从出租人优位到承租人优位[M]. 北京：中国法制出版社，2011.

条）。① 在地方长官作出减额命令后，如果出租人不服从，那么根据《国家总动员法》第2条、第8条和第31条的规定，出租人将被处以80年以下的征役或5万元以下的罚金。这一时期的《租金管制令》的立法目的是打击出租人的超额、暴利行为，对于合理的利润则予以承认。为了更好地实施这一法令，日本政府还出台了配套的《租金管制令施行规则》，规定了每月房租的适当性标准。② 战后学者在评价这一法令时，铃木认为该法具有法西斯的效果，但多多少少是以承租人的居住利益为目的的，具有一定的社会正面效果；③ 而渡边则认为该法令仅仅是为了保障军事生产的需要，不能称之为社会国家的住房保障。④ 本书认为，无论其当时立法目的如何，该法从客观上来说确实达到了保障承租人的居住安宁和稳定社会秩序的效果。从这个层面来说，应肯定该法的现实意义。

第二次世界大战后，日本很多城市中的房屋被毁灭，导致租金依然上涨。对此，日本政府一方面通过增加住房供给来提高承租人的议价能力（《住宅金融公库法》《公营住宅法》《公团住房法》三大法的出台，被认为是日本住房政策的三大支柱⑤）；另一方面，在战后初期，继续适用《租金管制令》，严格控制租金的上涨幅度；同时扩大该法的"除外"条款的适用范围，将其扩展至商业用房和新建建筑，以促进居民自建住房。1956年，日本政府对该法进行了第二次修改，继续扩大"除外"条款的适用范围，扩张至显著的改良工程和大修缮措施，其目的是平衡出租人和承租人之间的利益。1986年，日本政府正式废除了租金管制条款，其理由是这一时期日本的房屋租赁市场趋于供需均衡状态。⑥ 市场是最好的调节工具，但前提是房屋租赁合同双方处于对等状态。但事实上的情况是，出租人居于优势地位。为此，尽管日本废

---

① 建设部房地产业管理局，城镇住宅研究所编印．国外住宅法规选编（下）[Z]．长春：长春市房地产经济研究会，1988：254-256．
② 凌维慈．公法视野下的住房保障——以日本为研究对象 [M]．上海：上海三联书店，2010：21-23．
③ 铃木禄弥．居住权论（新版）[M]．东京：有斐阁，1981：35．转引自凌维慈．公法视野下的住房保障——以日本为研究对象 [M]．上海：上海三联书店，2010．
④ 渡边洋三．土地建物の法律制度（中）[M]．东京：东京大学出版会，1962：434．转引自凌维慈．公法视野下的住房保障——以日本为研究对象 [M]．上海：上海三联书店，2010．
⑤ 黄修民．日本公共住宅制度改革及发展趋势研究 [J]．日本研究，2010（1）：83．
⑥ 凌维慈．公法视野下的住房保障——以日本为研究对象 [M]．上海：上海三联书店，2010：116-117．

除了租金管制的法律条款，但租赁管制的理念并未消失，法院面对出租人要求增加租金的诉求，往往比较谨慎。[①]

2. 押租金和权利金的规制规则

在日本的房屋租赁市场上，承租人交付给出租人一定数额的押金作为担保是非常常见的。日本学界认为押租金（即押金）的交付是一种伴随着附停止条件返还债务的金钱所有权的转移。[②] 这就意味着当房屋租赁合同终止时，出租人负有返还押租金的义务。由于押租金的主要目的是担保承租人在房屋租赁上的债务的履行，如果出租人滥用这一规则，将会对承租人产生不利影响，所以应对其进行规制。

日本的住房租赁法并未对押租金的数额进行限制性规定，实践中一般收取的押租金数额相当于1—2个月的房租。就立法规定来说，《日本民法典》仅在第316条和第619条第2款有关于"押租金"的内容。例如，第316条规定了出租人已经收取押租金的，仅在押租金不足以清偿的债权部分享有先取特权。所以，日本的押租金的规制规则是在判例中发展而来的，具体包括以下两个方面的内容：（1）当出租人的地位发生转移时，承租人所交付的押租金如何处理？日本判例认为，承租人与房屋买受人之间的关系是当然继承关系，房屋买受人没有是否继承的自由，押租金有剩余的，必须继承。但可以使承租人加入出租人和买受人之间的买卖合同中，规定不继承。房屋转让时原出租人手中有押租金担保的承租人债务时，出租人可以扣除，受让人仅继承剩余部分。[③] 本书认为日本判例所呈现的意见是与押租金的性质紧密相关的，押租金的担保功能随着出租人的地位转移，自然地会发生押租金所有权的转移。（2）押租金的返还请求权。租赁合同终止时，承租人在向出租人返还房屋后，可以要求出租人返还押租金；如果出租人不予返还，承租人可以起诉要求出租人返还。

---

① 水本浩. 契约法大系 III 赁贷借·消费贷借 [M]. 东京: 有斐阁, 1962 : 115, 转引自包振宇. 日本住宅租赁特别立法研究——以承租人权利保障为中心 [J]. 日本研究, 2010（3）: 94.
② 我妻荣. 债法各论（中卷一）[M]. 徐进, 李又又, 译. 北京: 中国法制出版社, 2008 : 235.
③ 我妻荣. 债法各论（中卷一）[M]. 徐进, 李又又, 译. 北京: 中国法制出版社, 2008 : 238.

权利金一词是日本的惯用名词①，其不同于押租金。押租金在合同终止时出租人应当返还，而权利金则不予退还。权利金在性质上有三种学说观点：营业或营业利益的对价、提前概括支付的部分租金、赋予租赁权以让与性的对价。主流观点认为，权利金属于提前概括支付的部分租金，相当于预付的租金。权利金的规制主要发生在提前终止的情形，即在定期租赁中，如果契约在租期中提前终止，其终止事由不可归责于承租人（如房屋灭失等），那么此时，剩余期间对应的权利金应当返还。②

3. 出租人解约权的限制

日本住房租赁法对出租人合同解除权的限制包括两个方面的内容：宽限期限的延长和"正当事由"规则。前者规定在《借地借家法》第26条，属于时间上的限制，期限的延长有利于承租人获得充足的时间寻找新的住所；后者最初规定在1941年《借家法》第1条第2项，后来经过判例和学说（渡边洋三、铃木禄弥等学者的争论）对正当事由规则的解释和变迁，形成了如今的"正当事由"规则。③

何谓"正当事由"？有学者总结了日本判例中的判断基准：（1）出租人具有使用建筑物的必要，包括自己使用的必要性、第三人使用、为了维持生计而需要变卖、共同居住人等居住的必要、是否存在替代性的房屋；（2）有关房屋租赁之前的经过过程；（3）房屋的利用状况；（4）房屋的现状；（5）是否提供腾退费。④

出租人行使"正当事由"规则的要件包括：（1）一般来说，"正当事由"的提出须为出租人提出合同解除权时"正当事由"已经存在。（2）需在合理的期限内提出，一般为期限届满前6个月至1年。如果没有在法定期限内提出，那么即使出租人有正当理由，也可能会产生房屋租赁合同的法定更新问

---

① 史尚宽. 债法各论 [M]. 北京：中国政法大学出版社，2000：202.
② 星野英一. 日本民法概论·Ⅳ·契约 [M]. 姚荣涛，译. 台北：五南图书出版有限公司，1988：190-191.
③ 凌维慈. 论居住保障与财产权限制——以日本房屋租赁法上的"正当事由制度"为例 [J]. 政治与法律，2008（2）：32-37.
④ 澤野順彦. 借地借家の正当事由と立退料：判定事例集 [M]. 东京：新日本法规出版社，2009：1，转引自凌维慈. 公法视野下的住房保障——以日本为研究对象 [M]. 上海：上海三联书店，2010：142-143.

题。（3）承租人可以对出租人的"正当事由"提出异议，异议期间出租人不得驱逐承租人。[①]需要注意的是，在不定期租赁中，如果出租人拒绝更新，也需要说明正当事由（《借地借家法》第28条）；即使出租人说明了拒绝更新的正当理由，但在租赁期满后，承租人继续使用房屋，出租人又没有及时提出异议的，那么房屋租赁合同依然会被更新。

尽管"正当事由"规则是在第二次世界大战期间确立的，最初是出于战争的需要，但经过了几十年判例和学说的发展，目前的"正当事由"规则已经得到了广泛的认可，因为这一规则有利于实现承租人的居住利益，也有利于房屋租赁市场的健康发展和社会的稳定。[②]

（二）对承租人的特别保护

日本法中关于承租人特别保护的内容在"买卖不破租赁"规则[③]和承租人死亡时，其共同居住人享有继续居住的权利（《借地借家法》第36条）[④]等方面与德国法中的规则类似。所以，本部分主要论述日本的默示更新规则，租金增减请求权和家具、装饰物的买取请求权。

1. 默示更新规则

日本的住房租赁法在《日本民法典》第619条和《借地借家法》第26条确立了房屋租赁合同中的默示更新规则。这一规则，德国法规定在《德国民法典》第545条。

默示更新规则是指租赁期限届满后，承租人仍然继续使用房屋，而出租

---

① 星野英一.日本民法概论·Ⅳ·契约 [M].姚荣涛，译.台北：五南图书出版有限公司，1988：210-211.
② 值得我们关注的是，美国法对于合同解除权的限制，除了规定正当理由规则外，还规定了"禁止报复规则"。禁止报复规则是指，当承租人采取措施迫使出租人遵守法律时，出租人不得通过行使合同解除权等方式进行报复。见 RAYMOND P. Retaliatory Eviction and Periodic Tenants in Washington [J]. Seattle University Law Review，1981，（4）：415-430. 对于承租人的哪些行为，出租人不得进行报复？《统一住房租赁法》第5.101条第1款对此进行了列举性的规定。《统一住房租赁法》第5.101条第1款规定："对承租人的下列行为，出租人不得采取增加租金、减少服务或收回房屋等措施进行报复：（1）承租人向有关政府机构举报租赁房屋存在违反建筑法或者住房法的相关规定，且对安全、健康有实质性影响的情形；（2）承租人向出租人抱怨其未履行租赁房屋的维修义务；（3）承租人组织或加入承租人权益保护组织。"如果出租人实施了报复性行为，承租人有权要求出租人赔偿实际损失并支付惩罚性损害赔偿金和律师代理费等。
③ 周江洪.买卖不破租赁规则的法律效果——以契约地位承受为前提 [J].法学研究，2014（5）：116.
④ 星野英一.日本民法概论·Ⅳ·契约 [M].姚荣涛，译.台北：五南图书出版有限公司，1988：213.

人并未作出相反的意思表示，则视为租赁期限的更新。默示更新规则区分为定期租赁情形和不定期租赁情形。就定期租赁而言，《借地借家法》第26条规定，出租人在合同期限届满前6个月至1年内未对承租人进行更新拒绝的通知或者如不变更租赁条件则不更新的通知时，无论承租人是否提出更新的请求，都视为租赁期限的更新。如果出租人要作出拒绝更新的通知，他需要说明"正当事由"才可以。就不定期租赁而言，根据《借地借家法》第27条的规定，当事人可以合意解除合同，但出租人必须在6个月内行使，且需要说明"正当事由"；即使出租人有正当事由，如果超过了解约期限，那么只要承租人继续使用房屋，也属于默示更新的情形。

2. 租金增减请求权

日本的房屋租赁合同和土地租赁合同一样，都认可在经济情况发生变化时，根据出租人或承租人的请求，可以对房租进行增额或减额。对于房屋租赁合同中的租金增减请求权，日本法将其规定在《借地借家法》第32条。日本在将租金管制条款废除后，主要通过这一请求权来实现对房屋租赁市场中的租金的调控。这一请求权，出租人和承租人都可以行使，出租人主要行使租金增额请求权，承租人则相反。但由于该权利对承租人影响甚大，所以将其放在承租人的特别保护中进行讨论。

根据《借地借家法》第32条的规定，该请求权的行使要件是：（1）房屋的租金因对土地或建筑物的征税及其他负担的增减、土地或建筑物的价格而上升或下降及其他经济情事发生变化或比照邻近同类房屋的租金为不相当时（第32条第1款），当事人才可以行使这一请求权。（2）该请求权在租赁期间行使，但如果当事人在房屋租赁合同中特别约定在一定租期内不得增减租金的，应从其约定。

出租人在行使租金增额请求权时，需要说明正当事由；承租人对其有异议的，在法院裁判之前只需按照原租赁合同约定支付租金即可（第32条第2款）。而对于承租人的租金减额请求权，承租人也需要说明正当理由；如果出租人有异议的，在法院裁判认可承租人的诉讼请求时，出租人应当返还承租人超额支付的租金和对应的利息（第32条第3款）。

3. 家具、装修物的买取请求权

《借地借家法》第33条规定了承租人对于家具、装修物的买取请求权。这一规定被认为是承租人费用偿还请求权的发展，在给予承租人收回投入费用的便利的同时，还具有防止因拆除增加建筑物的客观利用价值的装修而带来的社会经济损害的意义。①

家具、装修物的买取请求权的成立要件包括：（1）承租人可以请求买取的对象是家具和装修物。装修物是指附加于建筑物而增加其利用价值的物，包括水、电、煤气等的引入，设置的设备等。但承租人的个人用品不包括在内。（2）承租人在添置家具或装修时应得到出租人的同意，或者从出租人处购得。需要注意的是，出租人的同意可以是默示。（3）该请求权在房屋租赁合同终止时才产生。但对于因承租人不履行债务而导致合同终止的情形，判例和学说对此有争议。判例从保护诚信承租人的角度否定此种情况下承租人的买取请求权，而学说则从该请求权的合理性角度肯定之。②

根据《借地借家法》第33条的规定，该请求权为形成权，只需要承租人的单独意思表示即可成立生效；承租人和出租人就家具、装修物的买取达成买卖契约，其价格一般根据市场价格确定。

三、日本法中的房屋租赁合同对罗马法的继受与发展

日本法中的房屋租赁合同在成立规则、权利义务规则和变更、终止等规则方面全面继受了罗马法的核心内容，特别是德国法中对这些内容的立法语言表述。但与德国法不同的是，日本民法并未将租赁区分为使用租赁和用益租赁，而是直接在《日本民法典》的"租赁"合同部分规定了适用房屋租赁的条款。

就日本法中房屋租赁合同规则的发展而言，主要体现在以下几个方面。

一是租金管制制度经历了从"建立到废除"的过程，这也是由房屋租赁

① 我妻荣. 债法各论（中卷一）[M]. 徐进，李又又，译. 北京：中国法制出版社，2008：277.
② 我妻荣. 债法各论（中卷一）[M]. 徐进，李又又，译. 北京：中国法制出版社，2008：277-278.

市场的供需状况决定的。罗马法时期所提出的租金管制立法和制度理念，一方面，是基于供需失衡，承租人处于绝对弱势地位；另一方面，是统治阶层基于城市治理稳定的需求。日本租金管制制度的变迁史，一方面，说明了跨时空的共性，这是继承；另一方面，展现了当代立法理念的"人本主义"，这是发展。

二是基于本国国情，以及对德国法和法国法的借鉴，制定了诸如"默示更新规则，租金增减请求权规则和家具、装饰物的买取请求权规则"等具有本国特色的房屋租赁合同制度。以默示更新规则为例，这一规则借鉴自《德国民法典》第545条之"默示延长使用租赁关系"。

那么，罗马法上是否存在类似的制度呢？先来看一则法言：

D.19,2,13,11.乌尔比安《告示评注》第32卷：当租赁合同的租期到期后，承租人继续使用承租物，这表明承租人进行了续租，需要继续履行义务。然而，在早期租赁合同中，这仅仅表明（当第三人没有妨碍租赁物的使用时）是正确的；否则承租人的再次合意被认为是必要的。这一规则也适用于国家的公地出租。我们已经指出，如果租赁双方以沉默的方式同意承租人续租，这应当理解为租约续签了一年，而不适用于随后的几年，即使最初签订了五年的租期。此外，在五年租期结束后的第二年，如果没有相反的协议，那么租约将被认为是延长到了这一年，这是因为双方以沉默的方式进行了合意。这条规则也适用于随后的每一年。但是，对于城市房屋租赁来说，这个规则是不同的。只要在承租人占有房屋期间，他就负有义务，除非以书面的方式签订了固定期限的合同。

事实上，罗马法也规定了租赁房屋到期后的续租问题。这一法言暗含了以下几层意思：（1）在房屋租赁合同到期后，承租人继续居住，并支付租金，出租人接受，视为房屋租赁合同关系继续存在于出租人和承租人之间；（2）房屋租赁合同的续租不同于公地的续租，公地续租默认为一年，但房屋租赁合同则不能类推适用公地续租规则，在解释上可以视为转化为不定期租赁，除非出租人和承租人重新书面签订固定期限的合同。

对比罗马法中的房屋租赁合同续租规则，会发现日本对这一规则的规定更为细化、更有操作性。日本法区分了定期租赁和不定期租赁情形下"默示延长"的时间性要求和出租人的明示义务或说明"正当理由"义务。

通过举例论证，笔者发现了一个很有意思的现象，即基本上现代法中的房屋租赁合同规则都能在罗马法中找到出处，所谓发展也是因为立法技术的提高以及立法语言的精确化，基于社会现实的需要，将规则具体化。这一论证再一次说明了罗马法对现代民法的强大影响力，这种影响力不仅体现在理念上，更深入具体制度的规则层面。

第五节　本章小结

罗马法的继受为西欧和中欧的司法提供了基础，并演化发展为一种共同法；在这一过程中，罗马法也在发展着，这主要是通过吸收教会法、本土习惯法、商事习惯以及自然法等来实现的。由此，罗马法的古代应用通过法学家和立法者的努力转化成潘德克吞式的现代运用。[①] 这在德国房屋租赁合同规则的发展变化过程中体现得尤为明显。通过本章的论述，可以得出以下基本结论：

第一，中世纪的房屋租赁合同规则并未超越罗马法，而是直接适用罗马法或者习惯法，缺乏规则和理念的创新性。这从中世纪日耳曼法、城市法和教会法的房屋租赁合同立法和中世纪法学家对租赁问题的讨论中可以得出。

第二，法国、德国和日本在房屋租赁合同的成立规则、权利义务规则、变更和终止规则等内容上与罗马法中的这些规则类似。这再一次说明了罗马法时期的房屋租赁合同规则已经相当成熟。只不过在具体用语和立法体例上，罗马法显得比较松散和混乱；而现代法更有逻辑性和体系性。

---

① 齐默曼.德国新债法：历史与比较的视角 [M]. 韩光明，译.北京：法律出版社，2012：9-10.

　　第三，相比于罗马法，现代法中的房屋租赁合同规则发展出现了诸如租金管制、押金的规制、出租人合同解除权的限制、"买卖不破租赁"规则等规则。需要说明的是，尽管罗马法中存在租金管制的立法，但那一时期的立法相当短暂且缺乏合理的制度支撑。现代法中的租金管制尽管在不同国家有所争议，例如日本就已经废除了这一制度，但该制度的立法宗旨是共通的，即以承租人的居住利益为核心，并兼顾出租人的合法权益。另一个值得关注的问题是：对于"买卖不破租赁"规则实施后的承租权物权化现象，这一新兴权利到底是一种什么样的权利？德国等国家并未作出界定。对此，《阿尔及利亚民法典》创设了租赁地滞留权的概念来解决这一问题。这是一种可以与出租人的收回权相对抗的权利。①

　　第四，各国在房屋租赁合同的发展过程中，除了形成具有共性的制度、规则外，也发展出了一些具有本国特色的制度，例如，德国房屋租赁合同中的维持措施和现代化措施的区分规则，日本房屋租赁合同中的权利金规则和家具、装修物的买取请求权。

---

①　这主要适用于下列情形：租赁合同终止后，承租人在找到新住处之前能够继续滞留在原房屋内，且此种权利的享有者除了自然人及其配偶、尊亲属等外，还包括法人（尤其是协会、政党和群众组织）（第516条）。但为了平衡出租人和承租人之间的利益，不至于因过度保护承租人而使得出租人利益受损，《阿尔及利亚民法典》第517条、第518条和第519条规定了诚信占有人行使租赁地滞留权有限制性条件。在下列情形中，诚信占有人不得行使租赁地滞留权：（1）已经或即将被法院宣布为强制承租人迁出的对象；（2）承租人或者与其共同生活的家庭成员以及受其抚养的人并未实际占有租赁的房屋；（3）承租人有数处房屋；（4）承租人占有的房屋属于危房或者禁止居住的房屋；（5）被国家征收或征用，此时承租人的新住处由国家负责；（6）当事人占有的完全属于季节性使用的供娱乐消遣的房屋，而不是为持续居住用途的房屋；（7）占有所依据的是劳动合同的附加条款，而此等合同已经终止；（8）获得行政主管机关的许可，所有人在同一地点拆除房屋进行重建或者对房屋实施加高或扩建，但此时应提前6个月通知承租人。参见阿尔及利亚民法典[Z].尹田，译.厦门：厦门大学出版社，2013：67-73.

第四章

房屋租赁合同本质
解读：权力财产
理论的应用

房屋租赁合同的传统研究路径或者着眼于具体规则的演变史（历史解释路径，例如"买卖不破租赁"规则的产生），或者着眼于具体规则的实践应用（社会解释路径）。而本书对房屋租赁合同的研究除了运用传统研究路径外，还将采用一种新的研究路径，即本质解释路径。具体到房屋租赁合同上，则将运用权力财产的一般理论来解释房屋租赁合同的具体规则；同样的，房屋租赁合同的具体规则的本质诠释也将反映权力财产的一般理论。本章的目的就是以"权力财产（房屋）的控制"为核心，将房屋租赁合同的研究推向历史深处，从而探究具体规则背后的法理和本质。

第一节　权力财产的一般理论

理论的提出是为了更好地对某些社会现象或问题进行解释，权力财产理论的提出也是如此。而任何新理论的提出，一般而言，都有其相应的知识积淀和关联理论储备。本书所提出的权力财产理论最早可以追溯到权力财产概念的提出，以及权力财产和使用财产的分类。

一、权力财产概念的提出

无论是具体化的法律概念还是抽象化的法律概念，其概念的提出也许是一个偶然性事件，但概念背后的社会根源则是一个历史性描述。

（一）权力财产概念的内涵

权力财产是与使用财产相对应的，这种新的财产分类，是由英国社会学家和哲学家霍布豪斯（L. T. Hobhouse）在 1922 年的《财产权的历史演化：观念的和事实的》一文中明确提出的。① 值得我们注意的是，马克思在《1844 年经济学哲学手稿》中就已经明确指出："私有财产的关系潜在地包含着作为劳动的私有财产的关系和作为资本的私有财产的关系，以及这两种表现的相互关系。"② 这段话的意思是私有财产可以分为作为劳动的私有财产和作为资本的私有财产两种类型。霍布豪斯正是在研究马克思私有财产理论的基础上提出权力财产的概念，并进一步将财产区分为权力财产和使用财产。后来，麦克弗森（C.B.MacPherson）在《财产权的内涵》一文中进一步阐述了权力财产和使用财产的区分功能。玛格丽特·简·拉丁（Margaret Jane Radin）在《重新诠释财产权》一书中不仅介绍了权力财产和使用财产的概念和区分功能，还以"租金控制"为例分析了权力财产的一般问题。③

使用财产是指"权利人自己控制和享用、作为他自己劳动的基础和他命令的活动的舞台的财产"④。关于这一点，洛克曾言："他用来维持自己的生存或享受的大部分东西完全是他自己的，并不与他人共有。"⑤ 这揭示了使用财产的社会基础，即传统的农耕社会中，个人和家庭维持自身和家庭的基本生存的方式就是自给自足，耕种自己所有的土地。这一社会基础所形成的财产权的基本功能就是保障个体在财产法领域所建构的社会空间的自由度，由此所产生的法律关系以所有权法律关系为典型代表，并塑造着相应社会秩序的稳定性和脆弱性。稳定性是指只要个人拥有维持个体和家庭生存的财产就不会对社会产生破坏力；脆弱性是指一旦个体失去赖以生存的生产资料，沦为

---

① 霍布豪斯：财产权的进化史：事实与观念 [J]. 张淞纶译 . 法治现代化研究，2018（1）：168–179.

② 中共中央马克思恩格斯列宁斯大林著作编译局 . 马克思恩格斯全集（第 3 卷）[M]. 北京：人民出版社，2002：283.

③ RADIN M J. Reinterpreting Property[M]. Chicago and London：The University of Chicago Press，1993：49–97.

④ 徐国栋 . 现代的新财产分类及其启示 [J]. 广西大学学报（哲学社会科学版），2005（6）：50.

⑤ 洛克 . 政府论 [M]. 瞿菊农，叶启芳，译 . 北京：商务印书馆，1964：15.

流民或难民时，如果社会没有提供相应的途径和方法以维持这部分人的温饱，生存的压力极易转化为对社会的破坏力。

相对应的，权力财产是指权力人运用一定的手段控制他人，使其以该财产作为基础劳动或者作为他命令活动的舞台的财产。权力财产的社会基础是社会关联性背景下的个体协助性，这是对传统农耕社会的突破，是对使用财产的社会功能的补充，以动态的财产运作来实现对个体生存和发展的干预。从这个意义上说，权力财产包括用于生产的资本财产和用于其他活动的财产。房屋租赁活动中，房屋就属于后者。法律赋予所有权人（或出租人）以权力，用于规范房屋租赁活动，以实现对承租人行为的控制。

要深刻理解权力财产这一概念的内涵，应明确何谓"权力"、权力的来源有哪些。韦伯将权力定义为：权力是把一个人的意志强加在其他人的行为之上的能力。美国经济学家约翰·肯尼思·加尔布雷思在这一定义的基础上将权力区分为以下三种类型：应得权力（condign power）、报偿权力（compensatory power）和制约权力（conditioned power）。应得权力主要是通过适当地压制或者威胁对方来实现使人服从的目的，强调惩罚性；报偿权力则通过正面的激励机制，给予个体或团体某些利益以达到使人服从的目的，强调交易性；制约权力则是通过劝导、教育等手段来改变个体的信仰或者思想来实现控制的目的。[①] 权力的来源包括人格、财产和组织。财产是权力的三种来源中最为直观的，财产为人格的完整性提供基础，为赢得信仰或思想控制提供可能。[②] 权力财产概念不是"权力"概念与"财产"概念的单纯组合，而是权力理念和财产权理念的有机结合。权力理念强调控制性和服从性，财产权理念强调契约价值[③] 和规则性。

权力财产作为财产的一种类型，是一种静态描述，本身是无法实现制度的运作的，需要通过相关主体对权力财产的控制、支配和转移来构建权力财产的事实（动态）图景。学者则从这一事实图景剖离出共同因素，运用抽象

---

① 加尔布雷思. 权力的分析 [M].陶远华，苏世军，译.石家庄：河北人民出版社，1988：2-5.

② 加尔布雷思. 权力的分析 [M].陶远华，苏世军，译.石家庄：河北人民出版社，1988：29-62.

③ 赵廉慧. 财产权的概念：从契约的视角分析 [M].北京：知识产权出版社，2005.

化思维来建构权力财产的具体规范和理论世界。在这一建构过程中，支配理论对其影响巨大。支配可分为事实支配和法律支配两种情形。具体到房屋租赁领域，房屋租赁合同关系的实现过程对于出租人来说就是"事实支配到法律支配"的转移，当出租人失去了对房屋的直接控制权时，其获得的是间接的法律支配权。当承租人出现违约行为或者出租人基于其自身需求需要收回房屋时，出租人又可以通过法定程序恢复到"事实支配"的状态。对于承租人而言，他获得的是对房屋的直接支配权（事实控制），以满足其居住利益。

20 世纪初，霍布豪斯提出"权力财产"这一概念作为"研究符号"，是一个偶然性事件，但这一概念背后的理念已经经历了几千年。房屋租赁合同规则诞生之初，就已经蕴含着"权力财产"的因子。为什么可以作出这一判断？这是因为人类诞生至今，无时无刻不面临着资源有限性和需求无限性的矛盾，在资源的分配和利用过程中，必然会产生各种利益冲突。① 个体之间、个体与群体之间、群体与群体之间等通过战争、谈判以及遵循共同的法则来实现对资源的分配。法律规则是实现资源分配和流转、利用的一种方式，而且是一种比较温和且有效的方式，这是被人类历史所验证的。

在房屋租赁市场领域，房屋所有者（特别是贵族阶层拥有大量的房产）掌握着大量住房资源，而无房者和迁徙者需要这些住房资源，以实现其居住利益。两者之间的矛盾需要调和，于是房屋租赁合同规则应运而生。房屋租赁合同规则通过创设"租金"概念来连接出租人和承租人，并设置了转租规则、租金管制规则、买卖不破租赁规则、合同解除权限制规则等来调和出租人和承租人之间的矛盾和冲突，以实现住房资源的有效流转、利用，增加出租人的财富并保障承租人的居住权益。当房屋租赁合同规则在对立与冲突中不断进行修正时，人类对这一问题的认识也不断深化。在一个个具体概念之中，运用比较思维、类型化思想和抽象思维等，从具体概念领域跨越到抽象概念领域。权力财产概念就是在这样的历史积淀和理论铺陈中"灵光一现"而产生的。这一概念提出之后，很多学者运用这一概念对相关的社会现象进

---

① 王雷. 民法学视野中的情谊行为 [M]. 北京：北京大学出版社，2014：63.

行分析，这也为权力财产理论的提出贡献了理论因子和实践素材。

（二）权力财产概念的特征

权力财产概念的特征是相对于使用财产而言的，同时应将这一财产类型纳入整个财产分类体系之中进行解读。权力财产概念还可以从以下角度进一步分析，其目的是增强权力财产理论的解释力。

首先，权力财产概念是对生活经验的概念化提炼。用"权力"来修饰"财产"，以体现相关主体围绕客体之间的博弈关系。"权力"一词所暗含的社会深层内涵就是阶级性以及强加意志性。特别是围绕居住权益，无房者处于一种不稳定状态，期待通过"租赁"这一方式来获得某种程度上对房屋的使用权，从而实现其居住利益。而无房者使用租赁房屋，是具有期限性的，是受合同规则调整的。出租人基于其所有者地位，自然在这一关系中处于主导和优势地位。这一生活场景的时间化和空间化描述就是权力财产概念的场域。

其次，权力财产概念在财产分类体系中具有独立的地位。财产的分类体系并不是一成不变的，为了更好地解释社会现象以及适应社会变化的需要，对于财产的认识也会发生变化。权力财产和使用财产的区分就是在这一背景下产生的。权力财产概念不同于传统的使用财产概念。后者侧重于平等性和消极性，前者则体现为阶级性和积极性。阶级性是指相关主体之间存在阶级差异或者地位差异，积极性是指主导者基于其优势地位主导着此类社会关系的发展方向和秩序安排。当主体之间出现失衡时，则需要国家力量的介入，最终对权力财产理论产生影响，这也是权力财产限制理论产生的直接原因。

最后，民法中权力财产概念具有特定的适用空间。这一适用空间的确定围绕的核心是客体对于相关主体的重要性。需要注意的是，瞬时性合同并不存在权力财产概念的解释空间，继续性合同中权力财产的解释力度也是不一样的。在房屋租赁领域，由于房屋对于无房者来说不仅仅是一个休息之处，更是其生存和人格利益的体现，甚至可以说是一种人权，因此，该领域是权力财产概念的集中领域。而在供电、供水合同中，主体的选择空间更大，权力财产理论就主要体现为限制理论。

概念对生活的解释力度是有限的，上升到理论高度就需要相应规则的配合，以及具体功能的诠释。

二、权力财产与使用财产区分的法律意义

权力财产和使用财产区分的法律意义可以分为对于民法基本理论的意义、规范意义以及具体到房屋租赁合同领域的法律意义。

民法基本理论意义主要体现在范式的转变上。我们知道，权利范式和关系范式是构建民法规则的两种范式，这两种范式以不同的路径分配了民事主体之间的"自由"与"强制"。在目前的房屋租赁合同的研究中，主流学者所遵循的是传统的权利范式，即通过分配出租人和承租人之间的权利义务关系来实现对房屋租赁合同的治理，其背后的理论基础是财产的使用权理论。但这一研究范式无法回答为什么要对承租人进行倾斜性或特别保护、为什么要对出租人的权利进行限制等问题。而关系范式在房屋租赁合同领域则体现为权力财产理论，即立足于房屋租赁领域中国家、出租人、承租人、中间人等相应主体的地位差异，围绕出租房屋这一特定的客体进行制度设计和规则安排。此外，关系范式也有利于解释房屋租赁合同规则的历史变迁，其背后就是不同主体之间斗争和相互妥协的产物。

就规范意义而言，基于权力财产生成路径对使用财产的原初依附性以及分离之后功能的差异性，两者的关系在规范意义上体现为：（1）依附关系。权力财产并非完全独立于使用财产，而是呈现出一种依附关系。以房屋为例，当所有权人自用时，则体现为使用财产；当他将房屋用于出租时，则体现为权力财产（所以严格来说，房屋并不属于权力财产，出租房屋才是。土地也是如此，土地所有权人耕种自己的土地并没有权力财产的解释空间，只有当他将土地进行出租时，才转化为权力财产）。这一财产类型的转化，也是个体介入社会关系的一种活动方式。（2）互斥关系。就本体意义来说，对某一类财产的界分，通常不得存有兼容两者属性的财产。例如，有形财产（有体物）和无形财产（无体物）的分类就是如此。依附关系着眼于权力财

产的产生路径，而互斥关系则着眼于权力财产的适用空间。使用财产是权利人自己控制和享用、作为他自己劳动的基础和他命令的活动舞台的财产，所对应的规范空间是所有权关系等强有力的物权关系，在时空关系中体现为瞬时性；权力财产是指权力人运用一定的手段控制他人，使其以该财产作为基础劳动或者作为他命令活动的舞台的财产，所对应的规范空间是物权与债权交叉的关系，在时空关系中体现为继续性。在两者的适用空间上，从使用财产转化到权力财产，突破临界点后就是严格的"楚河汉界"。（3）功能互补关系。这一关系表明使用财产和权力财产在同一目的的指引下相互配合，而这一目的既可以是使用财产的规范目的，也可以是权力财产的规范目的。在权力财产理论的规范框架内，使用财产有其存续的空间。以房屋租赁活动为例，对于出租人来说，其将房屋出租后，以房屋为媒介对承租人产生影响；对承租人来说，其获得房屋的租赁资格后，他对房屋的使用权能就体现了使用财产理论。

权力财产的一般理论应用于房屋租赁活动，其法律意义主要体现为以下三个方面：（1）突破了传统物权理论中物权的积极功能，传统理论中物权的积极功能主要体现在对物的直接支配方面，而权力财产理论则将这一积极功能拓展到了债法层面，通过债的方式转化为具体的权利和义务；（2）权力财产理论说明了财产是具有阶级性的，但这种阶级性是人为赋予的，是通过对物的控制来实现对人的控制，是一种社会控制理论；（3）正因为权力财产理论背后所揭示的人为阶级性或阶层性，国家和政府为了规范这些权力财产，需要运用法律等手段进行限制，征收和税收是两种最主要的调控手段。

徐国栋教授在《现代的新财产分类及其启示》一文中介绍了权力财产和使用财产的新财产分类标准以及这一区分的法律意义。本书所提出的权力财产理论就是在此基础上将类型区分和概念的解释力上升到理论层面，进而解释相应的社会现象和法律规则。

三、权力财产理论的内容

从法律功能实现角度看，权力财产理论是权力财产运作过程的理论建构，它一方面是法律理论与生活事实的结合体，另一方面又在具体规则的应用过程中体现。在权力财产的现实世界中，无论是房屋还是土地，因其财富增值的可预期性和流转的可能性，规则的建立和创新就尤为关键。而如果具体规则是碎片化的呈现，必将不利于权力财产的规制。具体规则的体系化建构不仅是理论配置的需要，更是法律规则（法律规范）与具体事实进行互动的需要。权力财产理论的提出正基于此。

从法律价值的角度观察，权力财产理论的价值取向为"自由与安全之间的平衡"。具体说：（1）从人类发展的角度看，稳定的社会秩序能够推动人类社会呈现螺旋式上升状态；从个体角度看，个体的自由和安全感所集合而成的社会关系网络，又最终有利于特定社会群体和不同阶层之间的稳定性。而阶层的稳定又反作用于社会整体秩序，从而巩固社会的整体利益，特别是统治阶级的利益。（2）就房屋租赁领域而言，其所针对的对象是无房者或者迁徙者，通过租赁合同这一契约安排使得这一群体能够获得特定期间的房屋使用权；接着，通过权力财产理论影响下的房屋租赁合同的制度安排保证了房屋承租人的承租利益和居住利益。一方面，对房屋出租人而言，是对其自由的限制。另一方面，房屋所有权人基于其所有者地位，又可以通过行使合同解除权和驱逐权等来实现对承租人的干预。（3）自由和安全的边界处于变动状态，这一点有利于解释房屋租赁合同宗旨的历史变迁。自由价值对应的主体不同，其需求也不同。出租人和承租人关注的自由度和量并不一致。出租人期望获得更多的租金收益，以及最大化的干预权力；而承租人则期望更少的干预以及更多的自由使用出租房屋的权力。而安全价值则主要倾向于承租人以及国家的整体秩序。国家对房屋租赁市场的干预程度就体现了房屋租赁合同宗旨的变迁，罗马法更多地倾向于自由，而且是出租人的自由，所兼顾的安全也仅仅是在特殊情况下的统治需要；现代法则一般更多地寻求对承租人的倾斜性保护，更为关注安全和承租人的自由度，从而限制了出租人的合同解除权以及进行租金限制等。

具体到内容层面，权力财产理论又可具体分为权力财产的行使理论和权力财产的限制理论。这一类型区分借鉴了普芬道夫（Samuel Pufendorf）和沃尔夫（Christian Wolff）的自然权利义务理论，即权利为权利主体构筑了一个自由意志的空间，而义务则是对这个空间的某种限缩。[①]

权力财产的行使理论更多地体现为自由价值，而权力财产的限制理论则主要体现为安全价值。两者形成合力则体现为"自由价值和安全价值之间的平衡"。权力财产理论并不适用于瞬时性的买卖交易领域，而主要适用于继续性的生活和生产领域。而且适用的程度也存在差异，比如供电、供水等领域，基于这些领域的公用性和公益性的特点，合同规则更多的是对供应方的限制和要求；在房屋租赁领域，则基于居住权这一基本人权和所有权人所有权之间的冲突，房屋租赁合同规则主要体现为自由与安全之间的平衡，并对承租人进行倾斜性保护。

权力财产的行使理论，是指权力财产的所有者基于对"权力财产对应之物"的所有权身份，对权力财产真正的使用者进行事实上的干预。这种干预或者是一事实行为，或者是一合意行为。前者可以用单方法律行为理论进行解释，后者则运用合同工具进行干预。合同是一种工具。这一工具通过对不同客体的调整从而对相应主体间的利益关系产生影响，如此塑造着某一社会领域的秩序。具体到房屋租赁合同领域，前者主要有房东的驱逐权力、收取租金的权利等，后者主要有转租时应得到出租人的同意、承租人不得随意对房屋设施进行添附等。

权力财产的限制理论，是指基于权力财产所涉及主体之间的地位差异、信息不对称性等因素，国家通过立法或命令的形式介入其中，并设计了一系列的限制性规则，以实现对权力财产的管控，最终目的是平衡相关主体之间的利益。为什么要对权力财产进行限制？这体现了财产权观念"从所有权绝对到财产权社会义务"[②]的转变。财产权观念的转变意味着财产权的功能也发

---

① 杨代雄．古典私权一般理论及其对民法体系构造的影响 [M]．北京：北京大学出版社，2009：25-41.
② 张翔．财产权的社会义务 [J]．中国社会科学，2012（9）：100-119.

生了变迁。所有权绝对观念背景下的财产权功能是单纯保障私人主体使用和支配财产的功能，而后者的功能则体现了社会整体的关联性和财产的再分配功能。具体到房屋租赁领域，权力财产限制理论所对应的规则有：租金管制、出租人合同解除权的限制、承租人的优先购买权以及承租人死亡后原共同居住人的租赁权等。

值得注意的是，在房屋租赁合同领域，信息获取能力、沟通程度和当事人之间的信赖程度会对权力财产理论产生影响。具体来说：（1）信息的重要性。信息对于决策者而言，是非常重要的，信息获取能力的高低也是一种实际地位的体现。出租人负有信息披露义务，承租人所获知的信息除了出租人告知外，还可以通过实地查看获得。（2）沟通的重要性。在合同履行过程中，承租人和出租人就重大事项的沟通频率和程度，往往决定了法律介入的程度。（3）当事人之间的信赖程度。信赖是一个互动的过程，当事人之间的血缘关系、地缘关系等都会对双方的议价能力和承租人居住权的稳定性产生影响。具体到房屋租赁合同规则层面，这一点主要会影响到租金收取的数额、出租人是否会滥用合同解除权等。

通过上述的层层剥离和分析，本书明确了权力财产和使用财产界分的社会基础和法律意义，并在此基础上提出了权力财产理论的基本内容。基于自由价值和安全价值之间的平衡，将权力财产理论区分为权力财产的行使理论和限制理论，并赋予不同的规范功能。当然，理论的提出还需要接受实践的反复检验，方能将理论推向社会活动的深处。本章第二节将以房屋租赁合同为例，具体阐释权力财产理论在该领域的运用。

第二节　权力财产理论在房屋租赁合同中的运用

权力财产理论应用到房屋租赁领域，能更好地揭示出房屋租赁合同的本质，即房屋租赁合同不是单纯的合意合同，而是一种具有一些特殊规则的合同类型。这些规则可以运用权力财产的行使理论和限制理论分别进行分析，以此将这些规则进行重新组合分析，从而将房屋租赁合同的研究从规范和历史层面推向规范和社会的双向互动层面。

一、权力财产行使理论的运用

在房屋租赁合同领域，权力财产的行使理论主要体现为出租人对承租人的干预权力。出租人对承租人的干预是通过作用于出租房屋来实现的，具体包括：（1）收取租金的权利；（2）驱逐承租人的权利；（3）承租人转租时，需要获得出租人的同意；等等。

（一）以租金收取为例的说明

当所有权人将房屋出租后，房屋的功能就已经发生了转变，即从自用性转变为资产的流动性。功能的转变反映到财产性质的变迁上就是"使用财产到权力财产"的转变。租金的收取体现了权力财产的价值流动。

在这一过程中，"出租人收取承租人支付的租金"这一要素值得我们关注。为什么这么说？因为如果没有"租金收取"这一行为，那么房屋使用权的转让行为就不能称之为租赁行为，这也是罗马法以降都将"租金"视为租赁合同成立的重要内容的原因。

那么，租金多少是怎么决定的呢？从合意论的角度来看，应当是出租人和承租人合意的结果。但事实上并没有那么简单。因为合意结果的确定并不是单一的"讨价还价"的过程，而是受制于双方主体的事实性地位。在罗马法时期，出租人在房屋租赁市场中处于主导性地位，这就决定了"租金多少"的话语权由出租人掌握；而这种话语权的产生，一方面是由出租人是房屋的所有权人决定的，另一方面是由房屋租赁市场中的供求关系决定的。这两方面的背后理论就是"权力财产"的行使理论。这一行使理论在"租金规则"上体现为个体所有权人与同一阶层之间的互动、叠加，如此作用于房屋租赁市场，就形成了关于"租金"多少、支付方式、租金的保障等内容向出租人倾斜的结果。承租人在"租金规则"上是缺乏话语权的。

在此，我们将进一步分析权力财产行使理论之于"租金规则"的具体体现：（1）出租人让渡房屋的使用权给承租人后，承租人获得了一定期限内房屋的使用权，出租人则失去了这一部分权能。在一方得到与另一方失去之间必然需要相应的平衡规则，"租金规则"就是这样产生的。在这一过程中，出租房屋在财产的性质上体现为权力财产，这种性质是由房屋租赁合同的继续性特点以及房屋作为不动产的特性所决定的。如此，我们就可以运用权力财产的一般理论进行分析。在"租金规则"中，出租人通过收取租金、设定租金支付的方式来影响承租人的使用期限、使用空间等。这种干预是伴随着整个房屋租赁合同的始终的。《德国民法典》第 535 条第 2 款规定"承租人有义务向出租人支付约定的租金"，"义务"一词所对应的就是出租人的权利，而这种权利背后就是权力财产的行使理论。（2）如果有人觉得租金的收取仅仅是房屋出租后的相应对价，其"权力"属性并没有那么强烈，那么我们对罗马法时期房屋租赁市场中关于承租人的居住环境、租金上涨中承租人话语权的丧失等现象进行说明就会发现，权力财产背后的"权力"属性并不是由财产本身所决定的，而是由围绕这一财产的相关主体之间的关系所决定的。在房屋租赁领域，租金收取的"权力"属性更多地体现为出租人决定了租金的多少、支付的方式以及上涨的幅度等，特别是租金每年上涨幅度的随意性。这些都是由出租人的优势地位所决定的，然后通过出租房屋并影响承租人来体现的。由此，房屋租赁领域的房屋被赋予了"权力"属性，"租金规则"中有关租金管制的条款从反面证明了这一点。

（二）以驱逐行为为例的说明

驱逐属于私力救济的一种方式。在房屋租赁领域，这是权力财产行使理论最为直观的体现。这是因为，在法律的世界中，最重要的法律效果在于对客体的支配。当然，这一行为在罗马法时期（214 年之前）是比较频繁的。进入近现代后，主要体现为出租人的合同解除权。在此，本书将论证这一变化的原因以及相应的内容。

我们知道，在留存下来的《学说汇纂》的一些法言中保留着对房东或者所有权人驱逐承租人行为的论述（D.19,1,53,2；D.19,2,25,1；D.43,17,3,3）。这些法律文本暗示：即使出租人的驱逐行为是没有任何理由的，他的驱逐行为也不会得到什么惩罚，最多就是补偿承租人的损失或者退还多余的租金。

我们有必要运用权力财产的行使理论对出租人的驱逐行为进行解释说明：（1）为什么出租人享有驱逐承租人的权力？核心就是出租人是所出租房屋的所有权人，他享有对其所有房屋的一切权利，包括使用、出租、收回等。尽管通过房屋租赁合同，承租人取得了一定期限内房屋的居住权益和使用权益，但这种权益在罗马法时期并不是一个当然性的事实。受制于出租人和承租人的阶级不对等性，即使出租人毫无理由地驱逐承租人，承租人以承租之诉对抗出租人时，也只能获得相应的补偿，不可能恢复对所租赁房屋的继续居住的权利。（2）驱逐本应是在承租人出现违约情形时出租人私力救济的一种方式。但在罗马法时代，这一权力被滥用。为此，214年，卡拉卡拉皇帝在一个答复中明确要求："出租人在驱逐时，需要说明驱逐的正当理由（C.4,65,3）。"在现代社会照样存在驱逐行为。例如，2015年9月18日，澎湃新闻调查发现，丽江古城就出现了出租人肆意毁约，通过各种非常规手段（如剪电线、恐吓客人甚至泼粪等）迫使承租人搬离房屋的现象。可见，无论是古罗马时代还是现代，出租人基于"权力财产"的本质属性，最大限度地行使合同解除权和事实支配权，从而造成房屋租赁市场的不稳定性，是一个跨时空的共性问题。

从规范的角度以及社会治理的角度看，"驱逐"作为权力财产行使理论最为直观的体现，极易被出租人滥用，为此，应对"驱逐"行为进行一定的限制，这就是现代房屋租赁合同规则中的出租人合同解除权的限制性规则（将在权力财产限制理论的运用部分进行论述）。私力救济的驱逐权力在一定条件下发展为合同解除权的行使，体现了权力财产行使过程中对出租人"权力"的限制。驱逐行为的行使与限制规则在规范关联上体现为协力关系、制约关系和并存关系。协力关系是指"行使和限制规则"共同作用于房屋租赁合同领域，相互协力，以实现规范出租人行为的目的；制约关系是指驱逐行为的行使空间应当受到"限制规则"的约束；并存关系是指针对出租人的驱逐行为，需要行使规范和限制规范共同介入，才能实现"自由与安全"价值之间的平衡。

（三）以转租规则为例的说明

在罗马法中，转租又分为两种情形，一种是通过中间人的整体转租行为，即存在所有权人、中间人（房东）和承租人三方主体；一种是个体承租人的转租行为。对于前一种情形，由于中间人整体租赁就是为了经营，以获取利润，所以此时默认为出租人事先授权中间人可以转租；后一种情形则是我们关注的重心。当然，以上两种情形在现代法中都有体现，即商事租赁和民事租赁的运用。

上文已经介绍了罗马法上房屋租赁合同中的转租制度在后世发展成了两种不同的立法例，即自由主义立法模式和限制主义立法模式（出租人同意模式）。无论是何种立法模式，对于权力财产的行使理论来说，都有其适用空间。

就自由主义立法模式而言，尽管一般情况下，承租人拥有转租的权利，但此种"权利"依旧会受到出租人的限制，即出租人可以事先约定承租人不得转租。此时，需要思考的是：为什么一般情况下，承租人拥有转租的权利？既然法律赋予承租人拥有转租的权利，为什么出租人又可以事先排除承租人的这一权利？其背后的理论基础就是权力财产的行使理论。承租人拥有转租的权利是因为通过房屋租赁合同，承租人取得了租赁房屋的使用和收益权，承租人的转租行为属于行使收益权的一种方式，有利于房屋获得充分的流通和利用，从而提高出租人的收益。但是，承租人转租的权利并不是没有任何限制的，因为他仅仅获得了一定期限内房屋的使用和收益权，仍然会受到所有权的约束。出租人通过合同事先排除承租人转租的权利，从表面上看是所有权人权力的扩张，介入了承租人的处分领域；从本质上解读，出租人对承租人转租权利的限制，乃出租人行使权力财产的一种表现形式。出租人将房屋出租后，他并没有完全失去对房屋的控制权，失去的仅仅是直接控制权，拥有的是间接控制权。换言之，在房屋租赁合同中，承租人是以他主占有意思而取得直接占有的（占有媒介意思），此时作为直接占有人的承租人本质上仅仅是占有媒介人，他们承认间接占有人（出租人）拥有更强的法律地位。[①] 出租人对承租人转租权利的限制就是间接控制权的体现。

就限制主义立法模式而言，承租人转租需要经出租人同意或者事后追认，非经出租人同意，承租人不得转租。这一立法模式的理由是：租赁物（房屋）的所有权不属于承租人，承租人无权处分租赁物（房屋）。[②] 采取这一立法模式的国家有德国、日本等，我国《民法典》第七百一十六条也采取了这一立法模式。这一规范背后的法理基础就是权力财产的行使理论，即承租人虽然占有所租赁的房屋，享有租期内的居住权益，但他所享有的这些权益仅仅是对所租赁房屋的使用和收益上的债权性的权利，而非物权性的。物权性的权利仍然归属于出租人，因此，承租人擅自转租的行为是缺乏权源支撑的。而出租人之所以拥有对承租人转租权利的控制权，核心就是他拥有的是"权力财产"。相比于自由主义立法模式中出租人需要通过事先约定来排除承租人的转租权利，限制主义立法模式下的转租规则更有利于出租人。就这两种模式下权力财产行使的强弱而言，后者明显强于前者。

在房屋租赁合同中，除上述制度和规则体现了权力财产的行使理论外，出租人的留置权、押金收取规则等也都体现了这一理论。

二、权力财产限制理论的运用

在房屋租赁合同领域，权力财产的限制理论主要体现为国家对权力财产的管控。这一国家管控体现为一些具体的制度和规则，有租金管制制度、出租人合同解除权限制制度和"买卖不破租赁"规则等。

---

① 常鹏翱．事实行为的基础理论研究 [M]．北京：北京大学出版社，2016：173．
② 最高人民法院民事审判第一庭．最高人民法院关于审理城镇房屋租赁合同纠纷案件司法解释的理解与适用 [M]．2 版．北京：人民法院出版社，2016：209．

（一）以租金管制为例的说明

从某种程度上说，房屋租赁合同就是围绕"租金"展开的。一般而言，租金的数额应由出租人和承租人协议确定，但正如上文所分析的，基于出租人和承租人之间在经济地位、市场地位和信息获取等方面的不对等性，出租人掌控了"租金"的话语权，承租人处于"要么接受、要么离开"的处境。而出租人出于利润最大化的内心驱动，必然会要求更多的租金。当整个房屋租赁领域中出租人处于绝对主导地位时，过高的租金使得承租人无法承受，从而使得承租人的居住利益和生存利益受到侵害，最终危及整个社会的和谐稳定。此时，国家基于社会稳定和承租人居住权的考量，以立法或政策的形式对租金进行干预，这就是租金管制制度。上文已经论述了租金管制制度在罗马法上的历史以及近现代法国法、德国法和日本法房屋租赁合同规则中的体现。特别是欧洲人权法院判决将租金管制立法界定为"对出租人财产的一种征收手段"（本章第三节将对此进行专门论述）。为什么这么说呢？这就涉及权力财产的限制理论。

租金是出租房屋这一权力财产的货币化体现，出租房屋作为出租人之生产资料的控制空间和承租人之生活资料的活动空间。租金数额连接着出租人和承租人之间的资本收益和居住权益之间的平衡，在法律价值上则体现为"自由和安全"之间的平衡。而这种平衡状态的生成并不是自动的，是国家干预才使得三方关系趋于稳定。在罗马法时期，租金管制仅仅是为了缓和阶级矛盾以及稳定社会秩序。在现代国家中，实施租金管制制度体现了承租人优位主义，是对承租人利益的特殊保护。但这一保护路径是以剥夺出租人的一部分收益为手段的，从这个角度说就是"对出租人财产的一种征收手段"。收取租金是出租人对权力财产的一种行使方式，但这一"行使"并非随心所欲的，而应受到一定的限制，这就是对权力财产的限制。值得注意的是，租金管制作为强行性规范并非永恒不变的。如果整个房屋租赁市场上出租人和承租人处于相对平等的状态，出租房屋处于供需平衡或者供大于求的状态，那么承租人的选择空间和议价能力将大大增强，此时废除租金管制制度也未尝不可。日本法中租金管制从建立到废除的过程就很好地说明了这一点。

租金管制仅仅是国家对出租人财产的一种征收手段。事实上，国家还可以通过对出租人征税以及对承租人进行补贴的方式来调节房屋租赁市场。房屋租赁税也是权力财产限制理论的一种国家调控手段。

（二）以对出租人合同解除权限制为例的说明

为了尽量维系房屋租赁关系的稳定，从而保障承租人及其家人的居住权益，现代各国在房屋租赁立法中基本上都规定了限制出租人滥用合同解除权的措施，即出租人在行使合同解除权时需要说明"正当理由"，并应在一定期限之前通知承租人。这就是出租人合同解除权限制的实体要件和程序要件。

在权力财产行使理论的运用部分，本书已经分析了出租人的驱逐行为是一种典型的权力财产行使方式，但这一行为对于承租人的影响太大，是对其居住权益的侵害，因此有必要予以限制。这就是对出租人合同解除权的限制性规则，相对应的理论基础就是权力财产的限制理论。

为了更好地说明权力财产限制理论是出租人合同解除权限制规则的体现，在此将对上文提及的近现代德国法和日本法中相应的规范进行说明。出租人的合同解除权限制在定期租赁和不定期租赁中有所不同，应分别说明。

在定期租赁中出租人的合同解除权限制规则分为实体规则和程序规则。在实体规则层面，核心就是出租人在行使合同解除权时应具有"正当理由"。而关于"正当理由"的内容，德国法规定了：承租人死亡时不曾存在共同居住的人时，出租人可以在知悉承租人死亡后1个月内行使特别终止权（第564条）；承租人因过错而非为显著地违反了自己的合同义务，即承租人构成实质性违约（第573条第2款第1项）；出租人需要将房屋用于自己、自己亲属或者自己家室的成员居住（第573条第2款第2项）；出租人因租赁关系的继续，将使得土地在经济上的适当利用方面受到妨碍，并且因此将会遭受显著之不利益时（第573条第2款第3项）；等等。日本法中"正当理由"的具体情形并非由立法规定，而是在判例中形成并由学者总结出来，包括出租人自己使用的必要性、第三人使用的必要性、为了维持生计而需要变卖、共同居住人居住的必要性等情形。

通过对以上近现代德国法和日本法中有关"正当理由"情形的例举，我们发现，这些理由都有其共同性，或者是承租人严重违反合同（比如不支付租金或者违法违约改造等），或者是出租人自己使用的必要性等。这些限制在规范上体现为对承租人居住权益的最大化保障，以及对出租人权利的限制；在本质上则是权力财产限制理论的运用，即以明确列举的方式来规范出租人的合同解除权，而且这些"正当理由"或者基于出租人的自用必要或者是承租人的严重违约行为，排除了出租人任意行使合同解除权的空间。在程序规则层面，各国一般都要求出租人在一定的期限内通知承租人，以使得承租人有足够的时间寻找新的住处。这是权力财产限制理论在出租人合同解除权限制规则上的时间和程序性限制。

在不定期租赁中，出租人合同解除权的限制则主要体现为程序规则。只不过不定期租赁中的程序规则要求的时间一般更长些，这是因为定期租赁和不定期租赁对于承租人的预期判断是不一样的。定期租赁有租期的限制，对于承租人来说，会在承租期间对未来的变动有所准备；在不定期租赁中，由于出租人享有任意解除权，基于租赁关系稳定性和承租人居住权益的考虑，对出租人任意解除权的时间性限制更为必要。一般各国都规定出租人应提前3个月以上通知承租人。值得关注的是，美国法中还规定了特有的禁止报复规则，这也是对出租人处分权力财产的一种限制，适用于承租人采取措施迫使出租人遵守法律（如承租人向有关政府投诉出租人的房屋不符合当地住房标准）或者承租人组织或加入承租人权益保护组织等情形。禁止报复规则的运用是因为出租人违反了诚信原则或者禁止权利滥用原则，从而违法性地扩张了权力财产行使空间，法律必然应对其进行约束和限制。

（三）以"买卖不破租赁"规则为例的说明

在房屋租赁合同中，"买卖不破租赁"规则是指租赁期间租赁物（房屋）的所有权发生变动，新的所有权人应受到原房屋租赁合同的约束，即房屋租赁关系将继续存在于新的所有权人和承租人之间。

上文已经论述了在罗马法中并没有"买卖不破租赁"规则，而只有"买卖破除租赁"规则（D.19,2,25,1）。从文义解释的路径看，罗马法中实行"买卖破除租赁"规则，是因为法学家认为租赁合同在性质上属于债权合同，合同效力仅发生在原出租人和承租人之间。一旦原出租人将所出租的房屋转让给第三人时，原房屋租赁合同对受让人不具有约束力，受让人依据其所取得的所有权可以要求承租人返还所租赁的房屋。如果承租人拒绝履行，那么受让人可以驱逐承租人。承租人只能依据原房屋租赁合同向原出让人行使诉权。[①]"买卖破除租赁"规则属于权力财产让与后，权力财产行使的主体发生变更对承租人的影响。从民法内在逻辑看，"买卖破除租赁"规则是符合债的相对性原理以及物权优先于债权原理的。从这个角度看，"买卖不破租赁"规则是对民法基本原理和内在逻辑的背离。这一背离现象之所以得到了立法者、法学家和广大民众的认可，是有其背后的特殊逻辑和理由的。[②]

从"买卖破除租赁"规则到"买卖不破租赁"规则的转变在权力财产理论的视野下则体现为"权力财产行使理论到权力财产限制理论的转变"。上文已经揭示出，之所以发生这一理念和规则的转变，乃财产功能从个体的绝对支配性转变为财产权的社会义务性所致。为了更好地说明权力财产理论在这一规则转变过程中的运用，本书将继续以"先租后卖"现象为例来具体阐述：（1）在"买卖破除租赁"规则之下，承租人所获得的租期内的居住权益仅仅

---

① 张双根.谈"买卖不破租赁"规则的客体适用范围问题[C]// 王洪亮，等.中德私法研究（第1卷）.北京：北京大学出版社，2006：5；张铭化.反思"买卖不破租赁"[J].中国政法大学学报，2019（3）：92-104.

② 我们以《德国民法典》第566条所确立的"买卖不破租赁"规则来说明。对于该条，我国学者张双根指出："德国民法为什么没有采取1794年《普鲁士普通邦法》之做法，将租赁权规定为物权，而是将其纳入债权体系，再设置买卖不破租赁的例外呢？一言以蔽之，则在于保护不动产，尤其是住房承租人之生存利益也！也就是说，该规则寓有特殊的社会政策根源。申言之，不动产，尤其是住房，对于个人生存与生活稳定以及个人社会关系之构建，其意义之重要，乃不争之事实。倘若所住之住房或所使用之不动产，非为自己所拥有，而是赁自他人，则'寄人篱下'的不安、仰人鼻息的委屈，也就不免而生。因有租赁合同的存在，出租人不至于随时可以将承租人扫地出门，但是只要出租人略加变通，将不动产或住房让与他人，则租赁合同对于新的所有权人，等于废纸一张，承租人也就免不了流落街头的命运，其生活安定事业等，纵不成空谈，亦深受影响。另外，赁他人之屋而居住，虽非绝对，但常为经济上的弱者，即无钱购置房产者，若由此弱而随时遭受出租人之欺凌，则其悲惨之生存境地，即可想象。故而，基于此等社会经济政策的考量，德国民法为使其民有居可安，遂设置'买卖不破租赁规则'。"（张双根.谈"买卖不破租赁"规则的客体适用范围问题[C]// 王洪亮，等.中德私法研究（第1卷）.北京：北京大学出版社，2006：15.）这一评述归纳出的立法理由就是房屋租赁关系稳定性的考量以及承租人处于弱者地位，所以需要特别保护。

约束原出租人和承租人，当原出租人将所出租的房屋转让后，受让人取得了房屋的所有权，其并不受原房屋租赁合同的约束。他基于权力财产的行使理论，就可以驱赶原承租人；而原承租人只能根据原房屋租赁合同向原出租人要求损害赔偿。（2）在"先租后卖"的情况下，依据传统的民法理论，承租人的居住权益处于不稳定状态。现代国家基于社会稳定和承租人优位主义的考量，以例外的方式设置了"买卖不破租赁"规则。这一规则要求原出租人将房屋转让后，受让人将继续受到原房屋租赁合同的约束。这就是国家基于权力财产的限制理论以规范的形式明确对出租人和受让人的行为进行约束。但这一约束我们还得在民法基本理论框架内寻求合理的解释路径，不然会破坏民法体系的完整性。目前通说的观点是"买卖不破租赁"规则的效力体现为"法定的债的移转说"，即受让人取代了原出租人的地位，从而与原承租人发生租赁关系，租赁关系仅发生了主体的变更，并不影响原房屋租赁合同的内容，这是一种"法定的债的转移"。① 而这一学说也是与权力财产的限制理论相契合的。权力财产的限制理论本来就是以国家强制力的手段对相关主体的行为进行干预，自然在规范的设置上就体现为强行法的特征，反映到民法基础理论上就是"法定学说"。

在房屋租赁合同中，权力财产的限制理论除了上述制度和规则外，还包括承租人的优先购买权、承租人的优先承租权、抵押权实现过程中对承租人的保护以及承租人死亡后原共同居住人的租赁权等内容。这些内容都体现了国家以规范的形式对出租人及其对应的权力财产进行干预，其规范目的和效果是平衡出租人和承租人之间的权益。而房屋租赁合同的登记备案制度则是国家直接介入房屋租赁合同的管理，以实现对流动人口的管理，体现了不动产占有和使用权转移的公示功能。② 这是权力财产限制理论的另一种表现形式。

---

① 马俊驹，余延满 . 民法原论 [M]. 北京：法律出版社，2010：680.
② 最高人民法院民事审判第一庭 . 最高人民法院关于审理城镇房屋租赁合同纠纷案件司法解释的理解与适用 [M]. 北京：人民法院出版社，2016：87-88.

第三节　波兰限制租金立法与欧洲人权法院判决

租金管制是一个极具争议性的问题，不仅是一个私法问题，更是一个宪法问题。鉴于波兰的限制租金立法以及欧洲人权法院对其的判决在房屋租赁合同的发展史上占据着重要的地位，本书在此进行特别论述。这也是权力财产限制理论的具体性展开。

一、波兰租金管制立法的变迁

波兰的租金管制制度始于第二次世界大战之前，其立法背景是住房短缺，房租快速上涨，承租人无法承受高昂租金。2000 年 1 月 12 日，在一则关于租金管制立法是否合宪的案例中，法官论述了波兰租金管制立法的历史背景和现实因素，并指出：租金管制立法的直接原因是受到了早期波兰共产主义思想的影响。

1945 年 12 月 21 日，波兰政府发布内阁法令，通过了《住房的国家管理和租赁控制法》（1946 年 2 月 13 日起生效）。该法不仅适用于住房租赁，也适用于私人房屋的商业性租赁。接着，1948 年 7 月 28 日，波兰政府通过了《住宅租赁法》（1948 年 9 月 1 日起实施）。根据该法的规定，国家有关部门统一管理公房租赁和私房租赁事宜，该部门有权安排承租人居住在私人房屋之中。该法还规定了相应的租金管制条款。

1974 年，波兰政府出台的《住房法》引入了"特别租赁计划"，从而取代了之前的"住房问题的国家管理"政策。然而该法案并没有做出多大的改变，承租人的房屋使用权的取得并不是根据民事合同，依然是根据国家的计划性安排；房屋的所有权人无权决定承租人的承租期限。

20 世纪 80 年代末，波兰的经济陷入困境，社会危机不断爆发。1988 年的通货膨胀率由 1987 年的 26% 上升到 67.5%，市场商品严重短缺，人民生活水平急剧下降，外债激增。① 房屋租赁市场上房屋短缺，而国家所控制的租金仅能涵盖建筑物维护成本的30%。为此，从1991年起，波兰政府开启了住房的私有化进程。1994年7月2日通过的《房屋租赁和住房补贴法》（*The Lease of Dwellings and Housing Allowances Act*，1994年11月12日实施）旨在对房屋出租人和承租人之间的关系进行法律改革。为此，该法放宽了租金管制的适用范围，例如，允许商业房屋租赁的租金由合同双方协议确定，也允许住房租赁的当事人通过民事合同确定租金。即，该法不再采用行政手段来调控租金，而是通过一系列的具体规范来构建租金管制规则，具体体现在《房屋租赁和住房补贴法》第20条和第25条。2001年6月21日，为了更好地平衡出租人和承租人的利益，波兰通过了《关于保护承租人权利、城市住房资源的民法典修正案》（*Ustawa o ochronie praw lokatorów，mieszkaniowym zasobie gminy i o zmianie Kodeksu cywilnego*，下文简称"2001年法案"），该修正案实质上废除了1994年的《房屋租赁和住房补贴法》，取代了之前的租赁管制规则，制定了新的租金管制规则，特别是出租人提高租金的限制性条件。2001年法案第9条详细列举了出租人提高租金的8类限制性条件，包括租金增加的频率不得超过6个月一次、出租人增加租金时应说明增加租金的理由、年租金的增加不得超过上一年度商品和服务价格的平均增加值等。2004年12月17日，为了落实2002年10月2日波兰宪法法院的一则关于保护承租人利益的宪法判决，波兰政府通过了"关于修订《关于保护承租人、城市住房资源的民法典修正案》以及修订其他法律的法律"（Ustawa o zmianie ustawy o ochronie praw lokatorów, mieszkaniowym zasobie gminy i o zmianie Kodeksu cywilnego oraz o zmianie niektórych ustaw），对2001年法案进行了修正。新增加的内容是：（1）房东增加租金或者其他费用时，应当提前通知承租人，并应在相应通知期限的月末前通知；（2）租金增加的通知应提前3个月通知承租人，除非双方签订了很长的租期。

---

① 王可．"住有所居"的比较研究与思考——以波兰、捷克、匈牙利为对象的分析 [D]. 天津：南开大学，2012：25.

二、欧洲人权法院对波兰限制租金立法的判决：以"Hutten-Czapska v. Poland 案"为分析样本

（一）基本案情

原告玛丽亚·胡腾·恰普斯卡（Maria Hutten-Czapska）女士是波兰裔的法国人，她出生于 1931 年。很长一段时间里，她居住在法国的安德雷西（Andrésy）。目前，她生活在波兰的波兹南（Poznań），她在格丁尼亚（Gdynia）拥有一座房子和一块土地（先前属于她父母的财产）。这座房子建于 1936 年，第二次世界大战期间被德国军队征用。1945 年 6 月，德国战败后，该房屋被格丁尼亚市政府交还给原告的父母。他们随即开始对房子进行整修，但不久后，他们又被要求搬离该房屋。该市房屋主管部门安排 A.Z. 入住该房屋的第一层，A.Z. 也于当年搬入该房屋。根据 1946 年 2 月 13 日开始实施的《住房的国家管理和租赁控制法》，该房屋成为所谓的"住房事项的国家管理"的财产。

1948 年，当局试图通过公开拍卖的手段将该房屋卖给 A.Z.，没有成功；大约在同一时间，原告的父母希望能够恢复他们对房屋的所有权和使用权，也并未成功。1975 年，格丁尼亚市议会通过了一项决定，即根据特别租赁计划，允许住房部门主管 W.P. 以另一栋房屋与该房屋进行交换，并且是没有任何附加期限的。1988 年 8 月 3 日，格丁尼亚地区法院根据 A.Z. 亲属的申请，判决：当 A.Z. 死后，她的女儿 J.P. 和女婿 M.P. 将获得原告房屋第一层的居住权。

1990 年 9 月 18 日，格丁尼亚地区法院作出判决，宣告原告取得她父母财产的继承权。同年 10 月，该法院将这一事项登记在土地登记簿上。1991 年 7 月 31 日，原告从格丁尼亚的市议会手中取得了房屋的实际管理权。随后不久，她开始对房屋进行整修。

获得房屋的管理权后，原告又通过一系列的民事和行政诉讼，试图撤销原来的行政决定并完全恢复对该房屋的占有。1992 年 6 月 16 日，原告向格

丁尼亚地区法院起诉要求法院驱逐该房屋中的房客。1996 年 4 月 26 日，法院驳回了原告的诉讼请求。原告随即提出上诉。1997 年 1 月 17 日，上诉法院驳回了上诉人的请求，理由是：根据 1994 年的《房屋租赁和住房补贴法》，除非房东或者政府为承租人提供了另一处可供居住的房屋，否则无权要求承租人搬离房屋。而对于上诉人提出的损害赔偿，法院认为，被上诉人无需对之前生效法律所导致的法律后果承担赔偿责任。随后，原告又诉至最高法院。1997 年 11 月 13 日，最高法院驳回了原告的请求，理由是：申请人没有遵守有关程序的正式规定，特别是她并没有指明下级法院存在实体民事法律上的错误。

原告在寻求波兰法院救济过程中，于 1994 年 12 月 6 日，根据《人权和自由保护公约》第 25 条的规定，将波兰政府告至欧洲人权法院。最终，欧洲人权法院于 2006 年 6 月 19 日作出了长达 97 页的判决。[①]

（二）欧洲人权法院的判决

在判决书中，欧洲人权法院详细分析了波兰限制租金立法的社会背景和历史发展，以及原告房屋被侵占的整个过程。

在审理过程中，欧洲人权法院运用合法性原则、公共利益的正当性原则和公平原则对波兰的限制租金立法进行了合法性、正当性和公平性的认定。合法性原则是指国家有权制定租金限制的法案，以实现对权力财产的控制。但前提是立法文本应是容易获取的、明确的和可预见的。正当性原则是指对财产或自由的限制应有一个合法的目标。这一合法目标是指公共利益。而公共利益的内涵是非常丰富的。在房屋租赁领域，现代社会首要考虑的问题是国家通过福利政策和经济政策来实现对房屋租赁市场的干预。公平性原则则要求政府对财产或自由的限制性立法应当在社会公共利益和个人的合法利益之间寻求一个平衡点，即不能通过完全牺牲个人利益来维护社会公共利益。

最终，欧洲人权法院认为，波兰的租金限制立法尽管有一定的合理之

---

① 具体案情参见 Hutten-Czapska v. Poland, No. 35014/97, ECHR, 2006-VIII.

处，但这些规定所设定的租金水平比较低，以至于房东都无法收回维护成本，更不用说赚取利润。具体到本案来说，欧洲人权法院认为波兰政府应赔偿原告的损失，理由是：（1）原告未享有自由选择承租人并签订租赁协议的权利，而是由政府有关部门通过行政命令直接安排承租人，原告没有任何选择的余地。（2）原告不能行使合同的解除权，从而严重危害到了原告的利益。（3）波兰的租金限制立法使得原告所获得的租金都无法满足必要维护费用的支出。欧洲人权法院判决认为："租金管制立法是对承租人的特殊保护，是对出租人财产的一种征收手段；但这一手段应保证出租人能够获得一定的利润，如此才是符合人权的。"最终根据《欧洲人权公约》第41条的规定，判决要求被告支付原告的财产损失、非财产损失、所支出的费用以及罚息，合计52500欧元以及相应的税费，同时要求波兰政府通过适当的法律或者措施来保护出租人的合法权益，包括出租人有权从出租房屋中获取必要利润的权利。

（三）评论

欧洲人权法院判决后，波兰政府于2011年3月颁布了新法律。新法律废除了限制租金立法，使得出租人能够通过出租房屋收回相应的维护成本，并取得一定的利润。

住房作为人类生活的基本条件之一，是个人享有政治权利乃至职业选择等基本自由的前提。[①]房屋租赁亦是保障"居者有其屋"的重要途径之一。[②]我们知道，很多国家在宪法中明文规定了居住权，并制定具体的法律法规来保护公民的居住权。在国际法层面，《经济、社会和文化权利国际公约》第11条第1款明确规定了"适当住房权"是公民的一项基本权利，是重要的国际法渊源。《欧洲人权公约》虽然没有直接规定居住权，但欧洲委员会和欧洲人

---

① 包振宇.直面生活世界中的居住需求——整体性权利视野中的住宅租赁权[J].云南大学学报（法学版），2011（3）：39；凌维慈.规制抑或调控：我国房地产市场的国家干预[J].华东政法大学学报，2017（1）：44.
② 据统计，在21世纪初我国住宅需求的增量中，租赁住宅也达到很高的比例，以上海、成都和武汉为例，2001—2010年租赁住宅占新增住宅需求的比例分别达到53.2%、65.7%和31.5%。参见中国人民银行，等.中国住宅金融报告[M].北京：中信出版社，2013：168—235.

权法院在众多判例中具体阐述了居住权和相应的房屋租赁合同规则（根据第一议定书第 1 条"和平享有对房屋的占有"以及第 8 条"隐私和家庭生活权"的规定）。其中最典型的是涉及对租客的强制性驱逐，在著名的"阿克迪瓦尔诉土耳其案"中，欧洲人权法院的裁决观点是："……毫无疑问，蓄意烧毁上述人的居室及他们的财产，同时构成了严重干预尊重他们家庭生活、住宅以及和平利用他们对居室的占用权利，既存在了对公约第 11 条和议定书第 1 条的侵犯……"这个案例的判决表明，对于租客的暴力强制性驱逐在《人权公约》保护下被认定为一种对人的基本权利的侵害。

而在政府的租金管制方面，本案就是典型的代表，本案对波兰租金限制立法的判决，对欧洲乃至世界的租金管制制度产生了深远的影响。该案与"麦勒切诉奥地利案"共同构成租金管制方面的两大经典判例。在"麦勒切诉奥地利案"里，欧洲人权法院认为："考虑到在实施经济和社会政策包括住房政策方面，政府有广泛的鉴别余地和自由裁量的权力，并没有发生任何对公民财产的侵害行为。"该判决肯定了政府进行租金管制的合法性。而本案是对租金管制立法的限制，要求政府的租金限制立法应保证出租人能够获得适当的利润，这样的租金限制立法才是符合人权的。

本案给我们的启示是：（1）限制租金立法实质是一种对私人财产的征收手段。而征收私人财产是否合宪应满足两个要件，一是公共利益的需要，二是公平的补偿。限制租金立法满足第一个要件是没有问题的，因为其是为了实现广大承租人的居住利益，是为了维护房屋租赁市场的稳定。而第二个要件则存在疑问。在波兰的限制租金立法中，并没有相关的对出租人进行补偿的内容。该案中，格丁尼亚市政府安排 A.Z. 入住原告的房屋并没有经过原告的同意，所以构成征收。这也是最终原告能够获得相应赔偿的重要理由。（2）出于房屋租赁市场健康发展的需要，政府可以实施相应的租金限制立法，这体现了政府对房屋这一权力性财产的国家控制。但政府出台的租金限制立法应平衡出租人和承租人的利益，并能够增进社会共同利益。租金管制立法所体现的是出租人的收益与承租人的支付能力之间的矛盾。由于在房屋租赁市场上，一般来说出租人处于优势地位，因此有必要通过立法对承租人进行倾向性保护，而租金问题是关系到出租人和承租人利益的核心问题。通过立法对租金进行合理限制，既能保证出租人获得一定的利润，也有利于承租人居住利益的实现，能够增进整个社会的整体幸福指数。

第四节　本章小结

"财产不是单纯的民法（法律）问题，而是重要的政治与社会问题。"[①] 本章运用权力财产理论对房屋租赁合同进行分析就很好地体现了这一点。同样的，我们所面对的大量法律制度，也不是单一法律价值的外化，所呈现的状态往往是多种法律价值的交织。房屋租赁合同的法律功能就体现在"自由与安全价值"之间寻求最佳平衡点。自由价值对应激励规则，产生激励成本，体现为权力财产的行使理论；安全价值对应管制规则，产生管制成本，应由国家和出租人共同负担，所对应的是权力财产的限制理论。权力财产的行使理论和限制理论共同作用于房屋租赁合同领域，有助于发挥房屋租赁合同的社会功能。

基于权力财产的一般理论，本章在此将前三章所论述的内容作了历史性梳理。作为合意契约之一的房屋租赁合同诞生于罗马法，所以首先追溯到罗马法上房屋租赁合同的产生，目的是通过论述罗马法时期房屋租赁市场中相关利益主体的地位，揭示出房屋租赁活动的实质不平等性；通过论述罗马法中房屋租赁合同的起源、地位和功能，进一步将权力财产理论贯彻于房屋租赁合同这一具体合同的功能之中；通过论述罗马法上房屋租赁合同规则的形成过程和具体内容，在具体规则和制度中贯彻权力财产的一般理论。中世纪是西方法律传统形成的关键时期。这一时期，中世纪注释法学派通过研究《罗马法大全》对罗马法中的理论和制度进行了重构。但对于房屋租赁合同而言，却并未超越罗马法时期的规则。

---

① 孟勤国，张淞纶. 财产法的权力经济学 [J]. 法制与社会发展，2009（5）: 54.

到了 19 世纪，伴随着城市人口的进一步增多，房屋租赁已经成为很多人的居住方式，反映到法典中就是房屋租赁合同规则的体系化。同时，随着经济的发展、贫富差距的扩大，城市形成了一定程度的住房危机。很大一部分人无法负担高额房租并且居住环境恶劣。这些问题促使政府进一步加强对房屋租赁活动的干预。

2007 年，法国颁布了《可抗辩住房权法案》，正式确立了"居住权作为一项基本权利"的原则，是基本人权在房屋租赁领域的具体实践。在德国，逐渐形成了以"租金管制、押金规制、出租人质权的限制性以及出租人合同解除权的限制"为核心的限制出租人权利的制度，并通过"买卖不破租赁"、承租人的优先购买权 ① 等制度来实现对承租人居住利益的倾向性保护。日本也形成了类似的制度，其立法宗旨都是承租人优位主义。这一立法宗旨的形成也是由房屋租赁活动中房屋这一特殊的权力财产的属性所决定的。权力财产需要限制，欧洲人权法院的判决则将这种限制提升到了人权的高度，即政府可以通过立法手段限制出租人的权利，但这种限制不能完全牺牲出租人的利益，而应在出租人的合法收益与承租人的居住利益之间实现平衡。值得关注的是，欧洲人权法院对波兰限制租金立法的判决在租金管制制度的发展史上占据着重要的地位，深刻影响了欧洲乃至世界的房屋租赁合同制度的发展。欧洲人权法院判决中提出："租金管制立法是对承租人的特殊保护，是对出租人财产的一种征收手段；但这一手段应保证出租人能够获得一定的利润，如此才是符合人权的。"欧洲人权法院的判决肯定了政府进行租金管制的合法性，但应把"增加社会公共利益和出租人权益之间的平衡"作为限制性原则。

值得注意的是，本章所提出的权力财产理论不仅可用于对房屋租赁合同的分析，还可以用来分析土地租赁合同、供电合同、供水合同等继续性合同 ②。这也说明了"所出租的房屋"并不是权力财产理论中的唯一的"权力财产"，还存在其他的权力财产类型（所出租的土地、供水合同中的水资源等）。"权力财产"谱系下的具体财产存在个体性的差异，在具体规则的设置上也会

---

① 张淞纶．承租人优先购买权制度的解释论 [J]．吉林大学社会科学学报，2022（6）：96-105.
② 关于继续性合同的相关问题，可参见王文军．继续性合同研究 [M]．北京：法律出版社，2010.

存在差异。例如，在供水合同中，由于水资源的特殊性，它与人们的生活和生产活动息息相关，某种程度上可以说是一种战略性资源，所以供水方应具有相应的资质，并在规范的设置上规定了"强制缔约性规则"来约束供水方，这就是权力财产限制理论的运用。

第五章

中国法中的房屋租赁合同规则的演变与重构

研究罗马法和域外法中的房屋租赁合同规则是为了更好地解决中国法中的实际问题。包括罗马法智慧在内的域外法经验之所以能够为我们所借鉴，一方面是由于中国现行的房屋租赁合同规则继受自大陆法系，另一方面是因为房屋租赁合同问题属于人类社会面临的共同性问题。本章首先考察汉代房屋租赁合同的产生，并与罗马法中的房屋租赁合同进行对比分析，以期揭示出房屋租赁合同的时空共性与民族个性；接着论述《大清民律草案》以来中国继受大陆法系房屋租赁合同规则的过程；最后尝试运用立法论、解释论和比较法等方法来重构中国法中的房屋租赁合同规则。

第一节　中国汉代与古罗马时期的房屋租赁合同之对比

房屋租赁作为调整房屋资源配置和实现人口流动的制度，在中国的秦汉时期就已经出现。本书尝试对中国汉代和古罗马时期（古罗马共和晚期和帝国早期）的房屋租赁合同进行对比分析，从具体合同层面去揭示古代中国法与罗马法的理念共通性以及立法技术和立法体例的差异性。

一、汉代房屋租赁合同的产生

两汉时期，手工业和商业的发展促进了城市的快速发展，出现了一些人口规模比较大的商业性城市。城市的发展为房屋租赁市场的形成提供了空间基础，大量人口涌入城市则为房屋租赁市场的形成提供了主体要素。如此，在汉代，房屋租赁市场就得到了快速发展。

通过《居延汉简》，可以了解当时房屋租赁活动的大概情况。"三堆燧长徐宗自言，故霸胡亭长宁就（僦）舍钱二千三百三十四，贳不可得。"这是一则起诉书，大意是：出租人徐宗将房屋出租给承租人故霸胡亭长宁后，由于承租人长期拖欠租金，出租人多次催讨后，承租人依然不支付租金，于是，出租人向官府控告承租人的违约行为。① 由此可知，这一时期的房屋租赁活动是比较活跃的，房屋租赁合同纠纷的产生就是很好的例证。根据学者对汉代债法的研究，我们可以推断出：这一时期的房屋租赁合同的生效要件包括主体身份适格（无户籍的流亡人员、周游的捐客等因为缺乏有效的身份证明文件而属于主体身份不适格）、意思表示真实且一致、契约内容合法（不得违背汉代国家的诏令、律条，不得进行谋反叛逆活动）以及合同形式完备。合同形式完备是指需要中间人的参与，中间人一般具有一定的社会地位，在合同双方出现纠纷时，中间人可以居中调解；这一方面是无讼思想的影响，另一方面在协调不成时，中间人可以作为证人参与诉讼。②

到了魏晋南北朝时期，中国古代的契约制度趋于成熟并开始定型。契约的内容一般包括双方当事人、立约时间、契约的标的物及其状况、契约的担保、违约金、见证人等内容。③ 这一时期，房屋租赁市场发展的一大特点就是官僚阶层的参与。例如，《北史·斛律光传》记载："帝（北齐后主高纬）又以邺清风园赐提婆租赁之。"晋人潘岳在《上客舍议》为我们描述了这一时期私人旅馆发展的概貌："连陌接馆"，"公私满路，近畿辐辏，客舍亦稠"。潘岳在《上客舍议》中批判了官办旅馆的弊端，并论述了国家鼓励私人参与房屋租赁业务对于经济发展的重要性。

从上可以得出以下结论：汉代的房屋租赁市场是伴随着城市化进程以及城市人口的增加而不断发展的；早期的房屋租赁有空间限制，汉代以后才允许私人参与房屋租赁业务；这一时期的房屋租赁合同规则与房屋买卖规则类似。

---

① 张兵. 宋代房屋租赁制度研究 [D]. 郑州：郑州大学，2015：4.
② 谢全发. 汉代债法研究——以简牍文书为中心的考察 [D]. 重庆：西南政法大学，2007：102-109.
③ 张晋藩. 中华法制文明史（古代卷）[M]. 北京：法律出版社，2013：257.

二、汉代房屋租赁合同的内容

本书按照现代民法的体系安排，对汉代房屋租赁合同的内容从成立和生效规则、权利义务规则以及变更和终止规则三个方面进行论述。

（一）汉代房屋租赁合同的成立和生效

在汉代，房屋租赁合同属于租赁合同之一种，在房屋租赁合同的成立规则上与罗马法中房屋租赁合同的成立规则并无区别，同样是出租人和承租人双方就承租人所承租的房屋达成合意，承租人向出租人按照双方的约定支付租金即可。

合同成立并不意味着合同生效。上文已经论述了汉代房屋租赁合同生效的四大要件，即主体身份适格、意思表示真实且一致、契约内容合法、合同形式完备。而罗马法中合同的生效要件为：当事人有行为能力和处分能力，意思表示无瑕疵，标的确定、可能、正当和合法。

在主体身份适格方面，汉代并没有一个抽象统一的民事行为能力的概念（有学者以"承担徭役的年龄"来推断享有民事行为能力的实际年龄[①]，但实际订立契约并不会写明年龄），而是以户籍作为拥有契约主体资格的基本条件，拥有户籍的人能够履行契约条款规定的义务，无户籍的个体则不享有签约权。[②]

内容合法主要包括两个方面的内容：（1）政治限制，即契约内容不得涉及危害国家政权的活动；（2）涉及限制流通物和涉案赃物的契约无效，如某一个出租房屋为赃物，则双方订立的房屋租赁契约无效。

契约已经形成了固定的格式。契约的前半部分所记载的内容包括：立契时间和缔约双方的籍贯、身份、姓名。正文部分条款所记载的内容包括：标的的确定、业主担保事项、价款及交付时间、承租人署名画押、中保人署名

---

① 赵晓耕. 中国法制原理与案例教程 [M]. 北京：中国人民大学出版社，2006：145.
② 张家山二四七号汉墓竹简整理小组. 张家山汉墓竹简（二四七号墓）[M]. 北京：文物出版社，2001：31.

画押等。①

对比两者的生效要件，会发现实质内容一致，但在表述上有所区分。另外，汉代的房屋租赁合同生效要件更强调身份适格与形式完备；而同一时期的罗马法房屋租赁合同已经进入"合意层面的房屋租赁合同"，完成了《十二表法》时期"重形式"到罗马共和晚期帝国早期"重合意"的转变。汉代契约的形式固定化，而罗马法这一时期并不完全看重形式，这是两者之间重要的差异。

（二）汉代房屋租赁合同的权利义务

基于权利义务规则的对应性，出租人的权利对应承租人的义务，故通过论述出租人的义务规则和承租人的义务规则，能够全面展示这一时期房屋租赁合同权利义务规则的全貌。但汉代的房屋租赁合同有其特殊性，除了出租人和承租人外，"仁者"的担保义务也是其重要的内容。

房屋出租人的义务主要包括：按照约定交付房屋给承租人使用，并确保租赁期间出租的房屋处于可正常使用状态；当房屋有瑕疵致使承租人利益受损时，出租人负赔偿责任等。房屋承租人的义务主要包括：依照约定妥善使用房屋；按照约定的日期和数额支付租金；不作为义务；合同终止后，应腾退并返还房屋给出租人等。

汉代房屋租赁合同的权利义务规则并没有直接的法令可以支撑，以上内容的提炼是通过类比汉代买卖契约的内容得出的。以瑕疵担保为例，汉代通常会在买卖契约中写明相应的瑕疵担保条款，如《汉乐奴卖田券》："……丈田即不足，计亩数还钱。"② 这句话的意思是，如果最终所测量的土地面积少于土地买卖契约中约定的面积，则卖方需返还差额部分的金钱。类推到房屋租赁领域，当出租房屋出现瑕疵而使得承租人利益受损时，出租人应承担相应的责任。当然，基于中国古代契约法的一脉相承特征，唐宋明清时期的房屋租赁合同的核心内容与汉代房屋租赁合同的核心内容应当具有共通性。试

---

① 范一丁. 古代契约法史稿 [M]. 北京：法律出版社，2017：38.
② 中国社会科学院考古研究所. 居延汉简甲乙编（下册）[M]. 北京：中华书局，1980：280.

举一例，在陈继儒的《尺牍双鱼》之《赁房契》中记载："立赁房契人等，今因无房居住，情愿凭中赁到某名下草瓦房几间，家伙几件，逐一开载明白。每年该赁房银若干，其银陆续支用。自立契之后，如有房屋倒塌，俱在主人承顾。若门户器用稍有失错，赁房人自当赔偿。今恐无凭，立此赁房文契为照。"这一契约生动反映了中国古代房屋租赁合同中出租人应履行维修义务以及承租人应履行妥善使用房屋的义务。

汉承秦制，在契约中设置了债务担保人，被称为"任者"。[1]《说文·人部》曰："任，保也。"任者就是保证人的意思。这一时期，"中保人"仅仅是具有保证人身份的"任者"和见证人身份的"旁人"，到了唐宋时期，演变为具有居间作用的"牙人"。"任者"在房屋租赁契约中，作为承租人的担保人，当承租人不履行义务时，出租人可以要求"任者"承担担保义务。

对比两者的权利义务规则可发现，汉代的房屋租赁合同中出租人和承租人的权利义务规则与罗马法房屋租赁合同中的权利义务规则是差不多的。差异点表现在：（1）"任者"即承租人的担保人，在汉代房屋租赁合同中扮演着重要角色，是必须具备的。（2）在这一时期，罗马法房屋租赁合同规则中存在"转租规则"，是罗马法的重要制度创新，对于房屋租赁市场的繁荣和发展意义重大。而汉代基于政府管控的需要，不允许承租人进行转租，也就不存在"中间人"的法定市场。（3）汉代是否存在出租人的留置权制度，目前尚未有直接文献证明，但基于出租人的地位及现实需要，实践中很可能存在。罗马法中存在出租人留置权的限制规则，汉代则不存在。（4）罗马法中存在承租人在相邻关系中的地位规则，在汉代房屋租赁合同领域并未有相关的论述。

（三）汉代房屋租赁合同的变更和终止

房屋租赁合同的变更规则包括出租人变更和承租人变更的规则。出租人变更主要包括两方面内容：（1）出租人死亡后，房屋租赁关系是否发生变

---

① 萧伯符. 中国法制史 [M]. 北京：中国社会科学出版社，2007：108.

更？一方主体的死亡，自然会影响到某一具体契约中的主体变更，依据这一时期的"析产"继承规则，谁继承这一出租房屋，谁自然就能享有这部分的收益权。新的出租人是通过主体继承的方式还是通过主体变更的方式加入或重新签订房屋租赁契约，目前所呈现的材料无法提供相关线索。（2）出租人将出租房屋出卖后，新的受让人是否还受到之前房屋租赁契约的约束？基于中保人的特征以及政府管控合同交易的需要，双方很可能是需要通过重新签订房屋租赁契约的形式来进行主体变更。

承租人变更也包括以下两个方面：（1）作为个人主体，承租人死亡后，自然导致房屋租赁契约消灭；（2）以"户主"为签约主体的，当户主死亡时，与之共同生活的家庭成员可以在租赁期间继续居住，并不因户主的死亡而导致房屋租赁契约的终止。这一点与罗马法中"承租人死亡后，原共同居住人享有继续居住的权利"的规则在理念上是共通的。

汉代房屋租赁合同终止规则包括以下情形：（1）合同期限届满而终止，这意味着承租人搬离房屋，出租人收回房屋；（2）双方协议约定终止，在房屋租赁合同存续期间，出租人和承租人可以通过协议的形式提前终止房屋租赁合同；（3）因意外事件导致出租房屋灭失的，房屋租赁合同自然终止；（4）当出租人和承租人混同时，自然地，房屋租赁合同也随之终止；（5）出租人或承租人能否行使单方解约权而导致合同终止，目前并没有直接的材料可以佐证。但分析当时的社会环境和背景，一般来说，能够出租房屋的人都是有一定身份或地位的，其任意行使解约权而驱逐承租人的情况发生的概率应该是比较大的。①

对比两者的变更和终止规则可以发现，其核心内容是共通的。差异性主要表现在：（1）出租人主体变更是否导致房屋租赁关系发生变化？罗马法承认买受人可以取得出租人的地位，汉代则要求重新签订房屋租赁合同来实现主体的变更；（2）出租人解约权是否受到限制？汉代并未限制出租人的解约权，罗马法则存在出租人解约权的限制规则。

---

① 李晓英. 汉代契约研究 [D]. 开封：河南大学，2001：23-26.

三、对比分析

通过以上论述，特别是将汉代房屋租赁合同的内容与同一时期罗马法中房屋租赁合同的内容进行对比分析，会发现同一时代汉民族和古罗马人在处理房屋租赁问题上，具有价值理念和规则内容的共通性特征，以及立法技术、立法语言以及部分规则的民族性和差异性特征。

（一）价值理念与规则内容的共通性

根据小商品经济的经济基础以及统治阶层统治稳定的政治需求，这一时期的立法价值理念都是解决民众"自由价值"与政府管控"稳定与安全价值"之间的矛盾。但这一共通性价值理念所依赖的文化基础是不同的，罗马法所依赖的是个体主义思想和经验主义理念，重视运用逻辑思维和个案讨论来归纳法律规则；汉代契约法所依赖的是以礼制为基础所构造的契约法体系，即"刑治主义的功能取向、礼法结合的规范结构、宗法伦理的精神原则和天人和谐的理想境界"①，其深刻影响着汉代契约法的立法和司法实践。

价值理念的共通性反映到规则内容层面就是房屋租赁合同核心规则的相通性。无论是罗马法还是汉代房屋租赁合同，都是从成立规则、权利义务规则、变更和终止规则三个方面来构建房屋租赁合同的核心规则体系，都认为"合意"是房屋租赁合同成立的重要条件。

（二）立法技术与部分规则的差异性

罗马法在立法技术上所体现的特点就是罗马私法特别发达，罗马法学家与大法官的立法、教学等活动大大促进了罗马私法的发展。而汉代在立法技术上所体现的特点是礼法合一，"礼制"对于法律规则影响甚大，甚至立法文本的内容反映的都是儒家的"礼制思想"，缺乏独立的私法语言和私法体系。

部分规则的差异性，举例说明：（1）汉代房屋租赁契约不允许转租，是基于政府管控的需要。而古罗马法基于出租人利益最大化的需求，允许转租

---

① 徐忠明. 从类型角度谈中国法律史的叙述模式 [J]. 法商研究，2003（3）：136—144.

人（即中间人）的存在，并在立法和实践中发展出了"转租规则"。（2）汉代的房屋租赁契约中，"任者"的担保是契约生效乃至权利义务规则的重要内容；而罗马法则更为关注出租人和承租人的"合意"，第三人的担保并非契约生效的要件。

第二节　中国房屋租赁合同规则的形成与确立

我国现行房屋租赁合同规则不是由中国古代的房屋租赁合同规则演变而来，而是继受大陆法系相关规则的结果。理由有二：其一，与罗马法以来的大陆法系相比，中国古代的房屋租赁合同规则更注重契约内容的描述性，缺乏概念的抽象性和体系性思考，也没有任何理论研究结果，仅仅是房屋租赁活动的习惯法总结；其二，20世纪以来，从《大清民律草案》开始，到《中华民国民法》，再到新中国成立后的若干部民法典草案，基本上都是以大陆法系的规则为蓝本，就房屋租赁合同规则来说同样如此，只不过在中国百年民法的继受过程中，不同时期的房屋租赁合同的立法体例和具体内容反映在立法或草案文本中有所不同而已。

一、唐宋至明清时期房屋租赁合同的立法与实践

（一）唐宋时期房屋租赁合同的立法与实践

唐宋时期是中国封建社会的变革时期，这一时期的房屋租赁活动尤为频繁。学界对此也进行了深入的研究。① 基于论述的需要，本部分将从出租人的构成、承租人的构成、租金问题、牙人的作用以及政府对房屋租赁市场的

---

① 代表性的论著有林立平的《唐宋之际城市租赁业初探》、刘阿平的《唐宋城市房产租赁比较研究》、胡建华的《宋代城市房地产管理简论》和《宋代城市住房政策研究》、雷巧玲的《唐代租宅初探》、田中初的《南宋临安房屋租赁述略》、盛会莲的《从敦煌吐鲁番文书看隋至宋初的宅舍交易》，等等。

干预这五个方面来具体概括这一时期的房屋租赁实践和立法。

　　第一，就出租人的构成来说，可以分为私房出租者和公房出租者。私房出租者又具体包括：（1）皇室成员和官员。唐太宗时期就明确表示"五品以上，不得入市"，但到了后来，很多官员参与房屋租赁，导致朝廷顺势变更法令，从而允许官员参与房屋租赁业务。据史料记载，唐玄宗年间，很多官员建造房屋用于出租，以获取高额利润。[①] 皇室成员成为房屋租赁市场中出租人的成员之一的记载有：唐顺宗李诵在任太子时，就曾出租房屋。他"舍钱三十万，为贾昌立大师影堂及宅舍，又立外屋，居游民，取佣给"[②]。到了宋朝，皇室成员和官员将房屋进行出租以获取利润的现象更为普遍，出租房屋的供给量也更大，这是由承租人的大量增加所决定的。据北宋蔡襄记载，晏殊在担任宰相期间，"不闻奇谋异略以了国事，唯务私家营置资产。见于蔡河岸上，托借名目，射占官地，盖屋僦赁"[③]。宋真宗时期，因为感到京城街道狭窄，故下令拆除很多官员所建造的妨碍交通的出租房屋，却遭到了这些官员的反对。[④] 以上这些例子足以说明，唐宋房屋租赁市场中皇室成员和官员中参与房屋出租的人是相当多的。（2）富商和城市居民。唐宋时期，富商也是房屋租赁市场中的重要出租者；而一般的城市居民则是利用家中剩余房屋进行出租，起到补充作用。据记载，唐朝天宝年间，富商王雯"家邠城，富有财……庄宅犹广，客二百余户"[⑤]；北宋时期，开封有一位商人叫牛监薄，他每天出租房屋所得收入就有数十贯。[⑥] 可见只要有利润，商人就会参与，而出租房屋的利润是相当可观的。公房又可分为"直管房"和"自管房"，前者的出租者是政府设置的管理机构（宋代称为"店宅务"），而后者包括学校和寺院等。[⑦] 公房出租除了可以增加财政收入外，对于房屋租赁市场的调控

---

① 为此唐玄宗在天宝九载下诏说："南北卫百官等，如闻昭应县两市及近场处，广造店铺，出赁与人。"参见董诰等.全唐文[M].北京：中华书局，1983：363.

② 李昉，等.太平广记[M].北京：中华书局，1961：3994.

③ 蔡襄.蔡忠惠集[M].上海：上海古籍出版社，1996：326.

④ 脱脱，等.宋史[M].北京：中华书局，1977：10165.

⑤ 李昉，等.太平广记[M].北京：中华书局，1961：1210.

⑥ 文莹.湘山野录[M].北京：中华书局，1984：43.

⑦ 刘阿平.唐宋城市房产租赁比较研究[D].西安：陕西师范大学，2007：8-12.

也起到重要作用。

第二，承租人的构成是非常多样化的，包括官员、商人、手工业者、考生、一般平民、妓女等。[①] 官员租赁房屋是由其收入水平以及官员的流动性程度决定的。例如，北宋时期，翰林学士王禹偁就描述了自己在京师租房的感受："老病形容日日衰，十年赁宅住京师。阁栖凤鸟容三人，巢宿鹪鹩欠一枝。"[②] 而商人则是因为其职业特点，需要经常在各地奔波，因而需要租赁房屋。其他群体或者是因为迁徙而需要租房，或者是本身就没有房屋而只能选择租房。从这个层面来说，唐宋时期商业繁荣，社会比较稳定，从而使得城市人口增加，而伴随着手工业者、商人、考生、官员等群体的迁徙运动，必然会增加对房屋租赁的需求，从而影响房屋租赁市场的供需关系。

第三，租金的高低会影响到房屋租赁市场的稳定，过高会导致很多人租不起房子而只能流浪或者寄居在荒废的寺庙等地方，过低则会使很多人不愿意将资金投入房屋租赁市场，最终还是会导致很多人没有房子住。所以，合理的租金是房屋租赁市场健康发展的关键。在唐宋时期，租金可以日计，主要是旅店（例如，"以万钱独赁一日"[③]）；也可以月计（例如，"月僦钱一十八千文"[④]）。

第四，随着房屋租赁市场的发展，唐宋时期出现了房屋租赁的中间人——牙人（宋代称为"庄宅行人"）。唐玄宗年间就有关于牙人参与房屋租赁活动的记载。[⑤] 牙人在房屋租赁市场中的作用主要体现在：牙人必须负责验证出租房屋的所有权状况及租赁的合法性；牙人对出租房产评议出参考价格，即房产租金；牙人必须参与房产租赁合同的订立；等等。[⑥]

第五，政府对房屋租赁市场的干预主要通过设立专门机构进行管理、立

---

① 梅波. 宋代租房现象研究 [D]. 成都：四川师范大学，2013.
② 王禹偁. 小畜集 [M]. 长春：吉林出版集团有限公司，2005：610.
③ 李昉，等. 太平广记 [M]. 北京：中华书局，1961：1832.
④ 脱脱，等. 宋史 [M]. 北京：中华书局，1977：4313.
⑤ "明旦，忽有牙人扣户，兼须宅主来谒仲躬，便请移居，并夫役并足，未到斋时，前至立德坊一宅中，其大小价数一如清化者。其牙人云：'价值契本，一无遗缺，并交割。'"李昉，等. 太平广记 [M]. 北京：中华书局，1961：1773.
⑥ 刘阿平. 唐宋城市房产租赁比较研究 [D]. 西安：陕西师范大学，2007：35-36.

法干预以及司法干预等形式来实现。

唐朝并没有出现专门的房屋租赁管理机构，而是由内庄宅使及其他衙门负责出租公房，也具有一定程度的管理职能。到了北宋时期，出现了专门管理房屋租赁事务的机构，即左右厢店宅务。[①] 店宅务的职能包括：负责征收官房租金、管理没收的绝户房产、管理待赁闲屋。店宅务还详细制定了有关房屋租赁的各项具体规定，诸如出租人和承租人的权利义务、牙人的职责等。[②]

立法干预有：（1）租金管制。例如，唐玄宗年间，面对租金高涨的现象，唐玄宗在《禁赁店干利诏》中明确要求："南北衙百官等，如闻昭应县两市及近场处，广造店铺……自今以后，其所赁店铺，每间月估，不得过五百文"。[③] 宋徽宗时期，也曾下诏要求不得随意增加房租。[④]（2）租金优惠条款。北宋时期，政府就规定承租人从在店宅务登记之日起享有 5 天不需要支付房租的优惠，从而有利于承租人在此期间进行搬家和安顿。[⑤]（3）承租人不得随意将房屋进行转租。唐宋时期，法律限制承租人的转租权利，其目的是禁止承租人通过转租行为获利。例如，1004 年，宋真宗下诏曰："应宣借舍屋，须的是正身居止。如已有产业，却将转赁，委店宅务常切觉察，收管入官。自今悉如此例。"[⑥]

司法干预则主要是通过裁判来解决当事人之间的房屋租赁合同纠纷。例如，《名公书判清明集》中就有这么一个案例："陈成之有八九间祖房，黄清道已十一年僦居"，"奈顽夫负义，不偿点印之资，及小仆索逋，竟被殴伤之

---

① "左右厢店宅务掌管邸店计直出僦及修造缮完。国初，以为楼店务。太平兴国初改名。端拱（989 年）年并为邸店宅务，以其钱供禁中脂泽，日百千。淳化五年（994 年）分为两厢。至道三年（997 年）复并为今名。咸平元年（998 年）又改为都大店宅务兼修造司。六年（1003 年）析修造别为一司。景德三年（1006 年）复以修造司兼之。大中祥符元年（1008 年）以修造司隶八作。六年（1013 年）复改今名。以京朝官、三班、内侍三人为监管，管领修造，指挥五百人。" 徐松编 . 宋会要辑稿 [M]. 北京：中华书局，1987：5749.
② 刘阿平 . 唐宋城市房产租赁比较研究 [D]. 西安：陕西师范大学，2007：31–32.
③ 董浩，等 . 全唐文 [M]. 北京：中华书局，1983：363.
④ "在京有房廊物业之家，近来多以翻修为名，增添房钱，往往过倍，日来尤甚，使编户细民难以出办。若不禁止，于久非便。自今后京城内外，业主增修屋业，如不增添展间椽地分者，不得辄添房钱，如违，以违制论。" 徐松 . 宋会要辑稿 [M]. 北京：中华书局，1987：6518.
⑤ "假每人户赁房，免五日为修移之限，以第六日起掠收房租，并分舍屋间椽、地段、钱数，分月掠，立限送纳。" 徐松 . 宋会要辑稿 [M]. 北京：中华书局，1987：5750.
⑥ 徐松 . 宋会要辑稿 [M]. 北京：中华书局，1987：5749.

辱"。最终官府判决"黄清道填还累月赁钱。如致（疑作'敢'）再词，定逐出屋"①。这是一则承租人因拖欠租金而被出租人诉之官府，官府判决承租人应按照约定支付租金，如果不支付，出租人可以驱逐承租人的案例。相对应地，如果出租人违反契约或法律规定，承租人也可以诉之官府来解决纠纷。例如，明代的田汝成在其《西湖游览志馀》中记载了这样一则案例："马光祖尹临安，不畏贵戚豪强，庭无留讼。福王府诉民不入赁房钱，民云，屋漏，光祖判云：晴则鸡卵鸭卵，雨则盆满钵满。福王若要屋钱，直待光祖任满。"②该案例说明出租人有修缮房屋的义务，如果不修缮，那么承租人可以不支付剩余的租金。

通过以上论述可知：（1）唐宋时期，房屋租赁市场中的出租人和承租人的身份都比较多样，但总体来说，出租人处于社会上层。（2）房屋租赁专门管理机构的出现，说明了房屋租赁市场对于政府治理的重要性，也有利于房屋租赁市场的规范化发展。（3）这一时期已经形成了较为完整的房屋租赁规则体系。诸如出租人和承租人的权利义务，或者通过契约形式呈现，或者通过立法形式呈现。房屋租赁合同的内容包括：订立契约的时间、出租人和承租人、出租房屋的概况、租期、租金数额及支付方式、担保人（即知见人）、违约责任等内容。③（4）房屋租赁合同和牙人在房屋租赁市场的发展过程中发挥了重要的作用，前者是当事人权利义务的有效凭证，具有法律效力；后者作为中间人，是房屋租赁市场健康发展的催化剂。（5）政府对租金进行干预，以保护承租人的居住利益。

（二）明清时期房屋租赁合同的立法与实践

中国古代的房屋租赁合同制度在唐宋时期已经相当成熟。到了明清时期，房屋租赁合同制度并没有发生太大的变化，其中最大的一个变化是：明清政府都加强了对契约的干预。

---

① 朱熹，等. 名公书判清明集 [M]. 北京：中华书局，1987：196.
② 田汝成. 西湖游览志馀（卷二十五）[M]. 上海：上海古籍出版社，1980：468.
③ 张兵. 宋代房屋租赁制度研究 [D]. 郑州：郑州大学，2015：7-16.

　　明代统治时期，户部曾强制要求契约人采用官印契纸，体现了国家对私人契约关系的干预，目的是将债务关系纳入法定限度内，借此防止阶级矛盾的激化并稳定社会秩序。[①] 现存的明代契约中，有卖田、卖屋、当田、租田、借贷、典雇、包工、雇船、赁屋、租店等十几种契约类型。其中，赁屋就是房屋租赁。房屋租赁合同的订立，与其他契约的订立一样，要求承租人签署画押，并作出各种保证，而出租人则不需要签署画押。但为了保证契约的履行，还需要有中人作保。中保在契约订立过程之中起着介绍、说和的作用，当承租人无法履行义务时，由保人代为履行。[②] 中人是民间秩序的一种保障，在房屋租赁合同中以其公开性和权威性来保障契约的履行。[③] 依法成立的房屋租赁合同受法律保护，如果任何一方当事人不履行契约约定的义务，不仅需要承担民事责任，还将受到刑事制裁。

　　清代同样如此，契纸由官府按照统一规格印制。例如，《写契投税章程》就规定："民间嗣后买卖田房必须用司印官纸写契，违者作为私契，官不为据……，如不用司印官纸写契，设遇旧业东、亲族人等……即将私契涂销作废；仍命改写官纸，并照列追契价一半入官。"换言之，无论是买地、租房，还是雇工、合伙、婚娶、借贷等，都必须以契约作为凭证，以确认双方的权利和义务。从遗留下来的契约文书看，事实上，在民间的民事活动中，很多契约并不是用官纸写契，而是立约人自己准备纸张，按照官方的契约格式进行书写的。

　　张传玺的《中国历代契约会编考释》中就记录了一些房屋租赁合同的文本，本书选取其中三份文书进行说明。

　　第一份：清顺治八年（1651年）《休宁县吴氏租水碓房找约》[④]，具体内容如下：

① 张晋藩.中华法制文明史（古代卷）[M].北京：法律出版社，2013：527.
② 张晋藩.中华法制文明史（古代卷）[M].北京：法律出版社，2013：525.
③ 吴欣.明清时期的"中人"及其法律作用与意义——以明清徽州地方契约为例[C]//张仁善.南京大学法律评论（2004年春季卷）.北京：法律出版社，2004：166-180.
④ 张传玺.中国历代契约会编考释（下）[M].北京：北京大学出版社，1995：1547.

立租约人吴氏，今自情愿央中租到族叔祖许□□名下先年故夫卖过土库房一所，坐落大溪边，得银四两整。原议屋将皂结树一株、粟树一株已交管业，递年准租银。今年春夏二季间，因水碓遭到洪水发涨，尽行漂流。今修理水碓欠缺备办木料并工匠使用。复央原种加于故夫卖契内价银陆两整，其银当日随手收足。凭中三面议定，每周年加租利银贰两乙钱陆分，递年听屋东陆续春谷，以碓分银准租赁每袋谷计五砠议开贰分五厘算。两边情愿，不致（准）增减。恐后无凭，立此租约议墨存照。

顺治八年七月初一日立租约人 吴氏

原中人许朋石

代书亲房人许际可

第二份：康熙五十八年（1719 年）《休宁县王佛佑租房批》[①]，具体内容如下：

立租批仆王佛佑，仅凂中租到家主名下房屋乙半，坐落土名竹林，通前至后出入门堂地基，每年议定银乙两整。其租银三面议定，四季交纳，不得欠分少文。倘有租银不清，任从家主另行招租，无得异说，今欲有凭，立此租批存照。

康熙五十八年十一月立租批仆人王佛佑

凂中家人汪禹功

第三份：光绪三十年（1904 年）《宛平县慎俭堂（谭姓）租铺底据》[②]，具体内容如下：

立成（承）做买卖人慎俭堂（谭姓），今租到杨鉴明自置铺底，坐落在锦什坊街武定侯东口外路东门面一间到底三层，有后院一块。因自己不能

---

① 张传玺. 中国历代契约会编考释（下）[M]. 北京：北京大学出版社，1995：1551.

② 张传玺. 中国历代契约会编考释（下）[M]. 北京：北京大学出版社，1995：1565.

成（承）做，同中人说合，情愿租给谭姓名下成（承）做，言明押租市平松根三十两正，其银笔下交足，并无欠少。言明每月傢倨（家具）房银市平松江银一两四钱正。以租十年为满，银到归赎。同中言明，如若年头不到交房者，押租银全罚；如若年头不到要房者，罚银六十两。每月言明傢伙房银一两四钱，言明三个月房银不到者，准其铺东将买卖收回。铺内傢倨（家具）令（另）在清单一纸。恐口无凭，立字为证。

信行

成（承）做人　慎俭堂谭姓（押）

中人　曾濂溪（押）刘旺江（押）

对比以上三份房屋租赁合同文书，我们发现，在清代的房屋租赁合同中，需要写清楚房屋坐落、租金、交付办法、中人及履行租约的保障等内容；而租店铺契约由于对象复杂，契约的内容也较房屋租赁合同复杂，多了押金、提前解除合同的违约责任等内容。

整体来看，中国古代的房屋租赁合同的订约内容、格式等不断规范化，而政府为了加强对契约的国家管控，要求契约双方在订立契约时须采用官版契纸的格式书写，以保证契约格式的统一和防止出现伪契。[①] 当然，这是一个不断发展的过程，而且即使官方如此要求，民间依然存在大量的民间契约，而这些契约的履行主要依靠的是习惯法。这一习惯法传统对中国社会中契约关系的影响也反映在《大清民律草案》和民国时期的立法之中。例如，《大清民律草案》第一条就明确显示了习惯法和法理也是重要的法律渊源。[②] 这一规定反映了立法者对于习惯在调整民事活动法律关系中的实际功能的重视。民国初年，司法部还专门搜集民事习惯报告，汇编成了《中国民事习惯大全》。

---

① 张晋藩. 从晚清修律官"固有民法论"所想到的 [J]. 当代法学，2011（4）：3–18.
② 《大清民律草案》第一条：民事本律所未规定者依习惯法，无习惯法者依法理。

二、《大清民律草案》对德国房屋租赁合同规则的引入

《大清民律草案》共有五编（36章，1569条），前三编受日本法学家松冈正义的影响，以1896年的《日本民法典》为蓝本，同时参考了《德国民法典》和《瑞士民法典》，于1911年9月最后完成。[①]学者评论《大清民律草案》的历史地位时说，该法"体现了中国民法发展中的重大转折"，"新旧杂糅，反映了特定的国情社情"，"以形式上的平等掩盖事实上的不平等"。[②]

在对租赁合同的安排上，该草案采用的是德国租赁合同的立法体例，即将租赁合同区分为使用租赁（使用赁贷权）和用益租赁（用益赁贷借），将劳动力租赁和承揽租赁从罗马法之大租赁中提取出来，分别规定在雇佣和承揽部分。而在术语的使用上，"赁贷借"一词的使用则受到了日本民法术语的影响。[③]

将《大清民律草案》与1896年的《日本民法典》及1900年的《德国民法典》中有关租赁合同的条文进行对比，我们会发现，《大清民律草案》中的很多条文就是直接从《日本民法典》或《德国民法典》中翻译而来。为此，本书制作了如下的表格，便于对比观察。

表5-1　三部法典中有关租赁合同条文对比

内　容	大清民律草案(1911)	德国民法典（1900)	日本民法典（1896)
使用租赁的定义	第636条	第535条	第601条（租赁的定义）
租赁合同的书面方式	第637条	第566条	
出租人的义务	第638条	第536条	
物之瑕疵和权利瑕疵情形时的租金减少	第639条	第537条	
承租人因瑕疵而享有的损害赔偿请求权和费用偿还请求权	第640条	第538条	

---

① 关于日本对清末立法的影响，可参见侯欣一.清末法制变革中的日本影响——以直隶为中心的考察 [J].法制与社会发展，2004（5）：34-45；俞江.清末民法学的输入与传播 [J].法学研究，2000（6）：140-149.

② 张晋藩.中华法制文明史（近、当代卷）[M].北京：法律出版社，2013：284-287；华友根.《大清民律草案》的修订宗旨及其思想影响 [J].政治与法律，1988（5）：46-48.

③ 孟祥沛.《大清民律草案》法源辨析 [J].清史研究，2010（4）：103-106.

④ 杨立新，点校.大清民律草案·民国民律草案 [Z].长春：吉林人民出版社，2002.

⑤ 本书所用的1900年《德国民法典》的版本是1907年出版于伦敦的The German Civil Code，由王宠惠先生翻译（Wang Chung-hui.The German Civil Code [Z].Translated and Annotated, with an Historical Introduction and Appendices.London：Stevens and Sons，Ltd.1907：116-129.）。

内　容	大清民律草案(1911)	德国民法典（1900）	日本民法典（1896）
承租人明知有瑕疵	第 641 条	第 539 条	
出租人故意隐瞒物的瑕疵时，免责条款无效	第 642 条	第 540 条	
对权利瑕疵的责任	第 643 条	第 541 条	
出租人的修缮义务	第 644 条		第 606 条
违反出租人意思的保存行为	第 645 条		第 607 条
租赁物的负担	第 646 条	第 546 条	
其他费用的偿还和承租人的取回权	第 647 条	第 547 条	第 608 条
租金的支付要求（区分房屋租赁和土地租赁）	第 648 条		第 614 条
承租人发生自身妨碍情形时的租金支付	第 649 条	第 552 条	
租赁物依约定使用的责任	第 650 条	第 548 条	
违约使用情形时的停止使用之诉	第 651 条	第 550 条	
承租人违反合同约定时，出租人享有提前解约权	第 652 条	第 553 条	
承租人迟延支付租金情形之出租人的提前解约权；抵销权	第 653 条	第 554、575 条	
预付租金的返还	第 654 条	第 555 条	
租赁期间承租人的瑕疵通知义务	第 655、656、657 条	第 545 条	
转租规则	第 658、659、660 条	第 549 条	第 612、613 条
租赁物的返还	第 661 条	第 556 条	
迟延返还的请求权	第 662 条	第 557 条	
出租人的质权规则	第 663–668 条	第 559–563 条	
租赁关系的终止	第 669、670 条	第 564 条	
不定期租赁中解约的通知时间要求	第 671 条		第 617 条
期限超过 20 年的合同	第 672 条	第 567 条	
默示更新规则	第 673 条	第 568 条	
承租人死亡时，其继承人可发出解约通知	第 674 条	第 569 条	
损害赔偿请求权的时效	第 675–678 条	第 558 条	
承租权的对抗效力	第 679 条		第 605 条
买卖不破租赁	第 680 条	第 571 条	
承租人提供担保	第 681 条	第 572 条	
所有权转让时，出租人的连带责任	第 682 条	第 576 条	

　　由表 5-1 可以发现：（1）《大清民律草案》中的房屋租赁合同规则主要继受自德国法；同时，有大约 10 个条文在具体拟定时参考了日本法中的表述，但这些规则在德国法中基本上都能找到或者推出。（2）《大清民律草案》的房屋租赁合同的立法体例同样继受自 1900 年的《德国民法典》，即未对房屋租赁合同进行特别规定，而是有具体规定的适用之，未规定的准用使用租赁的一般规则。（3）在使用租赁的定义上，《大清民律草案》参考了《德国民法典》第 535 条和《日本民法典》第 601 条的规定，在最终条文的拟定上则是以《日本民法典》第 601 条为范本的。①（4）《大清民律草案》中很多条文是直接翻译自 1900 年版《德国民法典》或 1896 年版《日本民法典》。例如，"出租人应确保租赁期间租赁物合乎约定的使用状态的义务"这一条文就翻译自《德国民法典》第 536 条。②

　　总体来看，《大清民律草案》中房屋租赁合同的立法体例完全摒弃了中国古代律法的刑民不分的传统，直接采用德国法的立法体例，在术语的使用上也是如此（一部分术语使用了日语中的表述方式）。这种直接借鉴大陆法系房屋租赁合同的立法体例，为后来的立法奠定了基础，同时也影响了后来学者和立法者的思维方式。

三、民国时期的房屋租赁合同规则

　　民国时期，司法部颁布的《中华民国暂行民律草案》实际上就是《大清民律草案》。北洋政府执政后，认为《大清民律草案》存在三大缺陷：效仿德日，

---

① 对比如下：

《大清民律草案》第六百三十六条：以使用为标的之赁贷借，因当事人之一造约明以某物贷于相对人使用，其相对人约明支付其赁费，而生效力；

《日本民法典》第 601 条规定：赁贷借，因当事人一方约定以某物供相对人使用及收益，赁借人对之支付租金，发生效力。

② 对比如下：

《大清民律草案》第六百三十八条：赁贷主须以合于约定使用之形状，将赁贷物交付于赁借主，并须于赁贷借之存续期间，保持其形状；

《德国民法典》第 536 条：出租人应将符合约定使用状态的租赁物交付承租人，并在租赁期间使租赁物保持此种状态。

过于偏重个人利益；多继受自外国法，对于本国法置之不顾；亲属和继承编的规定与社会情势相差太大，适用困难。[①] 为此，北洋政府从1914年起修订民律草案，到1925年完成《民国民律草案》（史称中国"第二次民草"）。该草案削弱了个人主义色彩，增加了对外国法人的规定，以适应各国通商之需要；将"债权"编改为"债"编，以表示对债务人的保护；删除了仿自德国法的土地债务规则，重新规定了中国固有的典权制度；在亲属编中重新规定了封建礼教的内容，在继承编中也增加了宗桃继承等封建制度。[②]

就房屋租赁合同的立法来说，《民国民律草案》基本上照搬《大清民律草案》中的立法体例和条文内容。相比《大清民律草案》，《民国民律草案》在术语的使用上抛弃了日本法中的术语，而直接采用德国法中的翻译术语。例如，《民国民律草案》直接使用"用益租赁"和"使用租赁"这类术语，不再使用"赁贷权"和"用益赁贷借"这类术语。此外，在条文的具体安排上，《民国民律草案》进行了体系上的微调。

1929年，国民政府的立法院成立后，开始了民法典的起草工作。国民政府立法院在继承清末《大清民律草案》和《民国民律草案》的基础上，同时参考了大陆法系民法典的具体制度安排，采取分编起草、分期公布的形式，于1931年完成民法典的编纂工作。南京国民政府在制定民法典时，对西方国家民法的立法指导思想、体例、形式以及立法原则、具体内容等进行了全方位的引进和移植。其立法指导思想是"采世界之普遍法则"，与《民国民律草案》一样转个人本位为社会本位，并规定了"权利滥用之禁止"和"诚信原则"等基本原则；在立法内容上，同样是大量引进甚至不惜抄袭西方，特别是德国、瑞士和日本民法中的制度。

由于国民政府聘请了法国法学家来协助立法，所以以《中华民国民法典》受到了《法国民法典》和《德国民法典》的双重影响。具体到租赁合同的立法体例而言，《中华民国民法典》一方面继受了《德国民法典》将罗马法中的

---

① 张国福. 中华民国法制简史 [M]. 北京：北京大学出版社，1986：161.
② 杨立新. 百年中的中国民法华丽转身与曲折发展——中国民法一百年历史的回顾与展望 [J]. 河南省政法管理干部学院学报，2011（3）：5.

"大租赁"区分为租赁合同、雇佣合同和承揽合同三种合同类型的体例；另一方面，在租赁合同部分不再延续《大清民律草案》和《民国民律草案》区分用益租赁和使用租赁的立法体例，而是转向法国法，统称为租赁。房屋租赁合同在租赁合同部分的规定，采用的是"一般条款+特殊规则"的立法模式，即对房屋租赁合同有特别规定的适用特别规定，没有规定的则适用租赁合同的一般规则。

具体到房屋租赁合同规则层面，《中华民国民法典》主要延续了《大清民律草案》和《民国民律草案》的条文安排。《中华民国民法典》不同于前两部民律草案之处有：（1）增加了一些涉及房屋租赁的规则。前两部民律草案甚至都没有出现"房屋"这一词汇，使用的是"不动产"或"租赁物"这类术语。《中华民国民法典》中则出现了"房屋"这一用语。[①]（2）民间习惯对立法者有所影响。[②] 例如，《中华民国民法典》第四百三十九条规定："承租人应依约定日期，支付租金；无约定者，依习惯；无约定亦无习惯者，应于租赁期满时支付之。如租金分期支付者，于每期届满时支付之。如租赁物之收益有季节者，于收益季节终了时支付之。"这一条款就不同于《德国民法典》第551条和《法国民法典》第1728条，增加了"无约定者，依习惯"这一内容，从而确立了租金支付期限的三大标准。（3）某些条款采用了法国法中的规定。例如，《中华民国民法典》第四百三十二条和第四百三十三条关于承租人的保管义务则主要继受自《法国民法典》第1728条第1款和第1732条。

从20世纪30年代初到40年代末，由于城市化进程的加快以及战争和灾荒的影响，城市住房问题日趋严重，具体体现为：居住环境恶劣、住房短缺、房租高涨以及出租人和承租人的冲突等。[③] 南京国民政府以及地方政府不断颁布和完善住房租赁法，形成了中华民国的住房租赁法双层体系。在中

---

① 例如，《中华民国民法典》第四百四十三条规定："承租人非经出租人承诺，不得将租赁物转租于他人。但租赁物为房屋者，除有反对之约定外，承租人得将其一部分转租于他人。承租人违反前项规定，将租赁物转租于他人者，出租人得终止契约。"这一规定体现了立法者对承租人的倾斜性保护。

② 关于房屋租赁的民间习惯调查情况可参见前南京国民政府司法行政部 . 民事习惯调查报告录 [M]. 胡旭晟，夏新华，李交发，等点校 . 北京：中国政法大学出版社，2000.

③ 张群 . 南京国民政府住宅立法研究 [C]// 清华法律评论编委会 . 清华法律评论（第三卷）. 北京：清华大学出版社，2009：80-105.

央，国民政府先后颁布了《土地法》（1930 年颁布，1946 年修订）、《内地房荒救济办法》（1938 年颁布）、《战时房屋租赁条例》（1943 年 12 月 13 日颁布并实施，战争结束后 6 个月即失效）以及《房屋租赁条例》（1947 年 12 月 1 日颁布并实施，有效期为 3 年。该条例适用于人口繁多、承租人租赁房屋困难的特定地区的房屋租赁，属特别时期的特别规定[①]）等；在地方，有杭州市政府颁布的《杭州市房屋租赁规则》（1929 年 7 月颁布，1930 年 9 月实施）、北平市政府颁布的《北平市租房规则》（1934 年 12 月修正，之前是 1929 年 4 月颁布的《北平特别市租房规则》）、上海市政府颁布的《上海特别市政府平民住所租赁规则》（1929 年颁布）和《上海市奖励建筑房屋出资者公地实施规则》（1946 年颁布）、汉口市政府颁布的《汉口市房屋租赁规则》（1936 年 4 月修正）等地方政府颁布的涉及房屋租赁的法律法规。[②]

国民政府通过上述立法，在民法典之外又增加了诸如准备房屋制度、租金管制制度、限制出租人的解除权制度和强制出租制度等房屋租赁合同规则。

准备房屋制度是为了应对房屋租赁市场供不应求的情况，1930 年的《土地法》第一百六十一条确立了这一制度，要求地方政府以房屋总数的 2% 作为准备房屋；1946 年修订后的《土地法》取消了 2% 的比例限制，交由地方政府自行决定。准备房屋制度与租金管制制度配合使用，当地方政府准备用于租赁的房屋不足规定比例时，地方政府可以采取租金限制、减免新建房屋的税款等措施。

民国时期的租金管制制度经历了三个阶段：（1）1930—1937 年，以 1930 年的《土地法》为代表，规定政府建造的用于出租的房屋的租金不得超过建筑用地和建筑费总价年息的 8%，私人住房则为 12%（1930 年《土地法》第一百六十三条）；并规定，如果租金超过了上述标准，承租人按照标准租金进行支付即可。（2）1937—1945 年，以《非常时期重庆市房屋租赁暂行条例》（1938 年 12 月颁布，后经过多次修订）和《战时房屋租赁条例》为代表。前

---

① 孟祥沛 . 中日民法近代化比较研究：以近代民法典编纂为视野 [M]. 北京：法律出版社，2006：117.
② 张群 . 民国时期房租管制　立法考略——从住宅权的角度 [J]. 政法论坛，2008（2）：39-53.

者在 1930 年《土地法》和《中华民国民法典》的基础上详细规定了租金的标准，以 1937 年作为时间点来区分房屋建造的时间，分别规定租金的限制性标准，同时还规定了转租的租金标准和租金的提存制度；后者在前者的基础上，规定以本条例颁布的时间为节点，对之前和之后的标准租金比例进行了规定。（3）1945—1949 年，以 1947 年的《房屋租赁条例》为代表，取消了战时的租金管制的双重性标准制度，而修改为不区分建造时间的统一租金管制制度，即不得超过土地及其建筑物申报总价额的 10%。

限制出租人的解除权规则尽管在这一时期的民法典中已经有所规定，但民法典中的规则并不是专门针对房屋租赁的。为此，1930 年的《土地法》在第一百六十六条详细规定了除非发生下列情况，否则出租人不得收回房屋；①1938 年的《非常时期重庆市房屋租赁暂行条例》在此基础上更为详细地规定了出租人可以提前行使合同解除权的七种情形；②并规定了在提前解约的情形下进行通知的时间性要求，即提前三个月通知，在取得当地保甲长出具的保证后，向警察分局获取声明许可；1947 年的《房屋租赁条例》在《非常时期重庆市房屋租赁暂行条例》基础上又增加了"租赁期限届满"和"承租人关闭房屋不使用达 6 个月者"这两种情形。

强制出租规则源于第一次世界大战期间德国颁布的《住宅缺乏救济令》，其内容是限制个人自用住宅的数量，强制将空房屋进行出租，以增加房屋的供给。③国民政府将这一规则首次规定在 1943 年的《战时房屋租赁条例》之

---

① 1930 年的《土地法》第一百六十六条规定了除非发生下列情况，否则出租人不得收回房屋：（1）承租人积欠租金额，除担保现金抵偿外，达两个月以上；（2）承租人以房屋供违反法令之使用时；（3）承租人违反租赁契约；（4）房屋损害因承租人重大过失所致，而且承租人不为相当之赔偿。

② 七种情形分别是：（1）承租人在住屋内有不法行为，危及社会秩序者；（2）承租人积欠租金数目除以担保现金作抵外，达两个月以上者；（3）承租人因重大过失，损坏房屋而不为相当之赔偿者；（4）承租人违法转租者；（5）出租人收回自用者（定期租赁仅限于期满情形）；（6）房屋必须改建且已领得建筑执照者；（7）奉市政府命令因公租用者。

③ 史尚宽. 住宅问题与目前屋荒之救济 [J]. 中华法学杂志（复刊，第一卷第十二号），1938（10）：56.

中。①1946 年修订的《土地法》第九十七条吸收了上述规定。1947 年《房屋租赁条例》第二条进行了补充性规定，即补充了强制出租的时间性要求（1 个月内应将多余房屋进行出租）。

此外，国民政府还建立了政府建造公营住宅制度，并鼓励私人建造房屋用于出租的制度（具体可参见 1938 年《内地房荒救济办法》中的规定）。

总体来说，民国时期关于房屋租赁合同规则的规定绝大部分继受自大陆法系，少部分则吸收了传统社会的习惯法规则。国民政府根据情势变化的需要，在民法典之外，还出台了一些专门的房屋租赁制度，以补充民法典之不足，是为进步之处。但需要注意的是，某些习惯法规则并未被吸收进立法之中。例如，"租赁合同终止后的犹豫期间规则"② 这一明显有利于承租人利益的规则，也是中国传统习惯法规则中体现"人性关怀"的规则，却被立法者所忽视，实为遗憾。

四、新中国成立以后的房屋租赁合同规则的立法变迁

新中国成立初期，无论是城市还是农村，大部分群众的居住条件都相当简陋。为此，政府于 1950 年颁布了《中华人民共和国土地改革法》，确立了国家土地所有制与农民土地所有制相结合的二元制地产格局。这种体制的特点就是：禁止农民以外的主体拥有土地的所有权，并没收和征收祠堂、庙宇、寺院、教堂、学校等城市郊区的土地归国家所有；同时，宣布城市土地国有化政策；一定程度上承认私人对房屋的所有权；保护城市居民的居住权，但规定不得私自占用民房，未经许可不得私自租借房屋；私人出租房屋时租金不得过高，也不宜过低，实施租金管制，并限制出租人的合同解约权以及强

---

① 1943 年的《战时房屋租赁条例》规定，政府为保障住房供给，可以采取如下紧急措施：（1）检视空余房屋适于居住者，得限期令房主出租；（2）房主自住房屋超过其实际之需要者，得令其将多余之房屋出租；（3）可供居住之房屋得禁止其拆毁；（4）现供居住之房屋得禁止其作他用；（5）被炸毁或倾圮之房屋尚可修复者，得令房主修复出租。被炸毁或倾圮之房屋，如出租人无力或不为修复，而承租人仍愿继续租用者，得有承租人代为修复，出租人不得无故拒绝。
② 前南京国民政府司法行政部 . 民事习惯调查报告录 [M]. 胡旭晟，夏新华，李交发，等点校 . 北京：中国政法大学出版社，2000：427，573，575，518，541.

制出租人将空屋进行出租（这与民国时期的法律法规基本上是一脉相承的）。①
由此确立了房屋租赁市场的国家垄断地位，其实质是不承认房屋租赁市场的
独立地位。这一时期，某些地方政府出台了有关房屋租赁的法律法规来规范
混乱的房屋租赁关系，解决房屋租赁合同纠纷，从而维护城市秩序的稳定。
例如，天津市就于 1951 年 3 月颁布了《私人房屋租赁暂行条例》，但该条例
过于偏向承租人，对出租人的合法权益造成了一定的侵害。在实践中就出现
了承租人违法占用出租人（房屋所有者）房屋的情况，法院在判决中也予以
迁就。②

　　1956 年，《中央书记处第二办公室关于目前城市私有房产基本情况及进
行社会主义改造的意见》（1956 年 1 月 18 日）要求：对于城市房地产出租经
营行为，除了少数实行公私合营外，绝大多数纳入国家统一出租的范围，即
由国家统一分配、统一租赁和统一修缮保护；对于城市工商业资本家的私营
房地产，则通过赎买的方式来限制直至收回房屋的所有权，仅每年支付一定
的利息。到了 1966 年，国家停止对原房主支付租金或利息，这部分房地产
就完全变成国有资产了。这是我国实现城市土地国有化的第一条途径。另一
条途径是对出租的私有房屋进行社会主义改造，即通过支付房屋租金或赎金
的方式将这部分房地产逐步变成国有房产。③私房的社会主义改造，说明了
这一时期国家认为住房是生活资料，而不是生产资料。

　　房屋租赁市场的变化必然会影响到立法。1956 年 3 月至 1957 年 3 月，
在对北京、武汉、广州、上海等地进行调研的基础上，全国人大常委会办公
厅研究室民法租赁小组形成了六稿"租赁草案"。1956 年 3 月 24 日，第一稿
共有 36 条，对房屋租赁合同采用的是"适用租赁合同的一般规则来处理房屋
租赁"的立法体例，在具体规则上则主要借鉴大陆法系的规则，详细规定了

---

① 《人民日报》新华社信箱. 关于城市房产、房租的性质和政策 [Z]. 国家房地产政策文件选编（1948—
1981 年）. 北京：房产通讯社，1982：7.
② 天津市高级人民法院. 天津市高级人民法院关于处理当前房屋案件中存在问题的意见（1955 年 5 月 12
日天津市人民法院总结）[Z]. 中华人民共和国民法资料汇编（第二册·上），北京：北京政法学院，1956：
386.
③ 李延荣，周珂. 房地产法 [M]. 北京：中国人民大学出版社，2005：29.

租赁的概念、房屋租赁的订立方式、租赁的类型、出租人的义务、承租人的义务、租金的计算和给付、增减租金、添附、转租、分租、转让、承租人的优先承租权、契约的更新和终止等规则。这一立法体例也为后面的 5 个草案所继承。该草案最大的不同点是在第二十五条规定了中间剥削和非法索取条款，规定出租人除依约定收取租金外，不得以任何名义索取其他非法费用，违反这一规定的，出租人的非法所得归国家所有。1956 年 4 月 6 日，第二稿共有 34 条，相比第一稿删除了"禁止出租的标的物"的条款以及"出租人和承租人解除契约的情形（第一稿第三十二条和第三十三条）"条款，对部分条款进行了合并处理；对某些条款的内容进行了修改，例如，将第一稿中"房屋租赁合同一年以上应订立书面契约"修改为"6 个月以上"。1956 年 4 月 14 日，第三稿再一次对房屋租赁合同多久以上应订立书面契约这一问题产生争议，有人要求修改为"3 个月以上"，有人坚持"6 个月以上"。1956 年 5 月 30 日，第四稿统一为"3 个月以上"，该稿继续对部分条文进行文字化处理，合并和删减条文，最终所形成的第四稿只有 26 条。1956 年 7 月 11 日，第五稿中增加了"租赁物价值 100 元（500 元）以上的其他租赁合同，必须用书面订立"这一条文；同时，有人认为"租金应用人民币计算和给付"这一条文（第 10 条）可以删除等。第五稿公布后至 1957 年 1 月，很多单位对该稿提出了一些立法建议，包括增加条文、结构排列的调整、用语的统一等。例如，总工会认为应增加"承租人死亡或外出时，其家属的继续使用权"，广州市法院认为应增加"对于积极维护租赁物的承租人，应比一般承租人多一些保护"。最终全国人大常委会办公厅研究室在 1957 年 3 月 23 日公布了《中华人民共和国民法典（草案）债篇租赁第六次草稿》（共有 25 个条文），该草稿部分吸收了第 5 次草稿公布后所收集到的立法建议。①

　　1956—1957 年这一时期，对于房屋租赁合同的立法体例和内容安排基本上沿袭了《大清民律草案》以来的做法。但是，20 世纪 60 年代的民法草案就出现了不一样的变化。1963 年，中国科学院法学研究所的《中华人民共和国

---

① 何勤华，李秀清，陈颐 . 新中国民法典草案总览（上卷）[M]. 北京：法律出版社，2003：402–472.

民法（草案）》仅有 67 条，规定了民法的任务和调整范围、民法的基本原则、权利主体、民事制裁和诉讼时效、民法的适用范围、所有权等内容，而关于债法的内容则完全消失了。就房屋租赁合同规则而言，仅在第六十条规定了公民有租赁房屋的权利。1963 年 6 月 8 日和 7 月 9 日的民法草案同样如此。奇怪的是，1964 年 7 月，全国人大常委会办公厅公布了《中华人民共和国民法草案（试拟稿）》，在立法体例上采纳了《法国民法典》的三编制，分为"总则""财产的所有""财产的流转"。对于房屋租赁合同则是在"租赁关系"这一章之下拿出专门的一节进行规定。在具体内容的安排上则确立了国家对房屋租赁市场的统一管理制度（第二百三十条），公民个人出租房屋应当根据国家有关房屋管理的政策、法令的规定来建立租赁关系（第二百三十二条）。该民法草案于 1964 年 11 月 1 日在进一步修改的基础上经赵伯平同志审阅后，就因为社教运动而停止了第 2 次民法起草工作。

1978 年改革开放，我国的房屋租赁市场重新开始起步。这种起步是伴随着城市私房政策逐步落实、私人房屋的所有权重新得到确认、城市住宅建设的蓬勃发展和市场的重新激活而产生的。1987 年，深圳率先试行国有土地使用权出让制度，从而确立了土地所有权和使用权分离的制度，为土地上的房屋作为商品进行市场交易奠定了基础。

伴随着我国房屋租赁市场的重新起步以及民法立法工作的加快，在 20 世纪 80 年代《中华人民共和国民法通则》（简称《民法通则》）颁布之前，全国人大常委会民法起草小组于 1980 年 8 月 15 日提出了《中华人民共和国民法草案（征求意见稿）》，共有 501 条。此后又于 1981 年 4 月 10 日形成民法草案征求意见第 2 稿（共有 426 条），1981 年 7 月 31 日形成民法草案征求意见第 3 稿（共有 510 条），1982 年 5 月 1 日形成民法草案征求意见第 4 稿（共有 465 条）。通过对这 4 稿民法草案中"租赁"章节的研读，我们发现：这一时期对租赁合同的立法体例采用的是德国法，但又有所不同，这些民法草案将租赁区分为"财产租赁"和"房屋租赁"，从体例安排上两者处于同等地位，但从体系解释和内容安排角度看却发现前者适用租赁合同的一般规则，而后者适用租赁合同的特殊规则；国家和集体对房屋租赁市场的管理和分配职能规定于这些草案之中，说明了依旧受计划经济的影响；但可喜的是，这些草案在立法中明确了公民个人将房屋出租所签订的合同只需要双方协商一致、自愿互利即可，从而为这一时期房屋租赁市场的发展提供了立法基础。但遗憾的是，以上内容仅仅体现在文本之中。由于各方面的原因，立法机构在第4稿之后，决定采用分批制定民法的意见 [①]，于 1986 年 4 月 12 日首先颁布了具有民法总则性质的民事基本法，即《民法通则》。在司法实践中，法院也肯定了私人房屋租赁合同的有效性。例如，最高人民法院在 1981 年 12 月 2 日《关于张树江与陈伯寅房屋租赁案的批复》中就是如此处理的。1983 年 12 月，国务院颁布了《城市私有房屋管理条例》（后被 2008 年 1 月 15 日的国务院 516 号令所废止），该条例设专章规定了房屋租赁，为 80 年代最主要的房屋租赁规则立法，对这一时期房屋租赁市场的发展起到了重要的支持作用。该条例第十六条第二款规定："出租人除收取租金外，不得收取押租或其他额外费用。"这一立法禁止出租人收取押金，目的是保护承租人的利益，也是社会主义改造政策的延续，其核心目的是加强对房屋这一权力财产的国家控制。

1992 年初至 1993 年上半年这一时期，我国的房地产业高速发展。内资和外资大量投入房地产市场，造成了房地产市场发展过热，市场混乱，对国民经济的健康发展造成了冲击。为此，从 1993 年下半年开始，国家对房地产领域进行清理整顿，主要解决房地产领域中的过度批地、投资规模失控、房地产区位格局和内部结构不合理、很大部分的开发企业资质差等问题。1994 年，国务院发布了《关于深化城镇住房制度改革的决定》（国发〔1994〕43 号），明确要建立与社会主义市场经济体制相适应的新城镇住房制度，实现住房商品化、社会化，并开始推行住房公积金制度，加快经济适用房的建设。为了落实国务院的决定，建设部于 1994 年发布了《城市公有房屋管理规定》，1995 年颁布了《城市房屋租赁管理办法》。1998 年，国务院又下发了《关于进一步深化城镇住房制度改革加快住房建设的通知》（国发〔1998〕23 号），城镇住房进入了实质推进阶段。此后，我国逐步停止了住房实物分配

---

① 顾昂然. 新中国民事法律概述 [M]. 北京：法律出版社，2000：9.

政策，实行住房供需的货币化和市场化政策。2016 年 3 月的第十二届人大第四次会议通过的《关于 2015 年国民经济和社会发展计划执行情况与 2016 年国民经济和社会发展计划草案的报告》也再一次提出要"培育发展住房租赁市场……扩大租赁市场房源"。

　　除了住房市场化外，我国政府针对城市中的低收入群体又专门出台了有关廉租房的政策法规。[①] 由于廉租房具有福利性质，其对应的运行制度与房屋租赁的市场化运作有所差异，为此，本书将廉租房与市场化背景下的房屋租赁市场进行了区分。20 世纪 90 年代以来，我国房屋租赁合同规则的立法变迁的重心应是市场化背景下有关房屋租赁的法律法规。1994 年 7 月，全国人大常委会通过了《城市房地产管理法》（2007 年进行了修订），在该法中专门规定了房屋租赁的概念（第五十二条）、房屋租赁合同的内容（第五十三条）以及"住房租赁应当执行国家和房屋所在城市人民政府规定的租赁政策"等内容。1995 年 5 月，建设部发布了《城市房屋租赁管理办法》，该法的立法是"为加强城市房屋租赁管理，维护房地产市场秩序，保障房屋租赁当事人的合法权益"（第一条）。该法规定了禁止出租房屋的情形（第六条）、书面签订房屋租赁合同应包括的具体条款（第九条）、承租人的续租权（第十条）、"买卖不破租赁"规则（第十一条第一款）、租赁登记制度（第十三至十八条）、当事人的权利义务规则（第十九至二十五条）、转租规则（第二十六至三十一条）等内容。这是国家层面的第一部有关房屋租赁的专门立法。该法后来被 2011 年 2 月 1 日开始实施的《商品房屋租赁管理办法》所代替，但主要规则并未发生根本性变化，只是对个别条文进行了修改，例如，将《城市房屋租赁管理办法》中禁止出租房屋的情形从 9 种缩减为 4 种，增加了人均租住面积标准以及"厨房、卫生间、阳台和地下储藏室不得出租供人员居住"（第八条）的强制性规定和"房屋租赁合同期内，出租人不得单方面随意提高租金水平"（第九条第二款）等内容。1999 年，《合同法》的出台，代表着

---

① 廉租房是指政府或单位在住房领域实施社会保障功能，向具有城镇常住居民户口的最低收入家庭提供的租金相对低廉的普通住房。廉租房制度具有福利性、保障性和公益性等特征。参见符启林. 房地产法 [M]. 北京：法律出版社，2009：373.

房屋租赁合同规则在立法中的成熟。《合同法》在第十三章专门规定了"租赁合同"（第二百一十二至二百三十六条），房屋租赁合同置于其中。就房屋租赁合同而言，所采用的立法体例是"用租赁合同的一般规则来处理住房租赁的相关问题"。该法奠定了房屋租赁合同规则的基本体系，详细规定了成立规则、权利义务规则、转租规则、合同终止规则等内容。为了解决审理房屋租赁合同纠纷案件时面临的很多具体适用法律的难点问题，最高人民法院于2009年6月颁布了《关于审理城镇房屋租赁合同纠纷案件具体应用法律若干问题的解释》（法释〔2009〕11号，下文简称《房屋租赁合同司法解释》），进一步明确了"违法建筑出租的效力规则"（第二至四条）"无效合同支付使用费应返还规则"（第五条）"一房数租的处理规则"（第六条）"区分不同情形处理装修问题规则"（第九至十四条）"转租期超承租人剩余租期合同无效规则"（第十五条）和"承租人优先购买权的例外规则"（第二十四条）等规则。

　　2020年5月28日，《民法典》颁布，于2021年1月1日开始实施。《民法典》与1999年出台的《合同法》相比，在条文数量上增加了7条。在具体内容上的变化如下：（1）新增"租赁合同备案手续不影响合同效力，当事人另有约定除外"规则（第七百零六条）。（2）新增出租人维修义务的免责情形，即承租人过错（第七百一十三条第二款）。（3）对《合同法》第二百二十四条进行了修改，增加了转租情形下的三项具体规则（第七百一十六条、第七百一十七条及第七百一十八条），即转租期限超过承租人剩余租赁期限的部分对出租人不具有约束力规则、出租人默示同意承租人转租规则及次承租人代为支付租金规则。（4）新增"特殊情况下，承租人享有单方解约权"规则（第七百二十四条）。（5）增加了承租人优先购买权的例外情形（第七百二十六条后段），即房屋共有人行使优先购买权或者出租人将房屋出卖给近亲属的除外；新增了"合理期限"的时间限定，即出租人通知后承租人应在15日内行使权利，未行使视为放弃（第七百二十六条第二款）；拍卖情形下，出租人有通知义务，承租人未参加拍卖即视为放弃优先购买权（第七百二十七条）；出租人未履行通知义务等应向承租人承担赔偿责任，但与善意第三人之间的买卖合同效力不受影响（第七百二十八条）。（6）增加了共同居住人的范围，将"共同经营人"纳入其中（第七百三十二条）。（7）新增了房屋承租人的优先承租权规则（第七百三十四条第二款）。通过以上对比分析可知，《民法典》在内容上主要是吸收了《房屋租赁合同司法解释》的相关规则，唯一的创新是新增了"房屋承租人的优先承租权规则"，这对于房屋租赁关系的稳定意义重大。遗憾的是，《民法典》出台过程中对房屋租赁合同关注不多，未结合目前中国房屋租赁市场的现状，未能充分吸收域外各国有关房屋租赁合同立法的先进经验。

此外，各地方也制定了有关房屋租赁的地方性法律法规。例如，上海市于1990年制定了《上海市城镇公有房屋管理条例》，该条例被2000年7月1日开始实施的《上海市房屋租赁条例》所代替（2010年9月又进行了修正，共有54条）；2004年8月30日，上海市人民政府发布了《上海市居住房屋租赁管理实施办法》（共有20条），该办法被2011年10月1日开始实施的《上海市居住房屋租赁管理办法》所替代。

总体来说，我国目前的房屋租赁合同规则体系是"一个基本法+一个部门规章+一个司法解释"以及"地方政府出台的房屋租赁条例或管理办法"的立法位阶架构，其规则的具体内容主要继受自大陆法系。这样的规则体系基本上满足了房屋租赁活动和解决房屋租赁合同纠纷的需要。

第三节　房屋租赁合同的立法体例和内容构成

我国目前的房屋租赁合同规则基本能够满足房屋租赁活动的需要，但是还存在以下问题：（1）立法体系混乱，为多层次、多部门的立法体系，包括：全国人大及其常委会制定的法律法规，如《民法典》《城市房地产管理法》《土地管理法》等关于房屋租赁的立法；国务院制定的行政法规，如2008年1月15日之前仍然有效的《城市私有房屋管理条例》（已废止）；相关部委（主要是建设部）颁布的部门规章，如《商品房屋租赁管理办法》；最高人民法院出台的司法解释，如《房屋租赁合同司法解释》；以及各省、自治区、直辖市以及较大的市的人民代表大会及其常务委员会制定的地方性法规和各地方人民政府颁布的行政规章。多层次、多部门的立法体系本身没有问题，关键问题是层次立法和部门立法之间缺乏协调性，从而导致规范冲突以及某些规则缺失。（2）立法体系混乱，导致司法实践中对于房屋租赁合同某些规则的适用出现了同案不同判的问题。例如，对于承租人迟延支付租金，出租人能否行使合同解除权的问题，由于对于"迟延时间"的规范存在适用上的困难，多数法院认为，只要出现迟延支付的情形，哪怕是一天，出租人即可行使合同解除权。[①] 但也有法院认为，基于承租人居住权益和社会秩序稳定性的考虑，应当对出租人的解约权予以限制，承租人迟延支付租金只要不超过1个月，出租人不得行使合同解除权。[②]（3）某些法律规则缺乏可操作性，特别是有关租金控制的条款。尽管我国在立法中确立了"房屋租赁合同期内，出租人不得单方面随意提高租金水平"这一规则（《商品房屋租赁管理办法》第九条第二款），但该规则的实践效果并不好。在房屋租赁市场中，房屋租赁的租期以短期租赁为主，租期一般为1年，租金一年一涨，涨幅过大且随意；承租人要么接受提高租金的要求，要么搬离房屋，而承租人搬迁成本又比较高，所以更多的情况下只能选择忍受不断上涨的租金。（4）对于出租人滥用合同解除权缺乏规制。例如，2015年9月18日澎湃新闻调查发现，丽江古城出现了出租人肆意毁约，通过各种非常规手段（如剪电线、恐吓客人甚至泼粪等）迫使承租人搬离房屋的现象。而法院面对此类纠纷时，也仅仅根据租赁合同判定出租人承担违约责任，但对于承租人所投入的人力、物力和时间成本等并不考虑，最多根据添附规则要求承租人搬离或拆除装修装饰物，或者让出租人赔偿部分损失。此外，还存在违法建筑出租后承租人利益如何保护、出租人不履行维修义务时承租人如何救济等问题。

基于立法体系科学化和住房租赁法应以维护承租人利益为立法宗旨的要求，本书认为应从立法体例和内容安排两个方面重构我国目前的房屋租赁合

---

① 参见福建省厦门市思明区人民法院（2010）思民初字第8576号民事判决书。
② 参见福建省厦门市集美区人民法院（2013）集民初字第197号民事判决书。

同规则。在这一过程中，本书将目光投向房屋租赁合同规则的起源演变史，同时对其他国家的住房租赁法进行规则和制度的比较，并对房屋租赁合同进行本质揭示。对历史演变的考察，有助于深入房屋租赁合同规则的内部，从而在解释论层面理解规则所对应的具体事实；而比较法视野的考察，则有助于我们面对同样的社会问题进行立法论上的规则移植和解释论上的规则适用；对房屋租赁合同的本质揭示，特别是权力财产理论的提出使得我们将房屋租赁合同的研究推向了规则深处，有助于我们在重构房屋租赁合同规则时能够在"自由与安全"价值之间寻求最佳平衡点。

一、立法体例的选择

如前（本书第三章）所述，当今世界各国的住房租赁法采用的立法体例模式有三种：适用租赁合同的一般规则来处理住房租赁的相关问题；"一般租赁规则 + 特殊规则"模式，即在民法典中专门规定住房租赁，未规定的适用租赁合同的一般规则；出台专门的住房租赁法。我国目前所采用的是第一种立法模式，这一模式所导致的问题就是无论在实务界还是在理论界，总是习惯运用租赁合同的一般原理和规则来思考和处理房屋租赁的相关问题。这一立法模式忽略了出租人和承租人在经济实力、信息获取能力和合同利益等方面的不对等性，从而不利于承租人合法权益的保护，上文中所论述的出租人随意涨租金和滥用合同解约权的问题就是典型例证。

基于承租人优位主义的立法宗旨，同时考虑我国目前的实际情况，本书提出了立法体例选择的两条路径。

第一条路径，出台专门的住房租赁法。这是最为直接、有效的路径选择。其理由是：（1）房屋租赁相比其他租赁有其特殊性，因为房屋租赁涉及承租人的居住权问题，对于公民的生存利益和人格利益影响重大，有必要专门立法进行规制。（2）据统计，我国有 1/3 以上的城市家庭是通过租赁来解决居住问题的①，北京、上海、广州等一线城市的租房比例更高。可见，如何规范房屋租赁关系，不仅对承租房屋的个人影响重大，对于维护城市社会秩序的稳定性同样有重大影响。（3）专门立法可以满足解决司法实践中出现的房屋租赁合同纠纷疑难问题的需要。尽管最高人民法院在2009年颁布了《房屋租赁合同司法解释》，对某些房屋租赁合同纠纷的疑难问题进行了专门的司法解释，但其立法位阶的层次是比较低的。（4）房屋租赁和商事租赁应进行区分，这是由民事活动和商事活动在房屋租赁领域中所呈现的主体地位差异所决定的。普通住房租赁属于民事活动，出租人和承租人地位的差异性要求对承租人进行特别保护；而商事房屋租赁属于商业活动，出租人和承租人地位和信息的基本对等性决定了无需进行特别保护。如果我们采用这一立法体例，可参考美国的《统一住房租赁法》的体系安排。②

第二条路径，采用德国法的"一般租赁规则 + 特殊规则"模式，即在《民法典》第三编"合同编"第十四章"租赁合同"之下设专节规定房屋租赁。这一立法模式无需出台专门的住房租赁法，只需要对现行的《民法典》进行修正，在《民法典》第十四章"租赁合同"之下增加"房屋租赁"节，并对租赁合同之下的条文进行重新整合。在具体实施过程中，可以采纳德国法的立法技术，不改变原条文的顺序，通过在《民法典》第七百三十四条之后增加"节"或"目"的形式来规定专门的房屋租赁合同规则；或者采用20世纪80年代民法草案的模式，即将租赁区分为"财产租赁"和"房屋租赁"两节，如果这样就需要对《民法典》"租赁合同"章之下的条文进行重新排列整合，并增加租金控制、押金管制和出租人合同解约权的限制等条款。无论借鉴哪种方式，其立法理由除了和出台专门的住房租赁法一样外，更为重要的是节省立法资源，同样能够实现对承租人合法利益进行特别保护的立法宗旨。鉴于目前《民法典》颁布不久，对《民法典》进行修改的可能性不大，为此可以在短期内通过修改现行《房屋租赁合同司法解释》的方式来适应中国房屋租赁

---

① 建设部课题组. 住房、住房制度改革和房地产市场专题研究 [M]. 北京：中国建筑工业出版社，2007：339.

② 周珺. 美国住房租赁法的转型：从出租人优位到承租人优位 [M]. 北京：中国法制出版社，2011.

市场发展的需求，在条件成熟时采用上文所述的立法技术对相应内容进行与时俱进的修改。

二、房屋租赁合同规则的内容构成

我国目前的房屋租赁合同规则体系包括成立规则、权利义务规则、转租规则、合同终止规则、"买卖不破租赁"规则、承租人的优先购买权规则、承租人的优先承租权规则、共同居住人的租赁权保护规则等内容。对于目前我国法律中已经规定的内容，本书将不再论述。本书关注的重心是，面对房屋租赁市场中出现的问题和纠纷，我们可以从历史资源和域外资源中借鉴哪些规则。

通过对我国房屋租赁实践问题和立法问题的梳理，以及对国外房屋租赁合同规则的论述，根据制度借鉴的共同性规则原理[①]，我们可将房屋租赁合同规则的借鉴区分为立法论层面的借鉴和解释论层面的借鉴。[②]

（一）立法论上的借鉴

立法论上的借鉴包括租金管制制度、押金规制制度、出租人的减损义务规则和出租人合同解除权的限制制度等内容。

1. 租金管制制度

我们发现，罗马法时期和我国唐宋时期就出现了关于租金管制的立法。日本的租金管制制度经历了高潮到低潮的落差，即经历了战时租金管制制度的延续到废除的过程。废除的理由有：租金管制制度会抑制企业和个人对房屋租赁市场的投资；实施的成本比较高，特别是听证和复议程序所对应的成本支出；这一制度对出租人不公平，是以剥夺或限制出租人利益为代价来保护承租人的利益等。[③]目前德国还保留着关于租金管制的立法，包括租金

---

① 童航. 司法制度改革：中国判例与世界眼光 [J]. 中南财经政法大学研究生学报，2011（6）：33.
② 鉴于罗马法房屋租赁合同在近现代法国、德国和日本中实现了继受和发展，罗马法智慧已经转化为域外法经验。故立法论和解释论上的借鉴主要是近现代法国、德国和日本法中的房屋租赁合同规则。
③ 周珺. 住房租赁法的立法宗旨与制度建构 [M]. 北京：中国政法大学出版社，2013：106-108.

指导制度和房租透明制度，详细规定了出租人提高租金的情形、提高租金的数额限制、租金参考表的编制、租金数据库的建立、合同当事人可协议确定租金的增加、承租人面对出租人单方提高租金的情形时享有特别请求权等内容。

我国应建立租金管制制度，理由是：在我国的房屋租赁市场中，出租人和承租人在市场地位、经济实力和合同利益等方面都存在着不对等性，在信息的获取和掌控上存在不对称性，而房屋租赁市场的稳定又对承租人个人和社会秩序的良态运行至关重要，所以我们应对承租人进行特别保护。日本之所以取消租金管制，很大的原因是房屋租赁市场供需基本平衡，承租人有专门的承租人团体协会来保护他们的利益；[①] 而我国并不存在专门的承租人协会来对抗出租人的优势地位。那么，通过国家立法的形式来限制租金的上涨幅度就显得特别重要。这一点在最新的《上海市居住房屋租赁管理办法》（2011年10月1日起实施）第十五条[②] 已经有所体现。

关于租金管制制度的内容，本书认为可以借鉴德国的租金管制制度，并根据中国的房屋租赁市场来建构符合国情的租金管制制度，具体包括：（1）租金管制的适用对象。通过排除性条款来进行规制，廉租房、单位福利房、高档房屋、学生宿舍等不适用租金管制。（2）确定基础租金。这应由各地方政府根据当地的房屋租赁市场供需情况、居民收入水平等来列出房租价目表，供出租人和承租人参考。同时确定租金的调整幅度，基础租金应每隔1年或3年进行调整。（3）租金增加的正当理由规则。这又具体分为每年允许提高的租金幅度，以及特殊情况下出租人要求提高租金应说明正当理由的规则。这可以参考德国采取现代化措施之后提高租金的规则，即以立法的形式详细列出特殊情况下出租人可以提高租金的情形。同时，在这种情况下，应赋予承租人特别终止权，以对抗出租人增加租金的请求。

---

① 周珺. 美国租金管制政策的流变及对我国的启示 [J]. 学术论坛，2012（8）：149-152.
② 《上海市居住房屋租赁管理办法》第十五条："……居住房屋租赁期限为1年或者1年以下的，租赁当事人应当在租赁合同中一次性约定租金标准；租赁期限为1年以上的，每年只能调整1次租金标准。但租赁合同中对租金标准调整另有约定的，从其约定。租赁合同期间，出租人不得单方面提高租金标准……"

2. 押金制度

押金在我国实践中运用广泛。我国立法对押金的态度经历了"否定"和"默许"两个阶段。1983 年 12 月颁布的《城市私有房屋管理条例》第十六条第二款明确规定出租人不得收取押金，1995 年 1 月的《城市房地产管理法》中没有规定这一内容。而《城市房地产管理法》是由全国人大常委会制定的，在效力层级上高于国务院制定的《城市私有房屋管理条例》。据此，我们认为立法者对押金采取默许的态度。1999 年的《合同法》同样没有对押金作出规定，依然是采取默许的态度。这种立法上的不作为使得实践上经常发生出租人任意扣留承租人的押金、迟延或拒绝返还押金等行为。[①] 基于以上理由，本书认为，我们应借鉴德国和日本的押金规制制度。

具体来说，应包括以下内容：（1）押金的定义条款。立法明确规定押金的定义，即房屋租赁关系成立时，承租人为了担保其对出租人的债务履行，交付给出租人的一定数额的金钱，从而确立押金的让与担保性质。（2）押金的数额条款。本书认为，我国在立法时将倍数限定为月租金的 2 倍比较合理。（3）押金的管理。鉴于实践中出租人扣留或迟延返还承租人交付的押金这一现象是普遍存在的，建议借鉴德国的做法，立法规定将押金存入专门的银行账户（押金所产生的利息应归属于承租人），并受银行监管，从而有利于保障承租人的利益，以应对出租人扣留或迟延返还押金的问题。（4）押金的担保范围。押金担保的范围应包括租金、承租人对房屋造成的损害（正当损耗应排除）等。（5）押金的返还条款。这一条款的关键是出租人违反返还义务时应承担的责任。对此，可借鉴美国法的立法模式，确立当出租人违法扣留押金时，承租人可以向出租人主张双倍赔偿，从而督促出租人及时返还押金的规则。

3. 出租人的减损义务

在房屋租赁领域，一个常见的问题是：当承租人提前搬离房屋时，出租人是否需要负担减损义务？在解释论上，通过体系解释，此处应适用《民法

[①]　杨巍，邓捷盈. 房屋租赁押金若干问题研究 [J]. 苏州大学学报（法学版），2020（1）：16—22.

典》第五百九十一条的规定，即当承租人违约后，出租人负有采取适当措施防止损失扩大的义务。但问题的关键是：如何证明出租人采取了减损义务？如果出租人未履行减损义务，应该如何处理？这些问题是无法通过对《民法典》第五百九十一条的解释得出答案的。所以，我们只能通过立法予以解决。美国的出租人减损规则值得我们借鉴。

具体来说，出租人的减损义务规则包括以下内容：（1）减损义务的发生时间规则，即出租人自知道或应当知道承租人抛弃租赁房屋时才开始负担减损义务。（2）出租人的减损措施。出租人可以采取的减损措施主要是将房屋重新出租，并且这一措施是积极且适当的。在设计立法上的条文时应包括"出租人重新出租的方式、重新设置的租金的合理性、要对潜在承租人的招租请求进行积极回应"等内容。（3）法律后果。当出租人履行了减损义务，且将房屋进行了重新出租时，原承租人所应支付的剩余租期的租金应扣除出租人从新承租人处所获得的租金；当出租人履行了减损义务，但没有能将房屋成功出租，那么出租人仍然可以要求承租人支付剩余租期的租金，还可要求承租人负担出租人为履行减损义务所支付的合理费用；当出租人未履行减损义务时，立法设置上可以根据租期的长短，要求承租人继续支付1—3个月的租金。如果房屋租赁合同中约定了承租人抛弃租赁房屋的违约责任，那么一般依据约定处理即可；但当约定的数额明显不利于承租人时，承租人可以要求减少违约金。

4. 出租人合同解除权的限制制度

这具体区分为定期租赁中出租人合同解除权的限制和不定期租赁中出租人合同解除权的限制。我国目前的立法并未就此作出专门的规定。《民法典》第七百三十条在解释论上可以适用不定期房屋租赁，此时出租人享有任意解除权，只需要在合理期限之前通知承租人即可。但事实上，由于房屋租赁对承租人影响甚大，如果不对出租人的合同解除权进行限制，对于租赁关系的稳定乃至社会关系的稳定都会极其不利。既然我国立法对这一问题没有进行专门规定，而域外很多国家都对此进行了专门的规定，我们可以根据"共同性标准"进行借鉴。

在定期租赁中，出租人一般不得解除合同，因为受租赁合同的约束。此时，如果出租人要行使合同解除权，应具备法定或约定的理由。比如，我国《民法典》第七百一十六条第二款规定了承租人未经出租人同意转租的，出租人可以解除合同；《民法典》第七百二十二条规定了承租人无正当理由不支付或延迟支付租金的，经出租人督促在合理期间仍不支付的，出租人有权解除合同。这些就属于法定理由。但这些规定对于规制类似"丽江房东肆意毁约案"等情形却没有任何帮助。所以，一方面，我们要借鉴德国和日本等国家关于定期租赁中出租人行使合同解除权时应具备的法定情形的规定，另一方面，要针对我国实际出现的问题进行特别规制。具体包括：（1）定期房屋租赁中，只有当承租人有下列情形之一时，出租人才有权单方终止合同，并要求损害赔偿：无正当理由连续3个月以上不支付租金；故意损毁住房，使得住房严重受损；不经出租人同意，擅自装修房屋；未经出租人同意，擅自将房屋转租；不按租赁目的使用租赁房屋的；严重影响周围居民正常生活的；以及其他法律法规规定的事由。而且出租人在行使合同解除权时，也应提前通知（比如规定15天以上）。（2）当出租人滥用合同解除权时，应当立法要求出租人进行双倍赔偿。

在不定期租赁中，由于我国《民法典》第七百三十条赋予了出租人任意解除权，而基于保护承租人居住利益和维护社会秩序的需要，我们应当立法对出租人的任意解除权进行限制。德国法中所规定的"正当利益"情形、日本判例中形成的"正当事由"规则以及美国的禁止报复规则和正当理由规则值得我们借鉴。我国立法时，也应通过列举的形式确立"正当事由"的情形（具体内容可以参考《德国民法典》第573条、《哥伦比亚特区法典》第42—3505.01条等域外立法以及我国司法判例实践中所形成的事由）；提前通知的时间，以3个月以上为宜；提前通知的方式，以书面同意为主。特别注意的是，美国的禁止报复规则值得借鉴，因为在实务中，承租人采取措施迫使出租人遵守法律这一现象在中国也是存在的。特别是承租人要求出租人承担维修费用，而出租人拒绝承担，承租人通过诉讼迫使出租人承租这笔费用，而后出租人行使任意解除权对承租人进行报复，这样的情形在我国房屋租赁市场上是大量存在的。所以我们可以在立法中确立，当出租人实施了法律禁止的报复性行为时，承租人可以要求出租人支付其损失的两倍作为赔偿。

（二）解释论上的借鉴

解释论上的借鉴是指，中国的房屋租赁相关条文已经对某一规则进行了规定，但在具体适用中存在进一步解释适用的空间。如此，通过目的解释、限缩解释、比较法解释等解释方法来对这些条文进行妥当性的解释，在解释过程中，将运用比较法资源补充待解释的文本所涵盖的内容。具体来说，以下条文存在解释论上的借鉴空间。

1.《民法典》第七百零八条——可居住性默示担保义务

《民法典》在第七百零八条确立了"在租赁期间，出租人应维持房屋处于正常的使用状态"的规则，这一规则在罗马法时期就已经存在。后来的美国法将这一规则发展成"可居住性默示担保义务"规则。[①] 司法实践在适用这一规则时，可以对《民法典》第七百零八条中"保持租赁物符合约定的用途"进行目的解释，从而将美国法中的"可居住性默示担保义务"规则纳入解释的框架之中。具体来说，可以借鉴《科罗拉多州法典》第 38–12–505 条的规定，该条规定了不具有"可居住性"（habitability）的 11 种情形。在界定出租人违反这一义务的标准时，我们完全可以结合《商品房屋租赁管理办法》第六条[②] 所确立的不可出租房屋的情形与美国各州立法中有关可居住性担保义务的规定，来对实践中出现的出租人违反这一义务的情形进行解释。

2.《民法典》第七百一十二条——出租人的维修义务

这一义务体现在我国《民法典》第七百一十二条。该条在司法适用中应区分为出租人维修和承租人维修的情形。对于前者来说，一般问题不大。关

---

① 周珺. 美国住房租赁法的转型：从出租人优位到承租人优位 [M]. 北京：中国法制出版社，2011：54；SUPER DAVID A.The Rise and Fall of the Implied Warranty of Habitability[J]. California Law Review，2011，99（2）：389–463.
② 《商品房屋租赁管理办法》第六条：（1）未依法取得房屋所有权证的；（2）司法机关和行政机关依法裁定、决定查封或者以其他形式限制房地产权利的；（3）共有房屋未取得共有人同意的；（4）权属有争议的；（5）属于违法建筑的；（6）不符合安全标准的；（7）已抵押，未经抵押权人同意的；（8）不符合公安、环保、卫生等主管部门有关规定的；（9）有关法律、法规规定禁止出租的其他情形。

键的问题是对于承租人自行维修的理解。承租人自行维修的前提是已经通知出租人需要对房屋进行维修而出租人未在合理期限内履行维修义务时，承租人才可以自行维修，并将维修费用从租金中扣除或延长租期。在解释上，通知的形式包括口头通知和书面通知，但从举证责任的角度考虑，采取书面通知对于承租人更为有利。对于"合理期限"的解释也不能完全局限于"半个月"或"1个月"这样的确定期限，应有所例外，例外的理由取决于"维修的紧迫性和必要性"。此外，是不是对于任何维修项目，只要出租人未在合理期限内履行维修义务，承租人都可以自行维修，该条并未进行规定。本书认为，基于维修义务的立法目的以及出租人利益的考虑，应对此进行限缩解释，即承租人自行维修的项目仅限于一些比较小的项目。那么在司法实践中如何判断这一标准呢？本书认为可以借鉴美国《亚利桑那州法典》第33-1363条和《密西西比州法典》第89-8-15条的规定，以不超过一个月或两个月的租金来确定自行维修费用的标准。

3.《民法典》第七百一十三条——承租人的失火责任

租赁房屋因火灾而发生毁损时如何处理？从解释论的角度来说，可以适用《民法典》第七百一十三条的规定。根据该条文的立法原意，对于因火灾而发生的损失，承租人有过错的，应当向出租人承担赔偿责任；承租人没有过错的，则不应该承担责任。但关键的问题是，在实践中失火的原因往往难以查明。对此，不少法院认为，即使火灾原因不明的，也应由承租人承担赔偿责任。[①] 其援引的规范就是1999年《合同法》第二百二十二条（对应《民法典》第七百一十三条），认为承租人没有尽到妥善保管义务，所以应当承担责任。这就涉及对《民法典》第七百一十三条的理解问题。本书认为，从承租人优位主义角度看，我们在解释时，应对该条进行目的解释和限缩解释。从目的解释角度说，房屋租赁合同关系应对承租人做倾斜性保护，所以只有当火灾是由承租人的重大过失导致时，承租人才需要承担责任；从限缩解释角度说，同样基于立法原意，我们应当对"过错"进行进一步解释，对

[①] 可参见陕西省延安市中级人民法院（2011）延中民终字第00848号民事判决书；河南省西华县人民法院（2008）西民初字第744号民事判决书；等等。

于火灾原因无法查明的，不应由承租人承担责任。我们在对我国《民法典》第七百一十三条涉及的承租人的失火责任进行解释时，应当明确"妥善保管"的内容；依据承租人优位主义，通过司法解释的方式确立"只有当承租人存在重大过失时才承担损害赔偿责任"的规则。

4.《民法典》第七百三十二条——共同居住人的租赁权

我国《民法典》第七百三十二条规定了共同居住人的租赁权这一问题。但该条在适用时，"与其生前共同居住或者共同经营的人"的范围包括哪些，该条并未明确。从文义解释看，该条并未将共同居住人限定为近亲属；从历史解释和目的解释看，该条保护的是与承租人具有共同居住利益的人。至于共同居住的期限要求，该条文并未作出限制。当然，既然是共同居住人的权利，而权利是可以放弃的，所以作为共同居住人，他也可以放弃这一权利。

需要注意的是，以上关于立法论和解释论上的借鉴仅仅是本书认为中国在进行房屋租赁合同规则重构时应当重点关注的问题。

第四节　本章小结

本章的目的是重构中国法中的房屋租赁合同规则。如何重构？基于人类房屋租赁活动的共同性特征以及民族法律传统的个性特征，需要从价值理念的共通性入手，并结合中国房屋租赁活动的立法史和现实国情进行立法体例的确定和具体规则的重新安排。

对同一时期的汉代和古罗马的房屋租赁合同进行对比分析，是为了说明房屋租赁活动在人类规则之间的共性和民族的差异性。共性主要体现在价值理念和核心内容层面，这一时期的房屋租赁合同的立法价值主要是民众需求的"自由价值"与统治阶层进行管制的"稳定与安全价值"之间的矛盾；核心内容是指房屋租赁合同的成立规则、权利义务规则和变更终止规则的内容基本一致。民族的差异性主要是指这一时期儒家思想对汉代社会生活影响力的扩张，所谓的礼法不分就是如此，反映到立法技术上就是缺乏独立的私法体系和私法语言。

通过论述中国房屋租赁合同规则的立法变迁史，特别是民国时期和新中国成立以来的房屋租赁合同立法变迁史，揭示了大陆法系（特别是法国、德国和日本）立法技术、立法理念对我国立法的实际影响，这也是罗马法对中国民法的间接影响。如此，对罗马法中的房屋租赁合同规则进行跨时空借鉴，便有了历史基础。

在接受历史传统和现实因素的基础上重构中国法中的房屋租赁合同规则，除了要在立法论和解释论上进行制度借鉴外，还应统一立法体例，并对规则内容进行科学安排。在规则内容的立法层面，要考虑历史传统影响下的中国民众的内在精神和日常习惯的民族特性，并结合人类房屋租赁合同的"共同性特征"，如此乃真正意义上的制度重构。

结　论

　　"中国民法学'理论危机'的根源在于缺失'法史感'。由于忽视对传统知识资源的清理整合，相当程度上制约着我们认识传统法学的视域和深度。"[①]本书的主要任务就是以房屋租赁合同规则为研究对象，着重从历史深处挖掘房屋租赁合同的起源问题和规则变迁，以拓展这一研究领域的时空视域。为此，本书遵循"起源—规则演进—历史继受—本质揭示—规则重构"的基本思路，从微观和宏观两个层面再现了罗马法时期房屋租赁合同的形成过程和具体实践。进而通过对中世纪和法国、德国、日本房屋租赁合同规则的解读来阐述罗马法中房屋租赁合同规则的继受性和发展性；通过运用权力财产理论来分析房屋租赁合同规则背后的理论基础，从而将房屋租赁合同的本质研究推向历史深处，并最终回到中国法域，运用比较法来重构中国法中的房屋租赁合同规则。通过以上论证，本书得出以下基本结论。

　　第一，房屋租赁合同规则源于房屋租赁活动，从房屋租赁活动上升为规则经过了漫长的历史演进。规则是人类活动普遍化后所形成的路径依赖和内在确信，能够给人类的选择活动和生活提供激励与信任，减少每次交易的成本。当规则上升为法律后，又能够反过来增强规则的权威性和神圣性，从而促进法律和社会之间的良性互动。而从租赁活动上升到租赁规则，则是在日常行为中形成的。当日常行为活动符号化后，特别是以文字的形式呈现时，就形成了某类生活场景或交易场景的话语规则。这种话语规则空间的形成与展开，是人类内在经验和情感的外在性呈现，反过来又加强了此类活动对人类行为的影响。如此，在这样的话语规则空间中，租赁活动与租赁规则之间通过话语规则进行互动，最终促使租赁规则从单一性的类推适用买卖规则发

---

① 顾祝轩. 民法概念史·总则 [M]. 北京：法律出版社，2014：1-2.

展到多样化的租赁活动纠纷的处理规则。事实上，对古罗马房屋租赁活动及其立法的分析，已经很好地揭示出这一结论。特别是对交易实践中的契约文本的分析，最大程度地再现和还原了当时的房屋租赁活动。

第二，最初的房屋租赁合同规则是碎片化和生活化的，缺乏逻辑性和思辨性，到了罗马法时期才形成具有体系性的房屋租赁合同规则体系。罗马法时期，经过阿尔芬努斯、拉贝奥、盖尤斯、乌尔比安、保罗等法学家的努力，古罗马人构建了源于生活又高于生活的房屋租赁合同规则，并反映在优士丁尼时期所编纂的《学说汇纂》之中，而罗马帝国时期皇帝的答复则集中在《法典》第 4 卷第 65 题之下，两者共同构成罗马法中房屋租赁合同规则的法律渊源。无论是《学说汇纂》还是《法典》，所呈现的罗马法房屋租赁合同规则都是比较散乱的，为此本书通过对这些原始文献的重新整理，重构了罗马法中房屋租赁合同规则的基本内容，包括房屋租赁合同的成立规则、权利义务规则、变更和终止规则等具体规则，这些规则构成了后世房屋租赁合同的规则雏形。

第三，伴随着西罗马帝国和东罗马帝国（拜占庭帝国）的相继灭亡，日耳曼人统治了整个西欧，并相继建立了一些日耳曼王国。但是，这些地区的房屋租赁活动依然受到罗马法的影响。此外，中世纪的城市立法和教会立法在房屋租赁方面同样受到了罗马法的影响。到了 18、19 世纪，罗马法的古代应用通过法学家和立法者的努力转化成了潘德克吞式的现代运用。德国的房屋租赁合同立法就是其中的典型代表。现代的房屋租赁合同规则与罗马法时期的房屋租赁合同规则在基本规则上具有相似性，同时根据时代的需要，又增加了一些规则和制度，比如押金规制规则、出租人合同解除权的限制规则、"买卖不破租赁"规则等。

第四，某一法律制度的运作是受该制度背后的制度利益所支配的，这一特征与法律理念一起塑造了不同法律制度之间的共通性和差异性。① 运用权力财产理论对房屋租赁合同的规则进行本质化解构，就是为了更好地对房屋

---

① 梁上上. 利益衡量论 [M]. 北京：法律出版社，2016：166.

租赁合同的制度利益进行全方位的诠释。权力财产理论包括权力财产行使理论和权力财产限制理论，两者共同作用于房屋租赁合同领域，以期实现"自由价值和安全价值的平衡"，最终增进社会的整体幸福感，这就是房屋租赁合同制度所追求的制度价值。

第五，对中国古代法中房屋租赁合同的分析，一方面是对传统习惯规则作历史继承分析，另一方面也是运用权力财产理论来分析中国传统的房屋租赁合同，体现了阶级性和不平等性。对《大清民律草案》和民国时期的房屋租赁立法的分析，则揭示了中国现代房屋租赁合同规则对于大陆法系（特别是德国、日本、法国等）的继受性。新中国成立之后，实行国有化政策，进行社会主义改造运动，从而限制生产资料私人所有，是典型的权力财产理论的社会主义体现。改革开放后，房屋租赁市场的兴起以及房屋租赁合同规则的实践运用，同样体现了对房屋租赁活动的国家控制，是权力财产理论的另一种运用。

第六，中国古代就存在房屋租赁活动以及相应的立法规制。但直到明清时期，我国依然没有形成具有体系性的房屋租赁合同规则，更多的是对习惯法的总结。《大清民律草案》对德国法和日本法中房屋租赁合同规范的引入，成为中国房屋租赁合同立法的体系化的开端。此后，民国时期的立法和实践又进一步细化了这种立法体例安排和具体条文的规定。新中国成立后至《民法通则》出台之前的历次民法典草案中有关房屋租赁的条文内容，重现了这一时期立法者在房屋租赁合同规则上继受大陆法的特性，在立法体例安排上则徘徊在德国模式和日本模式之间，最终1999年《合同法》所确立的是日本模式。从法律的继受角度看，中国目前的房屋租赁合同规则与罗马法中的房屋租赁合同规则是一脉相承的。从发展的角度看，我们应重构目前中国法中的房屋租赁合同规则，以适应房屋租赁市场和司法实务的需要。

最后，引用陈寅恪先生的一句话作为结尾，他说："一时代之学术，必有其新材料与新问题。取用此材料，以研求问题，则为时代学术之新潮流。"[1]
本书所论述的问题并不是新问题，但对于中国的合同法研究来说，本书所运
用的材料属于新材料，这是本书的一大贡献。

---

[1]　陈寅恪 . 金明馆丛稿二编 [M]. 北京：生活·读书·新知三联书店，2001：266.

原始文献列表

一、《十二表法》(*Lex XII Tabularum*)

XII Tab. 4,2b

XII Tab. 6,6b

XII Tab. 12,1

二、盖尤斯《法学阶梯》(*Gai Institutiones*)

Gai. 1,1

Gai. 2,6

Gai. 2,60

Gai. 3,8

Gai. 3,13

Gai. 3,14

Gai. 3,88

Gai. 3,89

Gai. 3,135

Gai. 3,136

Gai. 3,142

Gai. 3,143

三、优士丁尼《法学阶梯》(*Institutiones*)

I. 1,2

I. 1,2,2

I. 2,5,2

I. 2,5,5

I. 3,13pr.

I. 3,24pr.

I. 4,2

四、优士丁尼《学说汇纂》(*Digesta*)

D. 1,1,5

D. 1,2,2,39

D. 1,2,2,41

D. 1,2,2,47

D. 4,2,9,3

D. 7,8,4

D. 7,8,6

D. 7,8,12,1

D. 7,8,16,1

D. 8,2,4

D. 9,3,1,7

D. 9,3,5,1

D. 12,1,40

D. 13,7,11,5

D. 18,1,62,1

D. 19,1,53,2

D. 19,2,1

D. 19,2,2pr.

D. 19,2,2,1

D. 19,2,5

D. 19,2,6

D. 19,2,7

D. 19,2,8

D. 19,2,9pr.

D. 19,2,9,1

D. 19,2,9,4

D. 19,2,9,6

D. 19,2,11,1

D. 19,2,11,2

D. 19,2,13,7

D. 19,2,13,8

D. 19,2,13,11

D. 19,2,15pr.

D. 19,2,15,1

D. 19,2,15,2

D. 19,2,15,3

D. 19,2,15,4

D. 19,2,15,5

D. 19,2,15,6

D. 19,2,15,7

D. 19,2,15,8

D. 19,2,16,8

D. 19,2,19,1

D. 19,2,19,4

D. 19,2,19,5

D. 19,2,19,6

D. 19,2,20,1

D. 19,2,22,3

D. 19,2,23,3

D. 19,2,24,2

D. 19,2,24,4

D. 19,2,25pr.

D. 19,2,25,1

D. 19,2,25,2

D. 19,2,27pr.

D. 19,2,27,1

D. 19,2,28pr.

D. 19,2,28,1

D. 19,2,28,2

D. 19,2,30pr.

D. 19,2,30,1

D. 19,2,35pr.

D. 19,2,36

D. 19,2,42

D. 19,2,43

D. 19,2,45pr.

D. 19,2,46

D. 19,2,54pr.

D. 19,2,56

D. 19,2,57

D. 19,2,58pr.

D. 19,2,60pr.

D. 19,2,60,1

D. 19,2,60,8

D. 20,2,2

D. 20,2,5pr.

D. 20,2,5,1

D. 20,2,5,2

D. 20,4,9pr.

D. 22,1,5

D. 28,2,19

D. 29,2,97

D. 36,2,12,5

D. 39,4,15

D. 40,12,23pr.

D. 43,26,8,7

D. 43,32,1pr.

D. 43,14,1,7

D. 43,17,3,3

D. 43,32,1,4

D. 44,7,2,2

D. 44,7,5,5

D. 46,3,80

D. 50,16,19

D. 50,17,67

D. 50,17,172pr.

五、优士丁尼《法典》（*Codex*）

C. 3,33,13pr.

C. 3,33,13,3

C. 4,65,3

C. 4,65,5

六、西塞罗的作品

Cic. Att. 1,14,7

Cic. Att. 7,3,6,9

Cic. Cael. 17

Cic. Off. 3,66

参考文献

一、著作

（一）中文著作

[1]　蔡襄 . 蔡忠惠集 [M]. 上海：上海古籍出版社，1996.

[2]　常鹏翱 . 事实行为的基础理论研究 [M]. 北京：北京大学出版社，2016.

[3]　陈朝壁 . 罗马法原理 [M]. 北京：法律出版社，2006.

[4]　陈灵海，柴松霞，等 . 中世纪欧洲世俗法 [M]. 北京：商务印书馆，2014.

[5]　陈寅恪 . 金明馆丛稿二编 [M]. 北京：生活·读书·新知三联书店，2001.

[6]　董浩，等 . 全唐文 [M]. 北京：中华书局，1983.

[7]　窦海阳 . 论法律行为的概念 [M]. 北京：社会科学文献出版社，2013.

[8]　杜景林，卢谌 . 德国民法典——全条文注释 [M]. 北京：中国政法大学出版社，2015.

[9]　范一丁 . 古代契约法史稿 [M]. 北京：法律出版社，2017.

[10]　冯定雄 . 罗马道路与罗马社会 [M]. 北京：中国社会科学出版社，2012.

[11]　符启林 . 房地产法 [M]. 北京：法律出版社，2009.

[12]　高鸿钧，李红海 . 新编外国法制史（上册）[M]. 北京：清华大学出版社，2015.

[13]　顾昂然 . 新中国民事法律概述 [M]. 北京：法律出版社，2000.

[14]　何勤华，李秀清，陈颐 . 新中国民法典草案总览（上卷）[M]. 北京：法律出版社，2003.

[15]　何勤华 . 外国法制史 [M].5 版 . 北京：法律出版社，2011.

[16] 黄风.罗马私法导论 [M].北京：中国政法大学出版社，2003.

[17] 黄名述，张玉敏.罗马契约制度与现代合同法研究 [M].北京：中国检察出版社，2006.

[18] 建设部课题组.住房、住房制度改革和房地产市场专题研究 [M].北京：中国建筑工业出版社，2007：339.

[19] 江平，米健.罗马法基础 [M].北京：中国政法大学出版社，2004.

[20] 李昉，等编.太平广记 [M].北京：中华书局，1961.

[21] 李秀清.日耳曼法研究 [M].北京：商务印书馆，2005.

[22] 李延荣，周珂.房地产法 [M].北京：中国人民大学出版社，2005.

[23] 李中原.欧陆民法传统的历史解读——以罗马法与自然法的演进为主线 [M].北京：法律出版社，2009.

[24] 厉以宁.罗马—拜占庭经济史（上编）[M].北京：商务印书馆，2006.

[25] 梁上上.利益衡量论 [M].北京：法律出版社，2016.

[26] 凌维慈.公法视野下的住房保障——以日本为研究对象 [M].上海：上海三联书店，2010.

[27] 马俊驹，余延满.民法原论 [M].北京：法律出版社，2010.

[28] 马克垚.西欧封建经济形态研究 [M].北京：人民出版社，2001.

[29] 孟祥沛.中日民法近代化比较研究：以近代民法典编纂为视野 [M].北京：法律出版社，2006.

[30] 南京国民政府司法行政部.民事习惯调查报告录 [M].胡旭晟，夏新华，李交发，等点校.北京：中国政法大学出版社，2000.

[31] 邱聪智.新订债法各论（上）[M].北京：中国人民大学出版社，2006.

[32] 上海社会科学院房地产研究中心，上海市房产经济学会.中外住房保障法规比较研究 [M].上海：上海社会科学院出版社，2011.

[33] 社会科学院考古研究所.居延汉简甲乙编（下册）[M].北京：中华书局，1980.

[34] 史尚宽.债法各论 [M].北京：中国政法大学出版社，2000.

[35] 孙宪忠.德国当代物权法 [M].北京：法律出版社，1997.

[36] 唐长孺. 吐鲁番出土文书（一）[M]. 北京：文物出版社 1981.

[37] 田汝成. 西湖游览志馀. 卷二十五 [M]. 上海：上海古籍出版社，1980.

[38] 脱脱，等. 宋史 [M]. 北京：中华书局，1977.

[39] 王焕生. 古罗马文学史 [M]. 北京：中央编译出版社，2008.

[40] 王雷. 民法学视野中的情谊行为 [M]. 北京：北京大学出版社，2014.

[41] 王利明. 合同法分则研究（下）[M]. 北京：中国人民大学出版社，2013.

[42] 王瑞珠. 世界建筑史·古罗马卷（上册）[M]. 北京：中国建筑工业出版社，2004.

[43] 王文军. 继续性合同研究 [M]. 北京：法律出版社，2010.

[44] 王小波.《罗得海商法》研究 [M]. 北京：中国政法大学出版社，2011.

[45] 王禹偁. 小畜集 [M]. 长春：吉林出版集团有限公司，2005.

[46] 王泽鉴. 民法学说与判例研究（重排合订本）[M]. 北京：北京大学出版社，2015.

[47] 王振霞. 公元 3 世纪罗马政治与体制变革研究 [M]. 北京：社会科学文献出版社，2014.

[48] 韦伯. 中世纪商业合伙法 [M]. 陶永新，译. 上海：东方出版中心，2010.

[49] 文莹. 湘山野录 [M]. 北京：中华书局，1984.

[50] 萧伯符. 中国法制史 [M]. 北京：中国社会科学出版社，2007.

[51] 徐国栋.《十二表法》研究 [M]. 北京：商务印书馆，2019.

[52] 徐国栋. 罗马公法要论 [M]. 北京：北京大学出版社，2014.

[53] 徐国栋. 罗马私法要论——文本与分析 [M]. 北京：科学出版社，2007.

[54] 徐国栋. 优士丁尼《法学阶梯》评注 [M]. 北京：北京大学出版社，2011.

[55] 徐松. 宋会要辑稿 [M]. 北京：中华书局，1987.

[56] 杨代雄. 古典私权一般理论及其对民法体系构造的影响 [M]. 北京：北京大学出版社，2009.

[57] 杨共乐. 罗马社会经济研究 [M]. 北京：北京师范大学出版社，2010.

[58] 杨立新. 债与合同法 [M]. 北京：法律出版社，2012.

[59] 曾尔恕. 外国法制史 [M]. 北京：中国政法大学出版社，2008.

[60] 张传玺.中国历代契约会编考释（下）[M].北京：北京大学出版社，1995.

[61] 张国福.中华民国法制简史 [M].北京：北京大学出版社，1986.

[62] 张家山二四七号汉墓竹简整理小组.张家山汉墓竹简（二四七号墓)[M].北京：文物出版社，2001.

[63] 张晋藩.中华法制文明史（古代卷）[M].北京：法律出版社，2013.

[64] 张晋藩.中华法制文明史（近、当代卷）[M].北京：法律出版社，2013.

[65] 张民安.法国民法 [M].北京：清华大学出版社，2015.

[66] 赵廉慧.财产权的概念：从契约的视角分析 [M].北京：知识产权出版社，2005.

[67] 赵晓耕.中国法制原理与案例教程 [M].北京：中国人民大学出版社，2006.

[68] 中共中央马克思恩格斯列宁斯大林著作编译局.马克思恩格斯全集（第3卷）[M].北京：人民出版社，1960.

[69] 中国人民银行，等.中国住宅金融报告 [M].北京：中信出版社，2013.

[70] 周珺.美国住房租赁法的转型：从出租人优位到承租人优位 [M].北京：中国法制出版社，2011.

[71] 周珺.住房租赁法的立法宗旨与制度建构 [M].北京：中国政法大学出版社，2013.

[72] 周珂.住宅立法研究 [M].北京：法律出版社，2008.

[73] 周枏.罗马法原论（上册）[M].北京：商务印书馆，2009.

[74] 周枏.罗马法原论（下册）[M].北京：商务印书馆，2009.

[75] 朱龙华.罗马文化 [M].上海：上海社会科学院出版社，2012.

[76] 朱熹，等.名公书判清明集 [M].北京：中华书局，1987.

[77] 最高人民法院民事审判第一庭.最高人民法院关于审理城镇房屋租赁合同纠纷案件司法解释的理解与适用 [M].2 版.北京：人民法院出版社，2016.

（二）译著

[1] 阿庇安 . 罗马史（下卷）[M]. 谢德风，译 . 北京：商务印书馆，1997.

[2] 莱舍尔 . 教会法原理 [M]. 李秀清，赵博阳，译 . 北京：法律出版社，2014.

[3] 柏拉图 . 柏拉图全集（第二卷）[M]. 王晓朝，译 . 北京：人民出版社，2012.

[4] 尼古拉斯 . 罗马法概论 [M]. 黄风，译 . 2 版 . 北京：法律出版社，2004.

[5] 魏德士 . 法理学 [M]. 丁晓春，吴越，译 . 北京：法律出版社，2013.

[6] 比克斯 . 法理学：理论与语境 [M]. 邱昭继，译 . 北京：法律出版社，2008.

[7] 比克斯 . 法律、语言与法律的确定性 [M]. 邱昭继，译 . 北京：法律出版社，2007.

[8] 鲍尔，施蒂尔纳 . 德国物权法 [M]. 张双根，译 . 北京：法律出版社，2004.

[9] 梅迪库斯 . 德国债法分论 [M]. 杜景林，卢谌，译 . 北京：法律出版社，2007.

[10] 霍贝尔 . 原始人的法：法律的动态比较研究 [M]. 严存生，等，译 . 北京：法律出版社，2012.

[11] 罗特 . 古代世界的终结 [M]. 王春侠，曹明玉，译；李晓东，审校，上海：上海三联书店，2013.

[12] 拉尔夫等 . 世界文明史（上卷）[M]. 赵丰，等译 . 北京：商务印书馆，1998.

[13] 阿利埃斯，杜比 . 私人生活史 1：星期天历史学家说历史（从古罗马到拜占庭）[M]. 哈尔滨：北方文艺出版社，2013.

[14] 维亚克尔 . 近代私法史——以德意志的发展为观察重点（上）[M]. 陈爱娥，黄建辉，译 . 上海：上海三联书店，2006.

[15] 盖尤斯 . 盖尤斯法学阶梯 [M]. 黄风，译 . 北京：中国政法大学出版社，

2008.

[16] 恺撒．恺撒战记·内战记 [M].席代岳，译．长春：吉林出版集团有限责任公司，2013.

[17] 乔洛维茨，尼古拉斯．罗马法研究历史导论 [M].薛军，译．北京：商务印书馆，2013.

[18] 格劳秀斯．战争与和平法 [M].何勤华，等译．上海：上海人民出版社，2013.

[19] 福勒．罗马文学史 [M].黄公夏，译．郑州：大象出版社，2013.

[20] 伯尔曼．法律与革命（第一卷）（中文修订版）[M].贺卫方，等，译．北京：法律出版社，2008.

[21] 马瑟．合同法与道德 [M].戴孟勇，贾林娟，译．北京：中国政法大学出版社，2005.

[22] 皮朗．中世纪欧洲经济社会史 [M].乐文，译．上海：上海人民出版社，2001.

[23] 克茨．欧洲合同法（上）[M].周忠海，李居迁，宫立云，译．北京：法律出版社，2001.

[24] 凯梅尼．从公共住房到社会市场——租赁住房政策的比较研究 [M].王韬，译．北京：中国建筑工业出版社，2010.

[25] 杰弗斯．古希腊——罗马文明：历史与和背景 [M].谢芬芬，译；包兆会，校．上海：华东师范大学出版社，2013.

[26] 拉伦茨．德国民法通论（上册）[M].王晓晔，等译．北京：法律出版社，2003.

[27] 恺撒．高卢战记 [M].任炳湘，译．北京：商务印书馆，1982.

[28] 凯尔森．纯粹法理论 [M].张书友，译．北京：中国法制出版社，2008.

[29] 科瓦略夫．古代罗马史 [M].王以铸，译．上海：上海书店出版社，2011.

[30] 贝纳沃罗．世界城市史 [M].薛钟灵，等译．北京：科学出版社，2000.

[31] 克尼佩尔．法律与历史——论《德国民法典》的形成与变迁 [M].朱岩，译．北京：法律出版社，2003.

[32] 巴格诺尔 . 阅读纸草，书写历史 [M]. 宋立宏，郑阳，译 . 上海：上海三联书店，2007.

[33] 洛克 . 政府论 [M]. 瞿菊农，叶启芳，译 . 北京：商务印书馆，1964.

[34] 芒德福 . 城市发展史——起源、演变和前景 [M]. 宋俊岭，倪文彦，译 . 北京：中国建筑工业出版社，2005.

[35] 齐默曼 . 德国新债法：历史与比较的视角 [M]. 韩光明，译 . 北京：法律出版社，2012.

[36] 古德利尔 . 礼物之谜 [M]. 王毅，译 . 上海：上海人民出版社，2007.

[37] 孟德斯鸠 . 罗马盛衰原因论 [M]. 婉玲，译 . 北京：商务印书馆，1962.

[38] 梅兰特，等 . 欧陆法律史概览：事件、渊源、人物及运动 [M]. 屈文生，等译 . 上海：上海人民出版社，2015.

[39] 罗斯托夫采夫 . 罗马帝国社会经济史（上册）[M]. 马雍，厉以宁，译 . 北京：商务印书馆，1985.

[40] 梅因 . 古代法 [M]. 沈景一，译 . 北京：商务印书馆，1996.

[41] 埃利希 . 法社会学原理 [M]. 舒国滢，译 . 北京：中国大百科全书出版社，2009.

[42] 普劳图斯 . 古罗马戏剧全集：普劳图斯（上、中、下）[M]. 王焕生，译 . 长春：吉林出版集团有限公司，2015.

[43] 彭梵得 . 罗马法教科书（2005 年修订版）[M]. 黄风，译 . 北京：中国政法大学出版社，2005.

[44] 苏维托尼乌斯 . 罗马十二帝王传 [M]. 张竹明，等译 . 北京：商务印书馆，1995.

[45] 泰伦提乌斯 . 古罗马戏剧全集：泰伦提乌斯 [M]. 王焕生，译 . 长春：吉林出版集团有限公司，2015.

[46] 蒙森 . 罗马史（第一卷）[M]. 李稼年，译 . 北京：商务印书馆，1994.

[47] 蒙森 . 罗马史（第三卷）[M]. 李稼年，译 . 北京：商务印书馆，2005.

[48] 杜兰 . 世界文明史：凯撒与基督 [M]. 上海：东方出版社，1999.

[49] 维特鲁威 . 建筑十书 [M]. 高履泰，译 . 北京：知识产权出版社，2001.

[50] 我妻荣.债法各论（中卷一）[M].徐进，李又又，译.北京：中国法制出版社，2008.

[51] 西塞罗.国家篇 法律篇 [M].沈叔平，苏力，译.北京：商务印书馆，2002.

[52] 西塞罗.西塞罗论友谊、论老年及书信集 [M].梁玉兰，等译.北京：北京理工大学出版社，2014.

[53] 西塞罗.西塞罗全集·演说词卷（上）[M].王晓朝，译.北京：人民出版社，2008.

[54] 乌特琴科.恺撒评传 [M].王以铸，译.北京：中国社会科学出版社，1986.

[55] 星野英一.日本民法概论·IV·契约 [M].姚荣涛，译；刘玉中，校订.台北：五南图书出版有限公司，1988.

[56] 盐野七生.罗马人的故事 X：条条大路通罗马 [M].郑维欣，译.台北：台湾三民书局，2004.

[57] 罗尔斯.万民法 [M].陈肖生，译.长春：吉林出版集团有限公司，2013.

[58] 威格摩尔.世界法系概览（上）[M].何勤华，等译.上海：上海人民出版社，2004.

[59] 沃德 - 珀金斯.罗马建筑 [M].吴葱，张威，庄岳，译.北京：中国建筑工业出版社，1999.

[60] 加尔布雷思.权力的分析 [M].陶远华，苏世军，译.石家庄：河北人民出版社，1988.

[61] 麦克唐奈，等.世界上最伟大的法学家 [M].何勤华，等译.上海：上海人民出版社，2013.

[62] 凯利.西方法律思想简史 [M].王笑红，译.北京：法律出版社，2010.

[63] 戈德雷.现代合同理论的哲学起源 [M].张家勇，译.北京：法律出版社，2006.

[64] 格罗索.罗马法史（2009 年校订本）[M].黄风，译.北京：中国政法大学出版社，2009.

[65]　革利乌斯.阿提卡之夜（1—5 卷）[M].周维明，等译.北京：中国法制出版社，2014.

（三）外文著作

[1]　AULUS G. Noctes Atticae[M]. Trans.by J. C. Rolfe，Cambridge：Harvard University Press，1927.

[2]　BURDESE A. Studisull'Ager Publicus[M]. Torino：Giappichelli，1952.

[3]　CARCOPINO J. La Vita Quotidiana a Roma all'apogeo dell'impero[M]. Roma/Bari：Laterza，1983.

[4]　COSTA E. La Locazione di Cose nel Diritto Romano[M]. Roma：Fratelli Bocca，1915.

[5]　CARDILLI R. L'Obbligazione di "Praestare" e la Responsabilità Contrattuale in Diritto Romano [M]. Milano：A. Giuffrè，1995.

[6]　COLLINS R. A History of Spain—Visigothic Spain 409–711[M]. London：Blackwell Publishing，2004.

[7]　CENDERELLI A. Barbara Biscotti. Produzione e Società del Diritto：Storia di un Metodo[M]. Torino：Giappichelli，2005.

[8]　DUNCAN-JONES. The Economy of the Roman Empire[M]. Cambridge：Cambridge University Press，1974.

[9]　DE N. Colonus：Private Farm-Tenancy in Roman Italy during the Republic and Early Principate [M].Amsterdam：J. C. Gieben，1984.

[10]　DU PLESSIS P J. Letting and Hiring in Roman Legal Thought：27BCE-284CE [M]. Leiden·Boston：Brill Academic Pub，2012.

[11]　DE L L. Fairs and Markets in the Roman Empire：Economic and Social Aspects of Periodic Trade in Pre-industrial Society[M]. Amsterdam：Gieben，2008.

[12]　FRIER B W. Landlords and Tenants in Imperial Rome [M]. New Jersey：Princeton University Press，1980.

[13] FRANK T. An Economic Survey of Ancient Rome, Vol. V: Rome and Italy of the Empire[M]. Baltimore: The Johns Hopkins Press ; London: Humphrey Milford, 1940.

[14] FAVRO D. The Urban Image of Augustan Rome[M]. Revised ed. Cambridge: Cambridge University Press, 1998.

[15] FIORI R. La Definizione Della "Locatio Conductio": Giurisprudenza Romana e Tradizione Romanistica[M]. Napoli: Jovene, 1999.

[16] JOHNSTON D. Roman Law in Context[M]. Cameridge: Cameridge University Press, 1999.

[17] KASER M. Roman Private Law [M].Translated by Rolf Dannenbring, Pretoria: University of South Africa, 1980.

[18] KEPPIE L.Understanding Roman Inscriptions [M]. Baltimore: Johns Hopkins University Press, 1991.

[19] KING P D. Law and Society in the Visigothic Kingdom [M]. Cambridge: Cambridge University Press, 1972.

[20] LONGO C.Sulla Natura Della Merces Nella Locatio-Conductio[M]. Paris: Librairie Arthur Rousseau, 1912.

[21] MAYER-MALY. Locatio Conductio: Eine Untersuchung Zum Klassischen Römischen Recht Herold [M]. Wien-München: Herold, 1956.

[22] RADIN M J. Reinterpreting Property[M]. Chicago and London: The University of Chicago Press, 1993.

[23] SSND J. House and Home in Modern Japan: Architecture, Domestic Space, and Bourgeois Culture, 1880–1930[M].Cambridge (Mass.): Harvard Univ Asia Center, 2005.

[24] SERRA F. Diritto Private Economia e Società nella Storia di Roma (Prima parte)[M]. Napoli: Jovene, 1984.

[25] SCHULZ F. Storia della Giurisprudenza Romana[M]. Traduzione. di Guglielmo Nocera, Firenze: Sansoni Editore, 1968.

[26] SCHULZ F. History of Roman Legal Science[M]. Oxford：Clarendon Press，1946.

[27] TEPHENSON C. Borough and Town：A Study of Urban Ordins in England [M]. Massachusetts：Medieval Academy of America，1933.

[28] WATSON A. The Evolution of Western Private Law [M]. Baltimore：Johns Hopkins University Press，2000.

[29] WATSON A. Contract of Mandate in Roman Law [M]. Oxford：Clarendon Press，1961.

[30] WATSON A. The Law of Property in the Later Roman Republic[M]. Oxford：Clarendon Press，1968.

[31] ZIMMERMANN R.The Law of Obligations：Roman Foundations of the Civilian Tradition [M].Kenwyn：Juta & Co，Ltd，1990.

二、论文

（一）期刊及会议论文

[1] 包振宇.直面生活世界中的居住需求——整体性权利视野中的住宅租赁权 [J].云南大学学报（法学版），2011（3）：39-44.

[2] 包振宇.日本住宅租赁特别立法研究——以承租人权利保障为中心 [J].日本研究，2010（3）：92-97.

[3] 鲍红信.论共和至帝国早期罗马城的住房问题及其影响因素 [C]// 孙逊，杨剑龙.都市文化研究（第7辑）——城市科学与城市学.上海：上海三联书店，2012：169-192.

[4] 陈默.前联邦德国的住宅立法与住宅建设 [J].中外房地产导报，1995（19）：27-28.

[5] 曹飞，张熙凤.劳动契约的历史追溯与概念界定 [J].西安电子科技大学学报（社会科学版），2011（4）：90-96.

[6] 邓宁华.城市化背景下的日本住房问题 [J].外国问题研究，2013（3）：55-61.

[7] 范秀琳，张楠.《尤利乌斯自治城法令》译注 [J].古代文明，2007（4）：16-24.

[8] 冯定雄.拉丁铭文与罗马史研究 [J].求索，2007（5）：224-227.

[9] 韩世远.减损规则论 [J].法学研究，1997（1）：144-160.

[10] 黄凤龙."买卖不破租赁"与承租人保护——以对《合同法》第 229 条的理解为中心 [J].中外法学，2013（3）：618-643.

[11] 黄修民.日本公共住宅制度改革及发展趋势研究 [J].日本研究，2010（1）：83-86.

[12] 韩光明.民法上相邻关系的界定——兼论法律概念的制作 [J].北方法学，2008（5）：47-59.

[13] 刘波.国外大城市稳房租的经验及启示 [J].城市观察，2018（6）：82-89.

[14] 李贝.法国债法改革对我国民法典制定的启示意义 [J].交大法学，2017（2）：51-66.

[15] 李栋.中世纪前期罗马法在西欧的延续与复兴 [J].法律科学，2011（5）：28-37.

[16] 李飞.古希腊—罗马的辩证法对罗马法的体系化生成的影响 [C]// 陈金钊，谢晖.法律方法（第 15 卷）.济南：山东人民出版社，2014：118-131.

[17] 李红海.早期英国法与古典罗马法发展中的相似性 [C]// 高鸿钧.清华法治论衡（第四辑）.北京：清华大学出版社，2004：24-64.

[18] 廖了，章冲.法国公共住房政策演变及其启示 [J].城市学刊，2018（3）：36-41.

[19] 凌维慈.论居住保障与财产权限制——以日本房屋租赁法上的"正当事由制度"为例 [J].政治与法律，2008（2）：32-37.

[20] 凌维慈.规制抑或调控：我国房地产市场的国家干预 [J].华东政法大学

学报，2017（1）：35-45.

[21] 李秀清.《撒里克法典》若干问题之探析 [J]. 比较法研究，2015（1）：10-19.

[22] 李中原.中世纪罗马法的变迁与共同法的形成 [C]//《北大法律评论》编辑委员会.北大法律评论（第 7 卷）.北京：北京大学出版社，2006：202-229.

[23] 梁治平.英国普通法中的罗马法因素 [J]. 比较法研究，1990（1）：41-54.

[24] 米健.略论罗马万民法产生的历史条件和思想渊源 [J]. 厦门大学学报（哲学社会科学版），1984（1）：102-108.

[25] 马丁.合同形式问题之历史流变及其法律史观意义 [C]// 梁慧星.民商法论丛（第 52 卷）.北京：法律出版社，2013：265-316.

[26] 孟勤国，张淞纶.财产法的权力经济学 [J]. 法制与社会发展，2009（5）：48-57.

[27] 庞朝骥.罗马法对英国法影响的几个问题 [J]. 法学家，2007（6）：135-140.

[28] 渠涛.日本民法编纂及学说继受的历史回顾 [J]. 环球法律评论，2001（3）：273-295.

[29] 舒国滢.罗马法学成长中的方法论因素 [J]. 比较法研究，2013（1）：1-42.

[30] 史尚宽.住宅问题与目前屋荒之救济 [J]. 中华法学杂志（复刊，第一卷第十二号），1938（10）：56.

[31] 孙莹.法国社会住房的政策演变和建设发展 [J]. 城市研究，2016（6）：81-88.

[32] 唐亦功.古罗马城建筑的分布规律及布局形式 [J]. 城市观察，2011（3）：29-35.

[33] 王玉冲，郑坤芳.论帝国早期罗马城的环境管理 [J]. 徐州师范大学学报（哲学社会科学版），2009（2）：71-74.

[34] 王利明.论"买卖不破租赁"[J]. 中州学刊，2013（9）：48-55.

[35] 吴欣.明清时期的"中人"及其法律作用与意义——以明清徽州地方契约为例 [C]// 张仁善.南京大学法律评论（2004 年春季卷）.北京：法律出版社，2004：166–180.

[36] 汪洋.罗马共和国早期土地立法研究——公元前 5 世纪罗马公地的利用模式及分配机制 [J].华东政法大学学报，2012（2）：42–55.

[37] 汪洋.从用益权到居住权：罗马法人役权的流变史 [J].学术月刊，2019（7）：101–112.

[38] 汪太贤.古罗马法学家在法治思想上的贡献 [J].法学，2001（8）：10–14.

[39] 汪传才.欧盟《分时度假指令》研究 [J].河北法学，2006（2）：131–134.

[40] 吴晓萍.论房屋租赁押金数额的立法规制 [J].政法学刊，2013（6）：21–24.

[41] 徐国栋.罗马公共卫生法初探 [J].清华法学，2014（1）：157–175.

[42] 徐国栋.《十二表法》新译本 [J].河北法学，2005（11）：2–5.

[43] 徐国栋.罗马法学家昆图斯·穆丘斯·谢沃拉与客观诚信和主观诚信的聚合 [J].暨南学报（哲学社会科学版），2012（9）：28-34.

[44] 徐国栋.论民事屈从关系——以菲尔麦命题为中心 [J].中国法学，2011（5）：159–175.

[45] 徐国栋.万民法诸含义的展开——古典时期罗马帝国的现实与理想 [J].社会科学，2005（9）：91–98.

[46] 徐国栋.现代的新财产分类及其启示 [J].广西大学学报（哲学社会科学版），2005（6）：49–53.

[47] 徐良利.《伊尼法典》与英国社会变迁 [J].湖南师范大学（社会科学学报），2006（1）：124–128.

[48] 徐世虹.汉代的立法形式与立法语言 [J].内蒙古大学学报（哲学社会科学版），1997（3）：66–72.

[49] 徐忠明.从类型角度谈中国法律史的叙述模式 [J].法商研究,2003（3）：136–144.

[50] 杨俊明，杨真.奥古斯都时期古罗马城市化的推进与繁荣 [J].湖南科技大学学报（社会科学版），2006（5）：106–109.

[51] 杨共乐.试论共和末叶罗马的经济变革 [J].北京师范大学学报（社会科学版），1999（4）：27–33.

[52] 杨佳红.罗马法上占有保护的理论重构 [J].内蒙古社会科学（汉文版），2006（4）：13–20.

[53] 杨立新.百年中的中国民法华丽转身与曲折发展——中国民法一百年历史的回顾与展望 [J].河南省政法管理干部学院学报，2011（3）：1–23.

[54] 左芙蓉.人口社会构成的变化与早期罗马帝国的经济繁荣 [J].首都师范大学学报（社会科学版），1998（1）：54–59.

[55] 周义保，张南.罗马帝国城市化初论 [J].史林，1991（2）：58–64.

[56] 张群.南京国民政府住宅立法研究 [C]//清华法律评论编委会.清华法律评论（第三卷）.北京：清华大学出版社，2009：80–105.

[57] 张群.民国时期房租管制立法考略——从住宅权的角度 [J].政法论坛，2008（2）：39–53.

[58] 吴欣.明清时期的"中人"及其法律作用与意义——以明清徽州地方契约为例 [C].张仁善.南京大学法律评论（2004 年春季卷）.北京：法律出版社，2004: 166-180.

[59] 曾健龙.使用权与用益权的界限问题——D. 7，8，12，1 之文本分析 [J].云南大学学报（法学版），2008（5）：68–74.

[60] 周江洪.买卖不破租赁规则的法律效果——以契约地位承受为前提 [J].法学研究，2014（5）：114–130.

[61] 周珺.论我国出租人留置权制度的存废 [J].政治与法律，2012（8）：120–127.

[62] 张双根.谈"买卖不破租赁"规则的客体适用范围问题 [C]//王洪亮，等.中德私法研究（第 1 卷）.北京：北京大学出版社，2006：1–20.

[63] 张翔.财产权的社会义务 [J].中国社会科学，2012（9）：100–119.

（二）中文译文

[1] 迪利贝尔托.罗马法中租赁与买卖的异同 [J].黄美玲，译.环球法律评论，2017（3）: 5-15.

[2] 法尔科内.义务和法锁：追溯债的经典定义之起源 [C].齐云，译 // 徐国栋.罗马法与现代民法（第六卷）.厦门：厦门大学出版社，2008 : 93-118.

[3] 格恩里.弗里德里希·卡尔·冯·萨维尼传略 [C].程卫东，张茂，译 // 许章润.萨维尼与历史法学派.桂林：广西师范大学出版社，2004 : 313.

[4] 铃木禄弥.日本私有不动产使用关系法的修改趋势 [J].刘得宽，译.环球法律评论，1991（4）: 61-65.

[5] 斯奇巴尼.法学研究方法以及对古罗马法学著作和近现代法典结构体系中若干问题的思考 [J].丁玫，译.比较法研究，1994（2）: 205-216.

[6] 文奇.论留置权制度的历史发展——罗马法、意大利法与中国法之比较 [J].李云霞，译；李飞，校.厦门大学学报(哲学社会科学版),2013(2): 97-104.

[7] 西塞罗.地方论 [C].徐国栋，等译 // 张仁善.南京大学法律评论（2008年春秋号合卷）.北京：法律出版社，2009 : 1-25.

[8] 詹姆斯·高德利（James Gordley）.法国民法典的奥秘 [C].张晓军，译 // 载梁慧星主编.民商法论丛（第5卷）.北京：法律出版社，1996 : 553-594.

（三）外文论文

[1] AMIRANTE L. Ricerche in tema di locazione[J]. Bullettino dell'Istituto di Diritto Romano" Vittorio Scialoja", 1959 (1): 9-119.

[2] Brunt P A. The army and the land in the Roman revolution[J]. The Journal of Roman Studies, 1962, 52(1-2): 69-86.

[3] Brown J K. A Landlord's Duty to Mitigate in Arkansas: What It Was, What It

Is, and What It Should Be[J]. Arkansas Law Review, 2002, 55(1): 123-148.

[4]　BARKER D R. Commercial Landlords' Duty upon Tenants' Abandonment--to Mitigate?[J]. Journal of Corporation Law，1995，20（1）: 627-650.

[5]　BLOOM R M & NEWMAN M F. Rent Control [J]. Annual Survry of Massachusetfs Law，1974，21（1）: 502-537.

[6]　BORDERS K. Emergency Rent Control [J]. Law & Contemporary Problems 1942，9（1）: 107-121.

[7]　BRAKE & MCINTYRE. URLAT in Operation : an Introdution [J]. Law & Social Inquiry，1972，26（5）: 559-563.

[8]　BERGER L. The New Residential Tenancy Law–Are Landlords Public Utilities? [J]. Nebraska Law Review，1981，60（4）: 707-749.

[9]　CARROLL A B. The International Trend toward Requiring Good Cause for Tenant Eviction: Dangerous Portents for the United States [J]. Seton Hall Law Review，2008，38（1）: 427-478.

[10]　C P Sherman，A Brief History of Medieval Roman Canon Law[J]. Canadian Law Times，1919（39）: 638-653.

[11]　COCHRAN V E. Landlord-Tenant Law Reform–Implied Warranty of Habitability: Effects and Effectiveness of Remedies for Its Breach [J]. Texas Tech Law Review，1974，5（1）: 749-778.

[12]　DELAINE J. The Insula of the Paintings at Ostia I.4.2-4 : Paradigm for a city in flux [C]. //Cornell，T. & Lomas，K. eds.Urban Society in Roman Italy. New York: St. Martin's Press，1995.

[13]　DU PLESSIS P J. Janus in the Roman law of Urban Lease [J]. Historia : Zeitschrift Für Alte Geschichte Revue Dhistoire Ancienne，2006，55（1）: 48–63.

[14]　ELORZA J O. Absentee Landlords，Rent Control and Healthy Gentrification: A Policy Proposal to Deconcentrate the Poor in Urban America[J]. Cornell Journal of Law and Public Policy，2007，17（1）: 1-74.

[15] FLYNN S G. Duty to Mitigate Damages upon a Tenant's Abandonment [J]. Real Property, Probate and Trust Journal, 2000, 34（1）: 721-784.

[16] FRIER B W. Cicero's Management of his Urban Properties [J].The Classical Journal, 1978, 74（1）: 1-6.

[17] GLENDON M A. The Tranformation of American Landlord – Tenant Law [J]. Boston College Law Review, 1982, 23（3）: 503-576.

[18] GRIMM V M & GRIMM D E. Colorado Implied Warranty of Habitability for Residential Tenancies : An Overview [J]. Colorado Lawyer, 2009, 38（1）: 59-68.

[19] GARLAND A. Cicero's "Familia Urbana" [J], Greece & Rome, 1992, 39（2）: 163-172.

[20] HARLE J S. Challenging Rent Control : Strategies for Attack [J]. UCLA Law Review, 1986, 34（1）: 149-174.

[21] HARSH P. The Origins of the "Insulae" at Ostia [J]. Memoirs of the American Academy in Rome, 1935, 12（1）: 7-66.

[22] KORNHAUSER D H. Urbanization and Population Pressure in Japan[J]. Pacific Affairs, 1958, 31（3）: 275-285.

[23] LOANE H J. Industry and Commerce of the City of Rome（50 B. C.–200 A. D.）[C]//The Johns Hopkins University Studies in Historical and Political Science. Baltimore : The Johns Hopkins Press, 1979 : 38.

[24] LAWRENCE C S. George Washington University v. Weintraub: Implied Warranty of Habitability as a（Ceremonial?）Sword [J]. Catholie University Law Review, 1984, 33（1）: 1137-1164.

[25] LEUREGANS P. L'origine Administrative du Terme Locatio Dans la Locatio-Conductio Romaine[J]. Earth & Space Science News,1977,（65）: 303-322.

[26] María O G G.The Locatio-conductio of the right of habitat[J] .Fundamentos romanísticos del derecho contemporáneo. Asociación Iberoamericana de

Derecho Romano, 2021：1989-2006.

[27] NOONAN K L & PREATOR F M. Implied Warranty of Habitability：It is Time to Bury the Beast Known as Caveat Emptor [J]. Land & Water Law Review，1998，33（1）：329-350.

[28] PULTZ E M. Landlord's Liability for Consequential Damages under an Implied Warranty of Habitability -Henderson v. W. C. Haas Realty Management，Inc. [J]. Missouri Law Review，1979，44（1）：340-349.

[29] RAYMOND P. Retaliatory Eviction and Periodic Tenants in Washington [J]. University of Puget Sound Law Review，1981，（4）：415-430.

[30] RICHARDS D C. Utah Fit Premises Act and the Implied Warranty of Habitability：A Study in Contrast [J]. Utah Law Review，1991，55（1）：55-92.

[31] SMITH EDWINd J R. Extending the Contractual Duty to Mitigate Damages to Landlords When a Tenant Abandons the Lease [J]. Baylor Law Review，1990，42（3）：553-572.

[32] SNYDER B L. Refunding Residential Tenant Security Deposits：A Legislative Proposal for West Virginia [J]. West Virginia Law Review，1993，96（1）：549-572.

[33] SUPER D A.The Rise and Fall of the Implied Warranty of Habitability[J]. California Law Review，2011，99（2）：389-463.

[34] TORRENT A. La Polémica Sobre la Tricotomía "res"，"operae"，"opus" y los Origenes de la "locatio-conductio"[J]. Teoría E Storia Del Diritto Privato，2011，4（1）：1-28.

[35] TAIRAK. Urban Poverty，Ragpickers，and the"Ants'Villa"in Tokyo[J]. Economic Development and Cultural Change，1969，17（2）：155-177.

（四）学位论文

[1] 李小红.认真对待宪法权利——解读美国《1964年民权法案》[D].重

庆：西南政法大学，2005.

[2]　李晓英．汉代契约研究 [D]. 开封：河南大学，2001.

[3]　刘阿平．唐宋城市房产租赁比较研究 [D]. 西安：陕西师范大学，2007.

[4]　梅波．宋代租房现象研究 [D]. 成都：四川师范大学，2013.

[5]　潘丽霞．法国可抗辩住房权法律保障研究 [D]. 湘潭：湘潭大学，2016.

[6]　温智勇．共和国后期到帝国前期罗马城的粮食供应 [D]. 长沙：湖南师范大学，2009.

[7]　谢全发．汉代债法研究——以简牍文书为中心的考察 [D]. 重庆：西南政法大学，2007.

[8]　谢潇．概念体系之嬗变与法意识变迁：日本借地权制度研究 [D]. 重庆：西南政法大学，2013.

[9]　张兵．宋代房屋租赁制度研究 [D]. 郑州：郑州大学，2015.

[10]　赵薇．中德房屋租赁法律制度比较研究 [D]. 哈尔滨：哈尔滨工程大学，2011.

[11]　王可．"住有所居"的比较研究与思考——以波兰、捷克、匈牙利为对象的分析 [D]. 天津：南开大学，2012.

三、辞书

[1]　哈珀·柯林斯出版集团．柯林斯拉丁语—英语双向词典 [Z]. 北京：世界图书出版公司北京公司，2013.

[2]　BERGER ADOLF. Encyclopedic Dictionary of Roman Law[Z]. Philadelphia：American Philosophical Society，1953.

[3]　HAMMOND N G L & SCULLARD H H. The Oxford Classical Dictionary（2nd edition）[Z]. Oxford：Oxford University Press，1970.

四、资料

[1] 阿尔及利亚民法典 [Z]. 尹田，译 . 厦门：厦门大学出版社，2013.

[2] 埃塞俄比亚民法典 [Z]. 薛军，译 . 厦门：厦门大学出版社，2013.

[3] 大清民律草案·民国民律草案 [Z]. 杨立新，点校 . 长春：吉林人民出版社，2002.

[4] 德国民法典（第 3 版）[Z]. 陈卫佐，译注 . 北京：法律出版社，2010.

[5] 俄罗斯联邦民法典（全译本）[Z]. 黄道秀，译 . 北京：北京大学出版社，2007.

[6] 法国民法典 [Z]. 罗结珍，译 . 北京：北京大学出版社，2010.

[7] 法学教材编辑部民法原理资料组 . 外国民法资料选编 [Z]. 北京：法律出版社，1983.

[8] 建设部房地产业管理局，城镇住宅研究所 . 国外住宅法规选编（下）[Z]. 长春：长春市房地产经济研究会，1988.

[9] 齐云，徐国栋 . 罗马的法律和元老院决议大全 [C]. // 徐国栋 . 罗马法与现代（第八卷）. 厦门：厦门大学出版社，2014.

[10] 《人民日报》新华社信箱 . 关于城市房产、房租的性质和政策 [C]. // 国家房地产政策文件选编（1948 年—1981 年）. 北京：房产通讯社，1982.

[11] 斯奇巴尼 . 契约之债与准契约之债 [Z]. 丁玫，译 . 北京：中国政法大学出版社，1998.

[12] 斯奇巴尼 . 物与物权（第二版）[Z]. 范怀俊，费安玲，译；纪蔚民，阿尔多·贝特鲁奇，校 . 北京：中国政法大学出版社，2009.

[13] 斯奇巴尼 . 债、契约之债 [Z]. 丁玫，译 . 北京：中国政法大学出版社，1992.

[14] 天津市高级人民法院 . 天津市高级人民法院关于处理当前房屋案件中存在问题的意见（1955 年 5 月 12 日天津市人民法院总结）[C]. // 中华人民共和国民法资料汇编（第二册·上）. 北京：北京政法学院，1956.

[15] Wang Ch'ung-hui.The German Civil Code [Z].Translated and Annotated，with an Historical Introduction and Appendices.London：Stevens and Sons，Ltd，1907.

[16] 学说汇纂（第一卷）[Z]. 罗智敏，译；纪蔚民，校 . 北京：中国政法大学出版社，2008.

[17] 意大利民法典（2004 年）[Z]. 费安玲，等译 . 北京：中国政法大学出版社，2004.

[18] 由嵘，张雅利，等 . 外国法制史参考资料汇编 [Z]. 北京：北京大学出版社，2004.

[19] 最新日本民法 [Z]. 渠涛，编译 . 北京：法律出版社，2006.

后　记

何为出处？何为贡献？何为意义？

（一）何为出处？

我是谁？我从哪里来？我到哪里去？这三个问题本就是千古难题。

名字只是一个符号。符号所指向的对象才是意义的实体。这本书原是博士论文，有它的名字——"罗马法中的房屋租赁合同及其现代发展"。这个名字很普通，没有哲学性的修饰，也没有艺术性的装扮。本书出版的名称变更为《传承与革新：房屋租赁合同的现代发展》，稍微进行了修饰，但整体内容并未改变。

本书选题严格来说属于半命题选题，源自国内罗马法顶级学者徐国栋教授的指定。犹记得，2013 年入学第一次与徐师见面时徐师对我的期许，希望我三年的博士生涯能潜心在罗马法的海洋中有所收获；犹记得，本书选题确定时徐师对我的期盼，希望我能在这个选题上闯出自己的一片天地；犹记得，初稿交给徐师，徐师认真审读后所反馈的中肯意见。

美好的场景，有时候就是那么短暂，以至于我们都希望时间可以倒流，将美好定格在"误会"之前。感恩相遇，如果没有徐师的收留，我也不可能在一所"中国最美大学"攻读博士学位，也不可能有机会去米兰大学访学，更不可能经历那一阶段的"大起大落"；感恩严苛，常言道，"严师出高徒"，徐师对学生做学问的严厉，是圈内众人皆知的，而学生非"高徒"，仅是最平凡处的"平凡"。

2016 年 5 月到 2017 年 12 月，这一年半的时间，于我而言，却不知何为出处、何为归处，甚至于自感无路可去。感谢郭锦星、何丽新等法学院老师在那段时间对学生的关心与帮助，感谢蒋月老师最终的收留，让我在黑暗中看到亮光，让我重回出处，重新寻找归处。

任何一篇论文的成型，就内容和观点上都应有其出处。参考文献的大量引用是出处的最佳例证。文献不应是简单的文字堆积，而应是有效的整合与利用，这也是本书所努力的方向，所寻找的出处。

本书从成型到最终定稿八年有余，其间经历了多次的修改——罗马法之前论述的删除、美国法部分的删除、中世纪法部分的删除后又回归、法国法部分的新增、汉代与罗马法的对比……大大小小的修改，加上工作和家庭琐事的牵绊，本书的定稿并不顺利。

特别需要感谢的是蒋月老师的宽容与细心指导、督促与耐心沟通。

（二）何为贡献？

什么是你的贡献？也就是本书的价值所在。

这个问题，任何一篇博士论文都不能回避。问题意识、研究方法与研究路径的交代都是为了说明这一问题。

道格拉斯·C.诺思说过："历史是重要的。其重要性不仅在于我们可以从历史中获取知识，还在于种种社会制度的连续性把现在、未来与过去联结在了一起。现在和未来的选择是由过去所形塑的，并且只有在制度演化的历史话语中才能理解过去。"本书所做的一个努力就在于以"房屋租赁合同"来拉通罗马法、中世纪法以及近现代民法跨越几千年的规则演变史。若能让更多的人知道这一规则的"前世今生"，本书也就有了那么一点贡献。

中国民法学"理论危机"的根源在于缺失"法史感"。忽视对传统知识资源的清理整合，相当程度上制约着我们认识传统法学的视域和深度（顾祝轩语）。民法学不仅需要立法论和解释论，也需要历史感。本书在对历史资料进行整合的过程中，期望通过"房屋租赁合同"的历史梳理和本质解读来拓宽这一规则的视域，这也许也可以称之为一点点贡献。

文章之内所谓的贡献，其实都属于"自以为是的一家之言"。真正的贡献都是留给他人、留给历史去评价的。

再一次通读全书，眼前所展现的是一个又一个日夜交替的"沧伤"。但这并不是贡献，仅仅是付出。当然，没有付出，就不会有贡献。

何为贡献？这个问题，简单又不简单。简单的是，谁都可以说上几点；不简单的是，谁都无法回答"真正的贡献点在哪里"。如此，无所谓简单与不简单，只需要"有那么一点"，也就找到了"归处"。

（三）何为意义？

每个人都在寻找意义。人生最大的意义就在于无意义处发现意义，有意义处淡化意义。

本书所承载的最大意义在于：六年光阴，三个阶段的成长。第一阶段属于年少轻狂、年少无知，以至于与徐师产生了一些误会，至今都没有消除，只希望用时间来淡忘，让未来去消除。第二阶段属于无所意义、无所归处，乃至于沉沦于"黑暗"与"无知"。是职场教会我现实与担当，是我的妻子陪伴我走出"黑暗"。第三个阶段是感恩过去、刻画意义，所有的当下都源于"过去"，任何责备与苛求不完美的"过去"是没有意义的。只有感恩过去，才能理解当下的意义。

感谢蒋月老师的收留，让我的博士生涯得以继续；感恩蒋师对我的关爱，让我感受到了师生之间那份最珍贵的感情。人生漫漫，师恩难忘，铭记在心，感恩前行。

感谢陈小君老师、高飞老师、耿卓老师、李政辉老师等一直以来对我的关心与帮助；感谢向东师兄、许文华师妹为我在意大利搜集相关资料；感谢齐云师兄、史志磊师兄、李飞师兄为我解答写作过程中的一些困惑；感谢马海峰老师帮我校对了部分拉丁语文献的翻译工作；感谢周平奇师弟通读本书，帮我修正了一些基础性错误；感谢一路上帮助过我的所有人，感恩遇见你们。

感谢我的父母，是你们赐予我生命。你们是中国最普通、最平凡的父母之一，却是我生命中最大的意义之一。

感谢我的妻子，是你承担了大部分的家庭事务，把家打理得井井有条，免除了我的后顾之忧。我们爱的结晶——暖暖于 2018 年 7 月 13 日出生、火火牛于 2021 年 2 月 23 日出生，为我们的家庭增添了更多的快乐与幸福。夜深人静，总会忍不住翻出暖暖和火火牛的照片和视频，陪伴两个娃慢慢长大，也是我们生命中最大的意义之一。

2019 年 4 月 7 日星期日

于厦门大学芙蓉湖畔

2019 年 10 月 4 日星期五

修订于杭州

2023 年 4 月 8 日星期六

定稿于杭州富阳